福建省**中职学考**复习指导用书

经济与管理基础

主　编：罗德兴　蒋舒凡　黄起星
副主编：郑秋燕　陈宗英　夏　妍

扫码获取数字资源

厦门大学出版社
XIAMEN UNIVERSITY PRESS

国家一级出版社
全国百佳图书出版单位

图书在版编目（CIP）数据

经济与管理基础 / 罗德兴，蒋舒凡，黄起星主编.
厦门 ：厦门大学出版社，2024.11.（2025.2重印）
（福建省中职学考复习指导用书）. -- ISBN 978-7-5615-9577-0

Ⅰ. F2

中国国家版本馆 CIP 数据核字第 20243PJ121 号

策划编辑	姚五民
责任编辑	姚五民
美术编辑	李夏凌
技术编辑	许克华

出版发行　厦门大学出版社

社　　址	厦门市软件园二期望海路 39 号
邮政编码	361008
总　　机	0592-2181111　0592-2181406(传真)
营销中心	0592-2184458　0592-2181365
网　　址	http://www.xmupress.com
邮　　箱	xmup@xmupress.com
印　　刷	厦门集大印刷有限公司

开本	787 mm×1 092 mm　1/16
印张	12.5
字数	298 千字
版次	2024 年 11 月第 1 版
印次	2025 年 2 月第 2 次印刷
定价	46.00 元

厦门大学出版社
微信二维码

厦门大学出版社
微博二维码

出版说明

　　教育是强国建设和民族复兴的根本,承担着国家未来发展的重要使命。基于此,自党的十八大以来,构建职普融通、产教融合的职业教育体系,已成为全面落实党的教育方针的关键举措。这一战略目标的实现,要求加快塑造素质优良、总量充裕、结构优化、分布合理的现代化人力资源,以解决人力资源供需不匹配这一结构性就业矛盾。与此同时,面对新一轮科技革命和产业变革的浪潮,必须科学研判人力资源发展趋势,统筹抓好教育、培训和就业,动态调整高等教育专业和资源结构布局,进一步推动职业教育发展,并健全终身职业技能培训制度。

　　根据中共中央办公厅、国务院办公厅《关于深化现代职业教育体系建设改革的意见》和福建省政府《关于印发福建省深化高等学校考试招生综合改革实施方案的通知》要求,福建省高职院校分类考试招生采取"文化素质＋职业技能"的评价方式,即以中等职业学校学业水平考试(以下简称"中职学考")成绩和职业技能赋分的成绩作为学生毕业和升学的主要依据。

　　为进一步完善考试评价办法,提高人才选拔质量,完善职教高考制度,健全"文化素质＋职业技能"考试招生办法,向各类学生接受高等职业教育提供多样化入学方式,福建省教育考试院对高职院校分类考试招生(面向中职学校毕业生)实施办法作出调整:招考类别由原来的30类调整为12类;中职学考由全省统一组织考试,采取书面闭卷笔试方式,取消合格性和等级性考试;引进职业技能赋分方式,取消全省统一的职业技能测试。

　　福建省中职学考是根据国家中等职业教育教学标准,由省级教育行政部门组织实施的考试。考试成绩是中职学生毕业和升学的重要依据。根据福建省教育考试院发布的最新的中职学考考试说明,结合福建省中职学校教学现状,厦门大学出版社精心策划了"福建省中职学考复习指导用书"系列。该系列旨在帮助学生提升对基础知识的理解,提升运用知识分析问题、解决问题的能力,并在学习中提高自身的职业素养。

　　本系列教材由中等职业学校一线教师根据最新的《福建省中等职业学校学业水平考试说明》编写。内容设置紧扣考纲要求,贴近教学实际,符合考试复习规律,包含学习目标、思维导图、考纲解析(知识点讲解)、思考与练习、模拟试卷五部分。理论部分针对各知识点进行梳理和细化,使各知识点表述更加简洁、精练;模拟试卷严格按照考纲规定的内容比例、难易程度、分值比例编写,帮助考生更有针对性地备考。本系列教材适合作为中职、技工学校学生的中职学考复习指导用书。

目 录

第二部分　管理学基础

第一部分　经济学基础

第一章 | 需求、供给和市场均衡

 学习任务

1. 掌握需求和供给的概念。
2. 掌握需求规律和供给规律,运用供求规律对具体经济实践进行分析。
3. 了解影响需求量和供给量的其他因素,能简单描述一些重要因素对供求变动的影响。
4. 掌握均衡的含义,理解均衡价格和均衡数量的决定。
5. 了解弹性的概念。

 知识导图

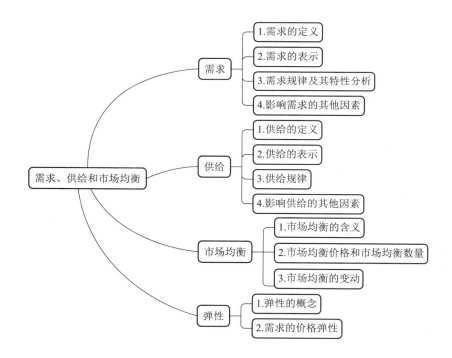

在以市场作为基本运行机制的经济社会中,市场需求和供给相互作用形成商品或者要素的市场价格,而市场价格的高低又成为引导经济社会资源流动的风向标。本章主要分别讨论决定市场价格的需求和供给,阐述需求和供给的基本含义及其变动特征,说明市场供求的相互作用如何决定市场均衡价格和均衡数量。

第一节　需求

一、需求的定义

在特定时间范围内,针对某一商品在给定价格下的购买意愿与实际购买能力,即构成了该价格水平下的需求量,简称需求。它揭示了消费者在各类潜在价格水平下,对于商品或服务的期望购买量。在理解需求概念时,需着重关注以下几个核心要素。

(一)购买意愿

需求反映了消费者对商品或服务的渴求与期待。此类渴求可能源自对商品或服务的实际功能需求(例如食品、衣物),亦可能源于心理层面的追求(例如奢侈品、艺术品)。

(二)支付能力

除购买意愿外,消费者还需具备相应的支付能力以完成购买行为。支付能力通常与消费者的收入水平紧密相关,但亦可能受到信贷条件、储蓄状况等其他因素的影响。

(三)价格因素

价格是决定需求量的关键因素。在其他条件保持不变的情况下,商品或服务的价格上升,通常会导致需求量的减少;价格下降则有利于增加需求量。这一关系被称为需求的价格弹性。

二、需求的表示

消费者对特定商品的需求可以用需求表、需求曲线及需求函数表示。

(一)需求表

需求表是一种用于展示商品价格与需求量之间对应关系的表格。它详细记录了某一市场在一定时期内对某种商品的需求状况,包括不同价格水平下的个人需求量和市场需求量的具体数值。例如,表 1-1-1 展示了某一消费者在一个月内对香蕉的需求情况。从表中数据可以看出,当市场上香蕉的价格为 14 元/kg 时,该消费者计划购买 2 kg;若价格降至 12 元/kg,则其购买意愿提升至 5 kg……以此类推。

表 1-1-1　某消费者本月对香蕉的需求表

价格/(元/kg)	14	12	10	8	6	4
需求量/kg	2	5	8	11	14	17
价格与需求量的组合点	A	B	C	F	G	H

在经济学中，对于价格与需求量之间的关系，我们通常采用数学表达式进行严谨的描述。设定商品的价格 P 作为自变量，而商品的需求量 Q^d 作为因变量，则需求函数可表达为 $Q^d=f(P)$。这一函数形式精确地反映了在不同价格水平下，消费者愿意并能够购买的商品数量的变动情况。

（二）需求曲线

根据需求表可以画出需求曲线。在图 1-1-1 中，横轴表示某消费者在本月对香蕉的需求量，纵轴表示香蕉的价格。相应于表 1-1-1，价格与需求量的组合点 A、B、C、F、G、H 分别表示了在每一个可能的价格下，消费者愿意并且能够购买香蕉数量。需求曲线 D 向右下方倾斜，斜率为负，需求量与价格呈反方向变动。

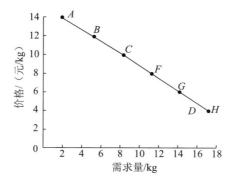

图 1-1-1　本月某消费者对香蕉的需求曲线

（三）需求函数

消费者对某种商品的需求也可以更一般地用需求函数表示。在其他条件不变的情况下，需求函数反映了需求量与商品价格之间的对应关系。用 P 表示某种商品的价格，Q^d 表示消费者对该商品的需求量，则消费者对该商品的需求可以表示为

$$Q^d=f(P) \tag{1.1.1}$$

作为一个特例，如果需求曲线是一条向右下方倾斜的直线，那么需求函数具有线性形式：

$$Q^d=\alpha-\beta\cdot P \tag{1.1.2}$$

式中，α 和 β 为大于 0 的常数。这表明，价格每提高一个单位，消费者对商品的需求量按固定的比率 β 减少。

进一步地，需求表、需求曲线以及需求函数，都是用以刻画商品需求量与价格间关系的有效工具。它们以不同的视角和展现形式，全面揭示了需求的内在特征和规律。

三、需求规律及其特性分析

（一）需求规律的基本内涵

需求规律，即需求定律，是经济学中的一项核心原理。它揭示了在其他条件保持恒定的前提下，商品或服务的价格与其需求量之间所呈现的反向变动关系。具体而言，当商品或服

务的价格上升时,其需求量将相应减少;反之,价格下降时,需求量则会有所增加。这一关系通过需求曲线得到了直观的体现,该曲线呈现出向下倾斜的形态,反映了在不同价格水平上消费者愿意并能够购买的商品或服务的数量变化。需求曲线的斜率反映了需求对价格变动的敏感程度,斜率越陡峭,意味着需求量对价格变动的反应越敏锐。

(二) 需求规律的特例情形

值得注意的是,尽管需求规律在大多数情况下成立,但也存在一些特例现象。首先,某些商品的需求量对价格的变动并不敏感,如食盐等生活必需品,无论价格如何波动,其需求量都相对稳定。其次,某些商品的价格变动可能对需求量产生极端影响,如价格上升时需求量迅速减少至零,或价格稍降时需求量便激增。此外,在某些特定市场(如奢侈品市场),消费者可能出于炫耀等心理因素,随着商品价格的上升而增加购买量。

四、影响需求的其他因素

在探讨需求问题时,我们通常假定"其他条件不变",即除价格因素外,其他可能影响需求量的因素均保持不变。然而,在现实经济生活中,这些因素往往也在发生变化,并对需求量产生重要影响。

(一) 消费者偏好的影响

消费者偏好是指消费者对某种商品的喜好程度,它对消费者的购买决策具有显著影响。在相同价格水平下,消费者对某商品的偏好程度越高,其对该商品的需求量往往也越大。因此,了解和分析消费者的偏好对于预测和调整商品需求量具有重要意义。

(二) 消费者收入水平的作用

消费者的收入水平决定了其支付能力,进而影响到其对商品的需求量。一般而言,随着消费者收入水平的提高,其对正常品的需求量也会相应增加。然而,对于某些低档品而言,其需求量可能会随着消费者收入的增加而减少。因此,在制定销售策略时,需要充分考虑不同商品的需求收入弹性差异。

(三) 相关商品价格变动的效应

相关商品价格包括替代品和互补品的价格。替代品是指具有相似功能或用途的不同商品,当替代品价格上升时,消费者可能会转向购买原商品,从而增加原商品的需求量。互补品是指共同满足消费者某种需求的商品组合,当互补品价格上升时,消费者可能会减少对原商品的需求量。因此,在制定价格策略时,需要综合考虑相关商品的价格变动对需求量的影响。

(四) 消费者预期的影响机制

消费者对未来的预期也会影响其现期的需求量。例如,当消费者预期未来商品价格会上涨时,他们可能会提前增加购买量以规避价格上涨带来的风险。同样地,当消费者预期未来收入会下降时,他们可能会减少现期的消费量以应对未来可能的收入减少。因此,了解和分析消费者的预期对于预测和调整商品需求量同样具有重要意义。

(五) 政府政策对需求的调控作用

政府的政策也会对需求量产生显著影响。例如,政府通过调整税收、补贴或制定相关法规等措施来影响消费者的购买决策和市场需求。在制定和执行这些政策时,需要充分考虑其对市场需求的影响效应和可能产生的社会经济效益。

第二节 供给

一、供给的定义

经济学中的供给是指在某一特定时期内,对应于某一给定的价格水平,生产者愿意并且能够提供的商品数量,也称为该价格下的供给量。这一概念强调了供给量与价格之间的动态关系,以及生产者在不同价格水平下的供给意愿和供给能力。

在理解供给概念时,需要注意以下几个方面:首先,供给是针对一系列可能的价格水平而言的,生产者会根据自身的成本、技术条件和市场状况等因素来制订供给计划。其次,供给必须具备两个基本条件:一是生产者有意愿提供商品或服务;二是生产者具备提供这些商品或服务的能力。最后,供给量是指生产者实际能够提供的商品数量,它受到多种因素的影响和制约。

通过对供给概念的深入剖析,我们可以更好地理解市场供求关系的变化规律,以及生产者如何根据市场价格信号来调整其供给行为。这有助于我们制定更为精准的市场策略和政策措施,以促进市场的平稳运行和资源的优化配置。

二、供给的表示

生产商对某种商品的供给可以用供给表、供给曲线和供给函数表示。

(一) 供给表

一种商品的供给表,是反映该商品各种可能的价格水平与这些价格所对应的供给量之间关系的数表。例如,一个生产牛奶的奶厂根据市场价格决定其牛奶供给量,其供给如表1-2-1所示。如果牛奶的价格是一袋1元,则奶厂的供给量为5万袋;如果价格涨为2元一袋,则奶厂的供给量增加到10万袋;如果涨到3元一袋,则供给量增加到14万袋;如果涨到4元一袋,则供给量增加到16万袋;如果涨到5元一袋,则供给量增加到17万袋。从表中可以清楚地看到,在每一个可能的价格下,奶厂对牛奶有一个供给量,代表奶厂愿意并且能够供应牛奶的数量。

表 1-2-1　奶厂对牛奶的供给表

价格/(元/袋)	1	2	3	4	5
供给量/万袋	5	10	14	16	17
价格与供给量的组合点	A	B	C	F	G

(二) 供给曲线

生产者对某种商品的供给曲线是在其他条件不变的情况下,由所有可能的价格与生产者相应于这些价格的供给量的组合点在坐标平面中描绘出来的一条曲线,通常用英文字母 S 表示。根据供给表可以画出供给曲线,图 1-2-1 是根据表 1-2-1 的数据描画出来的供给曲线。价格与供给量的组合点 A、B、C、F、G 分别表示了在每一个可能的价格下,奶厂愿意并且能够供给的牛奶数量与该价格之间的对应关系。供给曲线 S 向右上方倾斜,斜率为正,供给量与价格呈相同方向变动。

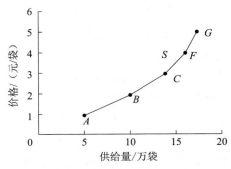

图 1-2-1　奶厂对牛奶的供给曲线

(三) 供给函数

在其他条件不变的情况下,供给函数表示生产者对某种商品的供给量与价格之间的对应关系。以 P 表示商品的价格,Q^s 表示生产商对该商品的供给量,则生产商对该商品的供给可以表示为 $Q^s = f(P)$。这个函数表达了在不同价格水平下,生产者愿意并能够供应的商品数量。

总结来说,供给表、供给曲线和供给函数都是用来表示商品供给量与价格之间关系的工具,它们从不同的角度和形式展示了供给的特征和规律。

三、供给规律

(一) 供给规律的含义

供给规律是指在其他条件不变的情况下,商品的价格和供给量呈正向变动关系。一般情况下大多数商品都遵循这一规律,具体而言就是:某种商品的价格越高,生产商愿意并且能够供应的该商品数量就越多;反之,价格越低,生产商愿意并且能够供应的该商品数量就越少。

(二) 供给规律的例外现象

供给规律体现在供给曲线上,向右上方倾斜,但也有一些例外情况,一些特殊的商品不遵循此供给规律。一是一些特殊商品无论价格多高,生产者都提供既定数量的商品,不因为价格高而增加供应量。二是在一个特定的价格下,生产者愿意供给任意数量的商品。例如,具有大规模生产能力且成本稳定但又必须按既定价格出售自来水的公司,在低于该既定价格时,公司可能因为亏损而选择不供给。这时,在生产能力范围内,自来水公司的供给曲线就是一条接近于水平的直线。

四、影响供给的其他因素

前文所述的供给的定义、供给的表示和供给规律都是研究价格与供给量的关系。除了价格以外,其他一些因素也会对供给量产生影响。

(一) 生产者的目标

一般说来,生产者的目标是利润最大化,但在实际经济活动中,一个生产者的经营目标可能不止一个,同一个生产者在不同的时期的经营目标也不尽相同。生产者的目标不同,在既定价格下的供给量也会有所不同。

(二) 生产技术水平

在投入既定的条件下,生产者所采用的技术决定了它所能生产的商品数量,技术水平越高,相应的产出量就会越大,即技术水平越高,对应于既定的价格,生产者对产品的供给量就会越大。

(三) 生产成本

在商品价格不变的条件下,生产者的成本增加,利润相应地减少,生产者就会减少供给量;相反,生产者的成本下降,供给量就会增加。而在生产技术既定的条件下,生产者所使用的投入品的价格是决定生产成本的关键因素,因此,生产要素价格提高会促使生产成本增加,进而使得生产者的供给量减少。

(四) 生产者可生产的其他相关商品的价格

如果一个生产者可以提供多种产品,则其中一种商品价格发生变化,另外一种商品的供给量也会随之发生改变。不过,这种影响的程度及方向取决于生产者生产这两种产品的技术。如果两种产品 A 和 B 在资源上相互竞争,那么 B 商品价格提高将会导致 A 商品供给量减少。如果生产 A 和 B 两种产品共享同一资源,在同一生产过程,连带地被生产出来,比如钢铁公司在炼钢过程中既生产出各种型号的钢材,也会因钢材冷却而生产出热水。很显然,如果钢材的价格上涨,钢铁公司希望生产更多的钢材,那么可用来取暖的热水供给量也势必会增加。

(五) 生产者对未来的预期

生产者对未来影响供给量的各种因素的预期会影响现期供给量。如果生产者对未来经济形势持乐观估计,比如预期商品价格上涨,那么他就会增加产品产量,以便在满足当期市场需求之外为将来增加供给作准备。相反,如果生产者对未来持悲观的预期,则会减少当期产品供给量,以避免下期出现较多的库存。

(六) 政府的政策

政府的政策可以通过直接或间接影响上述几个因素中的部分或者全部,来影响生产商的供给量。例如,政府对污染比较严重的企业根据污染程度加征税收,这个政策就会促使企业增加污水处理的投入从而增加成本,减少了利润空间,从而影响厂商的供给量。

第三节　市场均衡

一、市场均衡的含义

均衡,作为经济系统中的一个核心概念,指的是在特定经济单位、经济变量或市场等层面,通过一系列经济力量的相互制约,所达成的一种相对稳定且持续不变的状态。市场供求均衡作为均衡分析中的一个典型实例,在商品或服务市场中显得尤为重要。在此类市场中,需求和供给作为影响市场价格的两大对立经济力量,共同作用于市场价格的形成。买者期望价格下降,而卖者则期望价格上升。当供给力量超越需求力量时,价格呈现下降趋势;反之,若需求力量超越供给力量,则价格趋于上升。在这两种力量的相互影响下,市场最终会达到一种均衡状态,此时市场价格趋于稳定,这种状态即被称为市场均衡。

值得注意的是,均衡状态的达成是以决定系统的外在因素保持不变为前提的。一旦系统的外在因素发生变化,原有的均衡状态亦将受到冲击并发生变动。此时,系统将在新的条件下重新寻找并达成新的均衡状态。例如,当消费者的需求发生变动时,原有的市场均衡状态便会被打破。随后,市场将通过价格的波动来进行自我调节,以寻求并达成新的均衡状态。

二、市场均衡价格和市场均衡数量

当供给大于需求时,价格会下降,而价格下降会使得供给减少,需求增加,直到价格下降到供给等于需求。反过来,当供给小于需求时,价格会上升,而价格上升会使得供给增加,需求减少,直到价格上涨到供给等于需求。所以,市场处于均衡的条件是,市场需求量等于市场供给量,此时的数量被称为市场均衡数量。换言之,只有当某一市场价格恰好使得该商品的市场需求量等于市场供给量时,市场才处于均衡状态,这一价格被称为该商品的市场均衡价格。

如图 1-3-1 所示的需求曲线 D 与供给曲线 S 相交的 E 点就是市场均衡点,此时市场的均衡价格是 P_E,均衡数量是 Q_E。假如最初市场价格高于均衡价格 P_E,如图 1-3-1 中的 P_1,那么由此决定的市场需求量 Q_1^d 小于市场供给量 Q_1^s,结果供大于求,市场上出现超额供给。也就是说,在现行价格下,市场上有些生产者的商品销售不出去,因此会降价出售,这势必导致市场价格趋于下降。随着市场价格下降,需求增加,供给减少,直到供求相等为止。相反,如果最初市场价格低于均衡价格,比如处于 P_2,那么由此决定的市场需求量 Q_2^d 大于市场供给量 Q_2^s,结果供小于求,市场上出现超额需求。也就是说,在现行价格下,市场上有些消费者买不到想要的商品,因此愿意以更高的价格购买商品,这势必导致市场价格趋高。随着市场价格趋高,需求减少供给增加,直到供求相等为止。

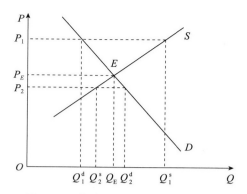

图 1-3-1　均衡价格和均衡数量的决定

三、市场均衡的变动

在市场机制下,供给量和需求量随着价格变动自发调整,市场区域均衡。不过,如果某些事件导致市场需求或供给发生变动,则意味着原有的市场均衡被打破,新的均衡又会在市场机制的作用下重新形成。相对于原有的均衡,新的均衡价格和均衡数量都会发生变动。

(一) 供给不变条件下需求变动对市场均衡的影响

如 1-3-2 所示,最初商品的市场需求曲线为 D_1,市场供给曲线为 S,它们决定的市场均衡处于 E_1 点,相应的市场均衡价格为 P_1,均衡数量为 Q_1。市场需求增加导致需求曲线由 D_1 向右移动到 D_2。新的市场需求曲线 D_2 与市场供给曲线 S 在 E_2 点上再次实现均衡,所对应的均衡价格和均衡数量分别为 P_2 和 Q_2。不难看出,在供给不变的条件下,需求增加将导致均衡价格上升,均衡数量增加。反之,如果供给不变而市场需求减少,市场需求曲线向左移动,从而导致均衡价格下降,均衡数量减少。在图 1-3-2 中,需求曲线由 D_1 移动到 D_3,均衡点由 E_1 移动到 E_3,相应地,均衡价格由 P_1 下降到 P_3,均衡数量由 Q_1 减少到 Q_3。

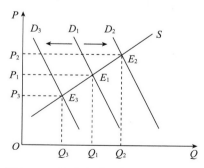

图 1-3-2　需求变动对市场均衡的影响

(二) 需求不变条件下供给变动对市场均衡的影响

如图 1-3-3 所示,假定由于某种原因导致市场供给增加,市场供给曲线由 S_1 向右移动到 S_2。在新的市场供给曲线 S_2 与原有的市场需求曲线 D 的交点 E_2 处,市场再次处于均衡状态。与原来的均衡相比,供给增加导致均衡价格下降,均衡数量增加。类似地,在需求保持不变的条件下,如果市场供给减少,则均衡价格上升,均衡数量减少。在图 1-3-3 中,市场供给由 S_1 移动到 S_3,均衡价格就由 P_1 提高到 P_3,而均衡数量由 Q_1 减少到 Q_3。

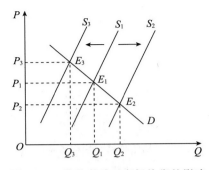

图 1-3-3　供给变动对市场均衡的影响

(三) 需求和供给同时变动对市场均衡的影响

供给和需求同时变动对均衡价格的影响取决于供求各自的变动情况。第一,在需求增加的条件下,供给增加,则均衡数量增加,但均衡价格的变动方向难以确定。如图 1-3-4 所示,随着 D_1 和 S_1 不断向右移动,均衡价格的变动方向不断发生改变。第二,如图 1-3-5 所示,如果需求增加供给减少,则均衡价格提高,但均衡数量的变动方向不确定。第三,如图 1-3-6 所示,在需求减少的条件下,供给增加,则均衡价格降低,但均衡数量的变动方向不确定。第四,如图 1-3-7 所示,需求和供给都减少,则均衡数量减少,但均衡价格的变动方向不确定。

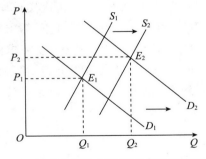

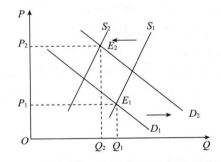

图 1-3-4　需求和供给都增加对市场均衡的影响　图 1-3-5　需求增加、供给减少对市场均衡的影响

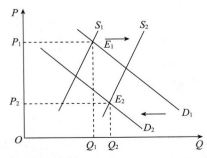

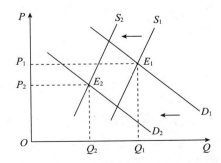

图 1-3-6　需求减少、供给增加对市场均衡的影响　图 1-3-7　需求和供给都减少对市场均衡的影响

第四节 弹性

需求量或供给量受价格等若干因素影响,但对不同种类的商品而言,它们相应于价格等影响因素变动的敏感程度却不尽相同。需求量或供给量相应于其影响因素变动而变动的敏感程度通常由弹性系数的大小来衡量。

一、弹性的概念

一个经济变量发生变动对另外一个经济变量所产生的影响,是经济学要考察的重要内容。经济学中通常采用弹性来衡量一个经济量相应于另外一个经济量变动的敏感程度。

一般地,如果一个经济量 x 对另一个经济量 y 产生影响,那么反映 y 相应于 x 变动敏感程度的弹性,就用变量 y 变动的百分比除以变量 x 变动的百分比来加以衡量,并以此定义弹性系数。很显然,弹性系数与 x 和 y 的计量单位无关。

$$弹性系数 = \frac{\Delta y/y}{\Delta x/x}$$

二、需求的价格弹性

需求的价格弹性,表示在一个特定时期内,一种商品需求量的相对变动相应于该商品价格相对变动的反应程度,在特定环境中也简称为价格弹性或者需求弹性。需求的价格弹性通常由价格弹性系数加以衡量,定义为

$$需求的价格弹性系数 = \frac{需求量变动的百分比}{价格变动的百分比}$$

它衡量了价格每变动一个百分点引起的需求量变动的百分比。以 Q 表示一种商品的需求量,P 表示该商品的价格,E_P 表示该商品需求的价格弹性系数,则

$$E_P = -\frac{\Delta Q/Q}{\Delta P/P} \qquad (1.4.1)$$

式中,P 和 Q 表示价格和需求量的初始值,ΔP 表示商品价格的改变量,ΔQ 表示由价格变动引起的需求量的改变量,于是,$\Delta Q/Q$ 和 $\Delta P/P$ 分别表示了需求量和价格变动的百分比。定义式中的负号则是一个习惯性约定,因为通常需求满足需求规律,需求量与价格之间呈反方向变动,故公式前面加一负号以保证系数值非负。

(一)价格弹性系数与商品分类

根据(1.4.1)式的定义,一般而言,需求价格弹性系数的取值范围在 0 到 $+\infty$ 之间。因此,根据价格弹性系数值的大小,可以把商品划分为以下五种类型。

1. $E_P = 0$,需求完全无弹性。这表明,商品价格的任何变动都不会引起需求量的改变,需求量变动完全无弹性。

2. $0 < E_P < 1$,需求缺乏弹性。这表明,商品价格变动 1%,需求量变动小于 1%,即相对

于价格变动,需求量变动不敏感。

3. $E_P=1$,需求为单位弹性。在这种情况下,价格每变动 1%,需求量恰好也变动 1%。

4. $1<E_P<+\infty$,需求富有弹性。这表明,商品价格变动 1%,需求量变动大于 1%,即相对于价格变动,需求量变动更加敏感。

5. $E_P=+\infty$,需求具有无限弹性。在这种情况下,价格的轻微变动就会导致需求量急剧变动,此时的需求曲线是一条水平的直线。

(二)价格弹性的影响因素

上述分类意味着,由于受到各种因素的影响,不同商品的需求价格弹性会有所不同。这些影响因素主要包括以下四方面。

1. 商品的重要程度。在生活中,一种商品越重要,价格提高之后,消费者越不愿意甚至不能调整对该商品的需求量,因而其需求的价格弹性系数就越小;相反,商品越无关紧要,其需求价格弹性系数就越大。因此,生活必需品的需求弹性较小,非必需品的需求弹性较大。

2. 商品可替代的程度。一种商品的替代品越多,相近程度越高,就越容易被替代,则该商品的需求弹性系数就越大。生活中人们的日用品消费多是如此。

3. 商品的消费支出在总支出中所占的比重。一种商品在消费支出中所占的比重越小,该商品的需求价格弹性就越小;相反,商品在消费支出中所占的比重越大,该商品的需求价格弹性就越大。

4. 调整时间的长短。消费者调整时间越短,需求价格弹性就越小;相反,调整时间越长,需求价格弹性就越大。例如,猪肉价格上涨,如果给消费者调节饮食习惯以调整肉类产品需求的时间比较短,消费者很难在短期内改变以吃猪肉为主的生活习惯,因此需求量变动对价格变动的弹性比较小;如果从较长的时间来考查,消费者可以逐步调整自己的饮食习惯,从长期看,猪肉价格上涨导致的猪肉需求量减少的百分比是比较大的,因此弹性也是比较大的。

思考与练习

一、名词解释

1. 需求规律

2. 市场均衡价格

3. 弹性

二、判断

1. 需求量的变动是指商品本身价格变动所引起的该商品的需求数量的变动。　　（　　）

2. 在相同的价格水平下,消费者对某商品的偏好越强烈,其对该商品的需求量就越大。
（　　）

3. 需求就是居民户在某一特定时期内,在每一价格水平下愿意购买的商品量。（　　）

4. 在商品价格不变的条件下,生产者的成本增加,利润相应地减少,生产者就会减少供给量。
（　　）

5. 某商品的需求增加,而供给减少,则该商品的均衡价格和均衡数量的变化分别为上升、下降。(   )

三、单项选择题

1. 价格是影响需求的最重要的因素,一般来说,价格和需求的变动(   )。

A. 成正方向变化　　　　B. 成反方向变化　　　　C. 不相关　　　　D. 完全等价

2. 需求量的变动是指(   )。

A. 由于消费者收入的变动引起的需求的变动

B. 由于消费者偏好的变动引起的需求的变动

C. 同一条需求曲线上点的移动

D. 需求曲线的移动

3. 假定其他因素不变,价格上升,供给增长,价格下降,供给减少,这种变动表现为(   )。

A. 供给曲线发生位移　　　　　　　　B. 需求曲线发生位移

C. 供给沿供给曲线变动　　　　　　　D. 需求沿需求曲线变动

4. 在得出某彩电的需求曲线时,下列因素中不会使其需求曲线移动的是(   )。

A. 购买者(消费者)收入变化　　　　　B. 商品价格下降

C. 相关商品价格下降　　　　　　　　D. 消费者偏好变化

5. 苹果汁和橙汁互为替代品,如果橙汁的价格上升,将会导致(   )。

A. 苹果汁的需求量增加　　　　　　　B. 苹果汁的需求量减少

C. 苹果汁的需求增加　　　　　　　　D. 苹果汁的需求减少

6. 鞋的供给曲线是向上倾斜的,在保持其他因素不变的条件下,鞋的价格上升,将会导致(   )。

A. 供给增加　　　　B. 供给量增加　　　　C. 供给减少　　　　D. 供给量减少

7. 彩电行业工人工资的提高,将会导致(   )。

A. 彩电供给曲线左移,并使得彩电价格上升

B. 彩电供给曲线右移,并使得彩电价格下降

C. 彩电需求曲线左移,并使得彩电价格下降

D. 彩电需求曲线右移,并使得彩电价格上升

8. 假如生产某种物品所需要的原材料价格上升,则这种商品的(   )。

A. 供给曲线向左移动　　　　　　　　B. 供给曲线向右移动

C. 需求曲线向左移动　　　　　　　　D. 需求曲线向右移动

四、简答题

1. 简述影响商品需求数量的因素。

2. 简述影响商品供给数量的因素。

第二章 消费者选择

 **学习任务**

1. 理解欲望和效用的区别。

2. 掌握总效用与边际效用的概念、关系,理解边际效用递减规律,能够应用边际效用递减规律分析相关经济问题。

3. 理解偏好和选择的区别,了解消费者偏好的四个假设。

4. 了解无差异曲线及其特点。

5. 掌握边际替代率的定义,理解边际替代率递减规律。

6. 理解预算约束线的含义。

 知识导图

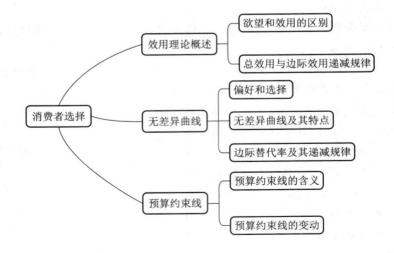

需求被看成消费者对应于一系列可能的价格而就需求量定制的一项计划,一般而言,价格与需求量之间满足需求规律。那么,消费者又是根据什么原则来制订这些需求计划呢?为什么一般来说需求满足需求规律?需求规律背后的消费者行为的基础是什么?

第一节　效用理论概述

商品需求的核心源自消费者,他们被普遍视为以理性经济行为为导向,致力于追求自身利益的个体。在理性的经济行为框架下,消费者会在既定的外在环境条件下,依据个人的目标与有限的资源,进行最优化的选择。

在这一过程中,消费者面临着两种相互对立的力量,共同影响其决策。一方面,消费者出于满足自身需求的目的,倾向于尽可能多地消费或拥有商品;另一方面,消费者的收入或获取收入的方式具有局限性。

因此,消费者的最优选择体现在如何合理地分配有限的收入于不同商品之间,以便在消费过程中实现“利益”的最大化。这一选择过程体现了消费者理性经济行为的本质,同时也是商品需求形成的基石。

一、欲望和效用的区别

(一) 欲望

消费者购买商品的动机深植于他们内在的渴望与需求。所谓欲望,即是指个体在心理上对于尚未拥有之物的向往与追求,表现为一种缺失感与获取愿望。商品之所以能够成为交易的对象,其核心在于其具备满足消费者多方面需求的能力。

一般而言,欲望源于人类固有的生理与心理特性。欲望的构成一方面表现出多样性的特征,即当某一层次的欲望获得满足后,更高层次的欲望便会随之浮现。因此,从某种程度上讲,人的欲望呈现出一种无限性,特别是在与实现欲望的手段相比较时,这种无限性更为明显。在资源有限的情况下,消费者会力求通过购买更多商品来实现自身欲望的最大满足。

另一方面,针对特定商品而言,人的欲望又呈现出有限性的特点。随着消费者对某一特定商品的拥有或消费数量的增加,他们对于未获得该商品的渴望和满足感会逐渐减弱。因此,消费者会根据自身的需求和偏好,在有限的资源中作出选择,将资源分配到不同的商品上。

(二) 效用

消费者拥有或消费商品对欲望的满足程度称为商品的效用。一种商品效用的大小,取决于消费者的主观心理评价,由消费者欲望的强度决定。而欲望的强度又是人们的内在或生理需要的反映,所以同一种商品对不同的消费者或者一个消费者的不同状态而言,其效用满足程度也会有所不同。这样,欲望驱动下的消费者行为可以描述为在可支配的资源既定的条件下,消费者选择所消费的商品数量组合,力图获得最大的效用满足。

二、总效用和边际效用递减规律

为了更好地分析消费者的选择行为,需要对效用进行度量。

(一) 基数效用和序数效用

一个最为简单的假定,认为效用是消费者消费某种商品时获得享乐的一种度量,通过对消费者感受到的满足加以解读,可以用某些心理单位,比如以"尤特尔[①]"为单位对效用加以度量。例如,一个人吃一个苹果的效用是 2 个尤特尔,听一场音乐会的效用是 30 个尤特尔。由于存在一个共同的计量单位,因而一个消费者消费一定数量的商品所获得的效用是所有这些商品的效用之和,听一场音乐会和吃一个苹果的总效用叠加起来是 32 个尤特尔。同样的道理,不同消费者的效用也可以进行加总和比较。在经济学史上,以效用基数衡量为基础而建立起来的效用理论被称为基数效用论。

不过,对于解释消费者的选择行为而言,效用的基数度量方式并非完全必要。既然效用理论的目的在于揭示消费者的选择,而选择结果却表现为某一价格下消费者愿意并且能够购买的商品数量,那么,只要能确定实现目标的商品消费数量即可,这些商品所实现的效用的具体数值则无关紧要。举例来说,如果某个消费者拿着 50 元钱去购物,他不需要知道每个商品会给他带来的效用值是多少,只需要知道买什么商品会让他最满足,也就是知道哪些商品带来的效用最大即可。这样,消费者消费商品所获得的效用满足程度并不以基数衡量,而是对不同商品组合按效用满足高低进行排序,并赋予不同数值。这里,"效用值"并不代表消费者的心理满足程度,只代表一个顺序关系,所以又称为序数效用值,基于这个思想建立的效用理论被称为序数效用论。

(二) 总效用和边际效用

总效用 TU 是消费者在这一时期内所消费的每一单位商品得到的效用加总,它取决于消费商品的总量。边际效用 MU 是消费者增加一单位商品消费所产生的增加的效用,消费商品的数量不同,增加的效用也不同,所以边际效用也与商品消费量密切相关。

表 2-1-1 用一个例子给出了总效用和边际效用及二者之间的关系。表中的数据是李梅在 1 天内消费不同数量的面包时获得的总效用和边际效用。例如,当李梅消费 2 个面包时,她获得的总效用是 12,而第 2 个面包的边际效用为 7,它等于 2 个面包的总效用与 1 个面包的总效用之间的差额,即 $12-5=7$。以此类推。

表 2-1-1　李梅消费面包的总效用和边际效用

面包消费量/个	总效用/TU	边际效用/MU
0	0	—
1	5	5

[①] 英文 util 的音译。"util"是效用的英文单词"utility"的字头,由于效用没有现成的计量单位,所以权且以"尤特尔"代替。

面包消费量/个	总效用/TU	边际效用/MU
2	12	7
3	17	5
4	21	4
5	23	2
6	23	0

表 2-1-1 中给出的数量关系可以用函数形式加以表示。假定消费者消费一种商品的数量为 Q,则总效用和边际效用取决于这一数量,用函数表示分别为

$$TU = U(Q) \tag{2.1.1}$$

和

$$MU = \frac{\Delta TU}{\Delta Q} = MU(Q) \tag{2.1.2}$$

式中,ΔQ 表示消费数量基于 Q 的改变量,ΔTU 则表示由此产生的效用增加量。上述两个表达式称为消费者的总效用函数和边际效用函数。由上述定义不难知道,边际效用表示总效用 TU 对 Q 的求导,即 $MU = TU'(Q)$,而每一单位商品的边际效用之和构成了这些商品的总效用。

(三) 边际效用递减规律

随着消费数量的增加,每次的效用增量递减,这表明边际效用具有递减趋势,这个特征被称为"边际效用递减规律"。更明确地说,边际效用递减规律是指,在一定时期内,随着消费者不断增加某种商品的消费量,在其他商品消费量不变的条件下,消费者从每增加一单位该商品的消费中所获得的效用增加量是逐渐递减的。

需要指出,虽然边际效用服从递减规律,但同一种商品在不同的消费数量下或者对不同的消费者而言,其边际效用的递减速度是不同的。不同商品的边际效用递减速度也不会相同。特别地,作为一种特殊商品,货币的边际效用虽服从递减规律,但递减速度一般较慢。因此,为了简单起见,常把货币的边际效用视为一个常数,记为 $MU_m = \lambda$。

(四) 总效用与边际效用的关系

借助于边际效用递减规律,可以很容易地将总效用 TU 和边际效用 MU 的变化趋势及两者之间的关系表示出来,如图 2-1-1 所示。由于边际效用是增加一单位商品消费所引起的总效用改变量,因此,只要边际效用为正值,总效用就会增加。但由于边际效用递减,因此总效用增加的速度越来越慢,最终总效用达到最大而停止增加。同样的道理,如果边际效用为负值,那么总效用就会减少。这就是说,随着消费的商品数量的增加,边际效用逐渐减少。在这一过程中,若 $MU > 0$,总效用 TU 逐渐增加,但越来越平缓;若 $MU < 0$,TU 曲线开始下降;而在 $MU = 0$ 时,TU 曲线恰好处于最高点。

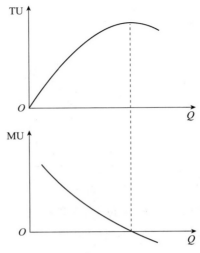

图 2-1-1　总效用和边际效用曲线

第二节　无差异曲线

一、偏好和选择

消费者对商品或商品组合的喜好程度是消费者的偏好。消费者对商品的偏好可以根据某些客观指标,也可以基于因心理感受给出主观判断。每一个消费者拥有一个特定的偏好,消费者基于偏好对商品作出主观价值判断,并据此对商品及其数量组合所带来满足程度的大小进行排序。

为了更好地运用偏好的排序功能说明消费者的选择,西方经济学通常对偏好的性质给出一些基本的假设:

(1)消费者对任意两个商品组合都能进行排序,即对于任意两个商品组合 A 和 B,消费者可以根据自身的偏好作出断定:A 至少与 B 一样好或者 B 至少与 A 一样好,二者之一必须成立。如果消费者认为上述两个判断均成立,就称 A 和 B 无差异。

(2)消费者偏好满足传递性,即对于任何三个商品组合 A、B 和 C,如果消费者对 A 的偏好不低于 B,对 B 的偏好又不低于 C,那么,该消费者对 A 的偏好一定不低于 C。

(3)在其他商品数量相同的条件下,消费者更偏好数量大的商品组合。

(4)消费者偏好具有多样性的产品组合。

二、无差异曲线及其特点

(一)无差异曲线

一个消费者对商品组合的偏好可以借用消费者的无差异曲线表示出来。

假定消费者只消费两种商品。如图 2-2-1 所示,李四选择既消费冰激凌,又选择玩游戏。这时,任意一个商品组合 (Q_1, Q_2) 构成了消费者的偏好对象,其中 Q_1 表示冰激凌的消费数量,Q_2 表示玩游戏的次数。以 $F(10,10)$ 为例,表示李四在一个月之内消费冰激凌 10 个,玩游戏 10 次。

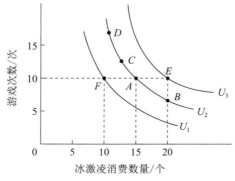

图 2-2-1　无差异曲线

无差异曲线为在既定偏好条件下,把可以给消费者带来相同满足程度的商品的不同数量组合描绘出来的曲线。在一条无差异曲线上,两种商品的数量组合各不相同,但消费者对它们的偏好相同,或者说它们给消费者带来的效用满足程度相同。如图 2-2-1 中的 A、B、C、D 点,虽然各点代表的冰激凌个数和游戏次数均不同,但给予李四的效用满足相同。

(二) 无差异曲线的特点

第一,无差异曲线有无数条,每一条都代表着消费者消费商品组合可以获得的一个效用水平,并且离原点越远的无差异曲线代表的效用水平越高。

第二,任意两条无差异曲线都不相交。如图 2-2-2 所示,假设两条无差异曲线 U_1 和 U_2 相交于 A 点,过原点的一条射线分别交 U_1 和 U_2 于 B 点和 C 点,B 点代表的商品数量组合小于 C 点代表的商品数量组合。根据消费者偏好假设 3,C 点的数量组合给消费者带来的效用满足程度一定大于 B 点。但是,B 点与 A 点的效用水平相同,C 点与 A 点的效用水平相同,根据消费者偏好假设 2,B 点和 C 点应该具有相同的效用水平,这就出现了矛盾。

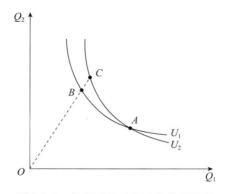

图 2-2-2　任意两条无差异曲线不相交

第三,无差异曲线向右下方倾斜。如果在一条无差异曲线上画出一段向右上方倾斜的曲线,就会发现,在这段曲线上选择某一商品组合点,必然存在两种商品的数量均大于这一组合点的点,但两个组合却是无差异的,这就与消费者偏好假设 3 相矛盾的。因此,无差异曲线向右下方倾斜,表明在效用水平保持不变的条件下,一种商品对另外一种商品产生了效用替代。

第四,无差异曲线凸向原点。这一特征与偏好假设 4 相对应,因为在一条无差异曲线的任意两点的连线上,商品组合都更加丰富,消费者的效用满足水平更高。从几何意义上看,无差异曲线凸向原点表明其倾斜程度越来越平缓,这意味着,随着一种商品数量增加,另外一种商品减少的数量越来越小,即一种商品对另外一种商品的替代能力越来越弱。下面采用边际替代率概念说明这一特征。

三、边际替代率及其递减规律

(一)边际替代率

一种商品对另外一种商品的边际替代率定义为在效用满足程度保持不变的条件下,消费者增加一单位 A 商品的消费可以代替的 B 商品的消费数量,简称为边际替代率。假定消费者消费两种商品的数量分别为 Q_1 和 Q_2,消费者增加(或减少)第一种商品的消费数量为 ΔQ_1,在保持效用水平不变的条件下,由此引起的第二种商品消费数量的改变量为 ΔQ_2,用 MRS_{12} 代表第一种商品对第二种商品的边际替代率,则有

$$\mathrm{MRS}_{12} = -\frac{\Delta Q_2}{\Delta Q_1} \tag{2.2.1}$$

其中,效用水平不变是调整商品数量的前提,负号则是为了保证边际替代率取正值而设定的。从几何意义上说,商品的边际替代率是无差异曲线斜率的绝对值。

(二)边际替代率递减规律

商品的边际替代率递减规律是指在保持效用水平不变的条件下,随着一种商品消费数量的增加,消费者为增加一单位该商品的消费而愿意放弃的另外一种商品的消费数量会逐渐减少,即随着一种商品数量的增加,它对另外一种商品的边际替代率递减。

商品边际替代率递减规律反映了两种商品对消费者而言稀缺程度的相对变动,也反映了它们满足消费者偏好的相对能力的变动。在保持效用水平不变的前提下,随着第一种商品消费量的增加,第二种商品的消费量随之减少。结果,第一种商品相对充裕,而第二种商品相对稀缺,因而消费者就会更偏爱第二种商品。在这种情况下,增加一单位相对充裕的第一种商品,消费者愿意放弃的相对稀缺的第二种商品数量就会越来越少。

第三节 预算约束线

受效用满足最大化动机驱使的消费者也会受到来自收入的约束,这种制约可以由消费者的预算约束线来表示。

一、预算约束线的含义

消费者的预算约束线,表示在收入和商品价格既定的条件下,消费者用全部收入所能购

买到的各种商品的不同数量的组合。

以消费者消费两种商品为例。假定消费者的收入为 m,他面对的两种商品的价格分别为 P_1 和 P_2。消费者购买两种商品的收入约束,即

$$P_1Q_1 + P_2Q_2 = m \qquad\qquad (2.3.1)$$

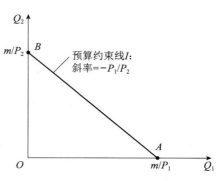

图 2-3-1 消费者的预算约束线

在两种商品的情形中,公式(2.3.1)的几何表示恰好是一条直线,所以该约束条件也称为消费者的预算约束线,如图 2-3-1 所示。它表示消费者在既定收入下可以购买到的两种商品的"最大"数量组合。

在消费者的收入和商品价格既定的条件下,消费者的预算约束线向右下方倾斜,其斜率为 $-P_1/P_2$,即斜率绝对值等于两种商品的价格之比。此外还可以知道,在预算约束线 I 与横轴相交的 A 点,对应着消费者将全部收入用来购买第一种商品可以得到的最大数量,其数值为 m/P_1,第二种商品购买量为 0;同样地,消费者将全部收入用于购买第二种商品,最大购买量为 m/P_2,如图 2-3-1 中的 B 点所示。

二、预算约束线的变动

消费者预算约束线的确定是以消费者收入和商品价格既定为条件的。当消费者的收入和商品的价格发生变动时,消费者的预算约束线也会随之变动。下面区分三种不同的情形说明消费者的预算约束线的变动方向。

情形 1:两种商品的价格 P_1 和 P_2 保持不变,消费者的收入 m 发生变动。在这种情况下,由于商品价格保持不变,预算约束线的斜率不变,消费者的收入发生变动只会导致预算约束线平行移动。如图 2-3-2(a)所示,收入增加,预算约束线向右平行移动;收入减少,预算约束线向左平行移动。

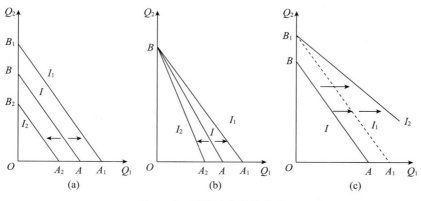

图 2-3-2 预算约束线的移动

情形 2:消费者的收入 m 和第二种商品的价格 P_2 保持不变,第一种商品的价格 P_1 发生变动。在这种情况下,由于预算约束线与纵轴的交点 B 不会发生改变,而它与横轴的交点 A 会发生变动,所以预算约束线 I 将会围绕着 B 点旋转。如图 2-3-2(b)所示,如果第一种商品的价格降低,预算约束线由 I 逆时针旋转到 I_1;反之,第一种商品的价格提高,预算约束线由 I 顺时针旋转到 I_2。

情形 3:消费者的收入 m 和两种商品的价格 P_1 和 P_2 同时发生变动。在这种情况下,预算约束线既可能发生平行移动,也可能出现旋转,如图 2-3-2(c)所示,I 移动到了 I_2。对应于这种情况,作一条辅助的预算约束线 I_1,它与预算约束线 I 平行,并且经过 I_2 与纵轴的交点 B_1。于是,I 移动到 I_2 的变动可以分解为由 I 平移到 I_1,再由 I_1 旋转到 I_2 的两种变动。因此,情形 3 可以借助于情形 1 和情形 2 得到说明。

基于上述分析,对消费者预算约束线变动原因的分析,一般只涉及消费者收入或者一种商品价格的变动,而其他因素保持不变。

思考与练习

一、名词解释

1. 效用
2. 无差异曲线
3. 边际替代率
4. 预算约束线

二、判断题

1. 在同一条无差异曲线上,消费者得到的效用水平是无差异的。 （   ）
2. 无差异曲线的斜率为固定负数时,表明两种商品是完全互补的。 （   ）
3. 当消费某种物品的边际效用为负时,总效用达极大值。 （   ）
4. 当边际效用减少时,总效用也减少。 （   ）
5. 基数效用论的分析方法包括边际效用分析和无差异曲线分析方法。 （   ）
6. 个人需求曲线上的任何一点都代表着一定时期该消费者的最大满足状态。 （   ）

三、单项选择题

1. 消费者偏好不变,对某商品的消费量随着消费者收入的增加而减少,则该商品是（   ）。
A. 替代品　　　　　B. 互补品　　　　　C. 正常品　　　　　D. 低档品

2. 当消费某种商品的边际效用为零时,这时消费该商品所得到的总效用（   ）。
A. 等于零　　　　　B. 等于1　　　　　C. 降至最小　　　　　D. 达到最大

3. 商品的价格不变而消费者的收入增加,消费者预算约束线（   ）。
A. 向左移动　　　　B. 向右移动　　　　C. 不动　　　　　D. 绕着一点移动

4. 消费者的预算约束线反映了（   ）。
A. 消费者的收入约束　　　　　　　B. 消费者的偏好
C. 消费者的需求　　　　　　　　　D. 消费者效用最大化状态

5. 同一条无差异曲线上的不同点表示(　　)。

A. 效用水平不同,但所消费的两种商品组合比例相同

B. 效用水平相同,但所消费的两种商品的组合比例不同

C. 效用水平不同,两种商品的组合比例也不相同

D. 效用水平相同,两种商品的组合比例也相同

6. 总效用达到最大时(　　)。

A. 边际效用为最大　　B. 边际效用为零　　　C. 边际效用为正　　　D. 边际效用为负

7. 总效用递减时(　　)。

A. 边际效用为最大　　B. 边际效用为零　　　C. 边际效用为正　　　D. 边际效用为负

8. 无差异曲线为斜率不变的直线时,表示相结合的两种商品是(　　)。

A. 可以替代的　　　　B. 完全替代的　　　　C. 互补的　　　　　　D. 互不相关的

9. 商品 X 和 Y 的价格以及消费者的收入都按同一比率同方向变化,预算约束线(　　)。

A. 向左下方平行移动　　　　　　　　　B. 向右上方平行移动

C. 不变动　　　　　　　　　　　　　　D. 向左下方或右上方平行移动。

10. 若消费者低于他的预算约束线消费,则消费者(　　)。

A. 没有用完全部预算支出　　　　　　　B. 用完了全部预算支出

C. 或许用完了全部预算支出　　　　　　D. 处于均衡状态

11. 假定其他条件不变,如果某种商品的价格下降,根据效用最大化原则,消费者则会(　　)这种商品的购买。

A. 增加　　　　　　　B. 减少　　　　　　　C. 不改变　　　　　　D. 增加或减少

12. 如果 X、Y 的边际替代率 $\text{MRS}_{XY} > P_X / P_Y$,消费者为实现满足最大化,应该(　　)。

A. 增加购买 Y,减少购买 X　　　　　　B. 同时增加 X 与 Y 的购买

C. 增加购买 X,减少购买 Y　　　　　　D. X、Y 的购买量不变

13. 当汽油价格上升时,对小汽车的需求量将(　　)。

A. 减少　　　　　　　B. 增加　　　　　　　C. 不变　　　　D. 上述都不对

14. 根据无差异曲线与消费预算约束线结合在一起的分析,消费者均衡是(　　)。

A. 无差异曲线与消费预算约束线相交之点

B. 无差异曲线与消费预算约束线相切之点

C. 离原点最近的无差异曲线上的任何一点

D. 离原点最近的无差异曲线上的任何一点

15. 无差异曲线的斜率被称为(　　)。

A. 边际替代率　　　　　　　　　　　　B. 边际技术替代率

C. 边际转换率　　　　　　　　　　　　D. 边际效用

四、简答题

1. 根据基数效用理论,边际效用与总效用的关系是怎样的?

2. 试述基数效用论和序数效用论有何不同点。

3. 什么是边际替代率?边际替代率为什么呈现递减趋势?

4. 简述消费者偏好的四个假设。

第三章 企业的生产和成本

 学习任务

1. 了解企业的类型,掌握个人独资企业、合伙制企业和公司的概念。
2. 了解生产及生产函数的定义。
3. 理解短期生产函数下总产量、平均产量和边际产量的含义及三者之间的内在关系。
4. 掌握边际报酬递减规律的含义,会运用边际报酬递减规律分析实际经济问题。
5. 理解经济学中的成本,掌握隐性成本的概念,掌握短期成本的概念与分类,能区分总成本、平均成本及边际成本的关系。

 知识导图

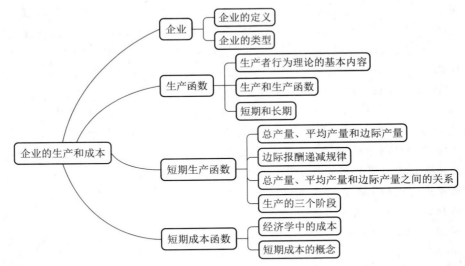

第一节　企业

企业的决策目标通常是利润最大化,而利润等于收益与成本之间的差额,所以,揭示企业的行为需要说明企业生产一定数量的产出所获得的收益和花费的成本是由什么决定的。

一、企业的定义

企业作为市场经济活动的基本单位,呈现出多样化的形态。它们既可以制造和销售有形产品,如服装和汽车,也可提供多元化的服务,例如法律咨询和战略规划。这些企业的共同点在于,它们均运用各类资源投入,致力于生产与销售商品或服务。因此,在经济学领域,企业通常被定义为能够统一规划生产与供给策略的基本经济实体。

二、企业的类型

根据法定的组织形式,企业主要划分为个人独资企业、合伙制企业和公司三大类别。

个人独资企业,亦称为个体经营或个体工商户,是由单一自然人投资设立的经济实体。其财产归投资人个人所有,投资人须以其个人资产承担企业债务的无限责任。此类企业具备经营灵活、设立与解散简便的特点,但风险较高,因投资人的个人资产与企业资产在法律责任上难以分割。

合伙制企业则是基于合伙协议,由两个或两个以上的自然人或法人共同出资、经营、分享收益并承担风险的营利性组织。依据合伙协议的不同,可分为普通合伙企业和有限合伙企业。前者中,所有合伙人均需对债务承担无限连带责任;而后者中,至少有一名合伙人需承担无限责任,其余合伙人则以其出资额为限承担有限责任。相较于个人独资企业,合伙制企业通常更易于筹集资本,但管理和运营因涉及多方共同决策而可能更为复杂。

公司作为一种法人组织,享有独立的法律地位。公司的股东以其出资额为限对公司债务承担有限责任,除非在特殊情况下,如一人有限责任公司中的股东可能需要承担无限责任。公司主要分为有限责任公司和股份有限公司两类。前者由固定数量的股东组成,不发行股票;而后者则可发行股票,股东人数不受限制。公司通常拥有更为完善的组织结构,包括董事会、监事会等,其管理和运营相对规范,但同样伴随着较高的复杂性。

第二节　生产函数

一、生产者行为理论的基本内容

如果简单地将企业的生产和经营目标确认为追求利润最大化,那么,简单分析利润的各

个组成部分,将有助于了解生产者行为分析的基本线索和理论结构。根据定义,企业的利润等于总收益与总成本之间的差额,即

$$利润＝总收益－总成本$$

式中,总收益是企业的销售收入,它等于销售产品的价格与销售数量的乘积,而总成本则是企业生产过程中的各种有形与无形支出,它们都取决于企业的产出数量。为了分析方便,通常对以上有关经济量作一些约定。

首先,关于产品的价格。尽管在消费者可接受的范围内,产品的价格可以由企业任意确定,但为了与企业利润最大化目标相一致,通常假定企业尽可能确定最高价格。这样,对应于特定的销售数量,企业确定的最高价格就由市场上对其产品的需求来决定。其次,关于销售量。通常,在特定时期内,企业的销售量与产量并不一致,这涉及企业的库存调整等问题。但为了简单起见,假定企业的销售量等于其产量。这样,企业的产量就等于计划销售量,而企业依照利润最大化选择的计划销售量也就对应着特定价格下的需求量。最后,关于成本。企业的成本与多种因素有关,但这里考察的目的是分析企业的产量决策,因而可以假定企业的成本只取决于生产的数量。

在上述约定的基础上,可以看到以利润最大化为动机的企业行为理论的分析线索。为了分析企业利润最大化的产量选择,必须分析成本和收益与特定产量之间的对应关系。首先是成本。企业生产一定数量的产品所花费的成本表现为各种投入的支出总和,而各种投入与产出之间的关系又与企业选择的生产技术有关,所以为了分析产量与成本之间的关系,需要首先说明投入与产出之间的技术关系,进而说明生产一定数量的产品需要花费的投入及相应的成本,并最终得到成本与产量之间的关系。其次是收益。收益简单地表示为价格与产量的乘积,但仍需注意,除了产量这一决策变量之外,企业的收益还取决于它所面对的市场需求,而市场需求又与企业所处的市场结构有关。

二、生产和生产函数

现实的企业在组织形式上呈现多元化,且不同产品制造企业所采纳的生产技术亦大相径庭。然而,它们均共享一个核心特征,即无论从事何种生产活动,均需有投入并能有效转化为产出。因此,生产被精确定义为一个过程,即通过各种投入要素的转换,实现产出的生成。在这一转换过程中,起到桥梁作用的是企业所运用的生产技术。

通常而言,生产过程中的各种投入要素被统称为生产要素。为了便于分析和理解,这些要素被进一步划分为劳动、资本、土地和企业家才能四大基本类别。

劳动,指的是劳动者在生产过程中所提供的体力与脑力服务的总和。衡量劳动投入的常见指标包括人数和劳动时间,而劳动的价格则具体表现为工资率。

资本,指的是生产过程中所使用的物品和货币资金等资源,包括但不限于厂房、机器设备、动力燃料以及流动资金等。在此,资本主要指的是其技术形态。为了研究之便,我们常假设存在一个专门负责资本品租赁的机构,该机构能在单位时间内为各生产企业提供所需数量的资本品。因此,资本的价格并非指资本品本身的价值,而是指其租用费用。

土地,泛指一切自然资源,包括土地本身及其上的河流、森林和地下的矿藏等。与资本类似,当涉及土地的使用时,通常指的是土地的租用,故土地的价格亦指其租用费用。

企业家才能,则是指企业家在建立、组织和经营企业过程中所展现出的发现市场机遇以及有效组织各种投入要素的能力。在一般技术讨论的范畴内,企业家才能被视作劳动的一种特殊形式。

由此可见,在既定的生产技术条件下,企业需通过企业家的统一调配,将各类生产要素进行有效组合,进而生产出有形或无形的产品。在这一过程中,企业所选用的生产技术可通过生产要素投入量与产出量之间的关联得以体现,因此,企业的生产技术通常由生产函数来具体描述。

生产函数,即是在技术水平保持稳定的条件下,描述企业在特定时期内所使用的各种生产要素数量与它们所能实现的最大产出量之间关系的数学表达。简而言之,在其他条件不变的情况下,若既定的投入能带来更高的产出,则意味着所采用的技术更为先进。因此,生产函数不仅反映了企业的生产技术状况,同时也是评估和优化生产流程的重要依据。

假定一个企业在生产过程中投入的劳动、资本、土地、企业家才能等生产要素的数量分别由 L、K、X、E 等表示,而这些要素数量组合所能生产出的最大产量为 Q,那么该企业的生产函数可以一般性地表示为

$$Q = f(L, K, X, E) \tag{3.2.1}$$

为了分析简便起见,通常假定生产过程中只使用劳动和资本两种生产要素,则简化后的一般生产函数可以表示为

$$Q = f(L, K) \tag{3.2.2}$$

三、短期和长期

生产是一个涉及劳动、资本等投入的复杂过程,同时亦伴随着时间的流逝。在既定的技术条件下,时间维度对投入与产出之间的关联产生制约作用,并影响着企业在生产要素投入数量上的决策。因此,生产理论可以以短期与长期两个维度进行深入探讨。

短期生产,指的是在某一特定阶段内,生产者受限于条件无法及时调整所有生产要素的数量,至少存在一种生产要素的数量保持固定不变的状态。而长期生产则代表着生产者具备调整全部生产要素数量的能力,甚至涵盖进入或退出某一行业的可能性。

根据这一划分,我们进一步将能够灵活调整的生产要素定义为可变要素,而将那些无法或难以及时调整的生产要素归类为不变(或固定)要素。这一区分有助于我们更精准地理解和分析不同生产阶段中生产要素的配置与利用情况。

依照短期和长期的区分,生产函数也可以区分为短期和长期生产函数。继续以只有劳动和资本两种投入的生产为例。假定短期内,只有劳动投入 L 可以变动,资本投入 K 保持不变($K = \bar{K}$),则短期生产函数就可以表示为

$$Q = f(L, \bar{K}) \tag{3.2.3}$$

如果企业处于生产的长期,所有的生产要素数量都可以变动,那么生产函数将采用(3.2.2)式给出的形式。

第三节　短期生产函数

本节假定企业处于生产的短期,并着重考察只有一种生产要素可变的情形。

一、总产量、平均产量和边际产量

假定企业在短期内仅依赖劳动和资本两种生产要素进行生产活动。为确保分析的明确性,我们进一步设定,在此特定时期内,企业具备根据生产需求灵活调整劳动投入数量的能力,然而,资本投入量则保持固定不变。基于这一设定,我们引入了(3.2.3)式作为核心的生产函数,该函数详尽地揭示了在既定资本投入量 $\overline{K}$ 的条件下,不同劳动投入量与其所能达到的最大产量之间的精确对应关系。

通过深入分析可变要素投入与产出之间的这种内在联系,我们得以界定三个至关重要的产出概念:总产量 TP、平均产量 AP 以及边际产量 MP。这些概念为我们提供了深入理解企业生产过程及其效率的关键视角。

以劳动可变的情形为例,劳动的总产量是指一定的劳动投入量可以生产出来的最大产量,用 TP_L 表示。由于劳动投入是可以变动的,所以总产量也可以视为这一可变要素投入的一个函数。因此,劳动的总产量事实上就是生产函数(3.2.3)式的变形:

$$TP_L = f(L, \overline{K}) \tag{3.3.1}$$

边际产量反映了总产量的变动率,或者说是变动速度。

需要指出,上述定义并不局限于劳动,相应于劳动的任意的生产要素均可以定义总产量、平均产量和边际产量。但同时需要说明,上述概念隐含着"其他条件不变"的假设。

以某小型农场生产小麦的情形为例,该农场采用现有一般的生产技术,运用一定数量的农业机械,耕种 10 亩土地,种植小麦。表 3-3-1 给出了这一农场的劳动投入量与小麦产出量之间的关系。在表中,列(1)是该农场可能的劳动投入量;列(2)是固定不变的土地投入量;列(3)则是这两种投入量下所能生产的最大产量,即总产量;列(4)是劳动的边际产量,它由列(3)中产出的改变量除以列(1)中劳动投入的改变量得到;列(5)是劳动的平均产量,由列(3)除以列(1)相应的数值得到。

表 3-3-1　农场的生产函数

(1) 劳动投入量 L/人	(2) 土地投入量 N/亩	(3) 总产量 Q/kg	(4) 边际产量 MP_L/kg	(5) 平均产量 AP_L/kg
0	10	0	—	—
1	10	1000	1000	1000
2	10	2500	1500	1250
3	10	3500	1000	1166.7
4	10	4300	800	1075
5	10	4700	400	940

(1) 劳动投入量 L/人	(2) 土地投入量 N/亩	(3) 总产量 Q/kg	(4) 边际产量 MP$_L$/kg	(5) 平均产量 AP$_L$/kg
6	10	4800	100	800
7	10	4800	0	685.7
8	10	4700	−100	587.5

二、边际报酬递减规律

表 3-3-1 给出的数据表明,生产要素投入的变动对产出的贡献遵从下面的边际报酬递减规律:在保持生产技术水平不变、其他生产要素不变的条件下,把一种可变的生产要素连同其他一种或几种不变的生产要素投入生产过程之中,随着这种可变的生产要素投入量的逐渐增加,最初每增加 1 单位该要素所带来的产量增加量是递增的;但当这种可变要素投入量增加到一定程度之后,增加 1 单位该要素所带来的产量增加量是逐渐递减的。简言之,在其他条件不变的情况下,一种可变投入在增加到一定程度之后,它所带来的边际产量递减。

理解边际报酬递减规律需要注意以下三个方面。

第一,这一规律发挥作用的前提是生产技术水平保持不变。这一规律只能在生产过程中所使用的技术没有发生重大变革的前提下才成立。如果出现技术进步,可变生产要素的边际报酬就可能违反递减规律。

第二,边际报酬递减规律只有在其他生产要素投入数量保持不变的条件下才可能成立。例如在农场生产小麦的例子中,如果在增加劳动投入的同时,增加耕种面积,那么小麦的边际产量也不一定递减。

第三,边际产量递减在可变要素投入增加到一定程度之后才会出现。边际产量并非一开始就会出现递减,原因在于,生产过程中存在着固定不变的要素投入,在可变要素投入数量很低时,不变要素投入相对过剩,增加 1 单位可变要素投入可以使得固定不变的生产要素得到更加有效的使用,因而边际产量也会增加。但随着可变要素投入不断增加,不变要素投入相对不足,从而对产量增加形成制约。在这种情况下,可变要素的边际产量就会出现递减。

三、总产量、平均产量和边际产量之间的关系

边际报酬递减规律不仅决定了边际产量随着可变要素投入量变动的趋势,也决定了总产量和平均产量的变动趋势,并使得它们三者之间的关系更加明晰。

参照表 3-3-1 中的数据特征,可以描绘出总产量、平均产量和边际产量随着可变要素投入变动而变动的曲线,如图 3-3-1 所示。在图中,横轴表示可变要素劳动的投入数量 L,纵轴表示产量 Q,相应的总产量、平均产量和边际产量分别由 TP$_L$ 曲线、AP$_L$ 曲线和 MP$_L$ 曲线表示。考察这三条曲线不难发现以下特征。

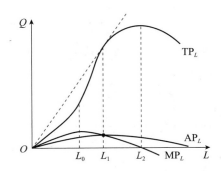

图 3-3-1 总产量、平均产量和边际产量曲线

（1）在边际报酬递减规律的作用下，劳动的边际产量曲线呈现先增加后递减的趋势。在图 3-3-1 中，在劳动投入量未达到 L_0 之前，随着劳动投入量的增加，劳动的边际产量增加；当劳动投入量超过 L_0 之后，劳动的边际产量呈递减趋势。在递减过程中，劳动的边际产量通常大于 0；但当劳动投入量增加到 L_2 时，边际产量为 0；在这之后，劳动的边际产量为负值，这表明增加 1 单位劳动投入量不仅不能使得产出增加，反而还会使得总产量减少。

（2）相应于边际产量先增加后递减以及边际产量由正值转为负值，总产量曲线也会呈现出先增加后递减的趋势。这是因为，在边际产量大于 0 时，增加 1 单位劳动投入量就会带来产出增加，所以总产量会随着劳动投入增加而递增；相反，若边际产量小于 0，增加 1 单位劳动投入量将使得总产量减少。因此，当劳动投入量从 0 逐渐增加到 L_2 时，边际产量大于 0，总产量曲线向右上方倾斜；在劳动投入量超过 L_2 之后，边际产量小于 0，总产量曲线向右下方倾斜；而当劳动投入量恰好为 L_2 时，边际产量为 0，总产量曲线达到最高点。

（3）进一步，边际产量也反映了总产量变动的速度。在边际产量为正值并且递增的阶段，随着劳动投入量的增加，总产量增加的速度会越来越快；当边际产量递减时，总产量增加的速度越来越慢。在图 3-3-1 中，随着劳动投入量由 0 逐渐增加到 L_0，总产量曲线越来越陡峭，之后，总产量曲线越来越平缓，直到劳动投入量为 L_2 时总产量曲线达到最高点。

（4）对应于总产量曲线，劳动的平均产量曲线是先增加后递减的。从几何图形上看，对应于特定的劳动投入量，平均产量恰好是从原点出发到总产量曲线上相应点的一条射线的斜率值。很显然，由于总产量曲线开始时递增速度越来越大，所以这条射线的倾斜程度最初也会越来越大。当该射线恰好与总产量曲线相切时，平均产量达到最大，此时对应的劳动投入量为 L_1。在这之后，平均产量逐渐递减。所以，平均产量曲线具有先增加后递减的特征。不过，只要总产量大于 0，平均产量也一定大于 0，所以平均产量曲线在横轴的上方。

（5）边际产量曲线与平均产量曲线相交，并且交于平均产量曲线的最大值点。当边际产量大于平均产量时，增加 1 单位劳动投入量所增加的产量超过平均水平，因而增加该单位劳动投入量将使得平均产量增加；相反，如果边际产量小于平均产量，增加 1 单位劳动投入量将使得平均产量趋于减少。这就是说，在平均产量递增阶段，边际产量一定大于平均产量，而在平均产量递减阶段，边际产量一定小于平均产量。因此，平均产量曲线与边际产量曲线一定相交于平均产量曲线的最大值点，如图 3-3-1 中劳动投入量 L_1 对应的平均产量点。

四、生产的三个阶段

通过分析总产量、平均产量和边际产量曲线及其相互关系,可以确定劳动这一可变要素投入量的合理区域。

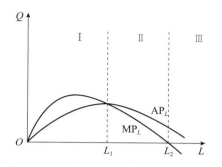

图 3-3-2　一种可变要素投入的合理区域

首先将劳动投入范围区分为三个连续的不同阶段Ⅰ、Ⅱ、Ⅲ。如图 3-3-2 所示,劳动投入量由 0 到 L_1 为第一阶段,由 L_1 到 L_2 为第二阶段,超过 L_2 之后为第三阶段。其中,劳动投入量 L_1 对应着边际产量与平均产量曲线的交点,即平均产量的最大值点;L_2 对应着边际产量等于 0 的点,也对应着总产量最大值点。

假定企业可以选择任意的劳动投入量,那么它会选择多少劳动作为投入呢? 在劳动投入的第一阶段内,劳动的边际产量大于平均产量。这意味着,新增加 1 单位劳动所获得的产量比现有劳动的平均水平要高。在这种情况下,企业应该雇用这 1 单位的劳动,即企业不会停止增加劳动投入量。因此,如果把劳动投入确定在第一阶段而不增加,那就是不合理的。从这一意义上说,该区域是生产要素的不合理投入区。

再看劳动投入的第三阶段,在这一区域内,劳动的边际产量小于 0,即增加投入不仅不增加总产量,反而会使得产量下降,因而理性的企业也不会把劳动投入确定在这一阶段内。

可见,理性的生产者会把劳动投入选择在第二阶段,即在使得平均产量为最大的 L_1 与使得边际产量为 0 的 L_2 的范围内。在这一阶段内,劳动的投入使得平均产量大于边际产量,但又使得边际产量大于 0。这一区域被称为可变生产要素的合理投入区。

需要指出,生产要素的合理投入区只给出了可变要素投入的范围,却并不能说明该要素的最优投入量。事实上,到现在为止,有关企业决策的分析还无法确定企业对生产要素的最优选择,因为这一数量的选择还与要素所能生产的产品的价格以及要素本身的价格有关。在产品价格既定的条件下,劳动的工资率越高,企业选择的劳动投入量就越少,最优投入量就越接近于 L_1;相反,劳动的工资率越低,企业选择的劳动投入量就会越多,最优投入量就越接近于 L_2,但不会超过这一点。

第四节　短期成本函数

企业生产需要一定的要素投入,而投入又需要花费成本,所以企业生产一定数量的产品对应着一定的成本。企业的生产成本随着产量变动而变动的规律取决于企业对生产要素的选择,而这种选择又受到时间范围的制约,所以成本也被区分为短期成本和长期成本,本书重点介绍短期成本。

一、经济学中的成本

企业的成本又称生产成本,是指在一定时期内,企业生产一定数量的产品所使用的生产要素的费用。然而,经济学家眼中的成本与会计账户上规定的成本,即经济成本与会计成本,在含义上存在较大差异。每个企业都有自己的会计账户,它记录着企业在过去一段时期内生产和经营过程中的实际支出,这些支出称为会计成本。会计成本常被用于对以往经济行为的审核和评价。而经济学家分析成本的目的在于考察企业的决策,进而分析资源配置的结果及效率,所以经济学中对成本的使用重在衡量稀缺资源配置于不同用途上的代价。这涉及使用一项资源或作出一项选择时放弃掉的其他机会,即机会成本。

机会成本是指将某项资源用于一种特定用途而不得不放弃其他机会所带来的成本,通常由这项资源在其他用途中所能得到的最高收入加以衡量。例如,企业使用自己拥有的办公大楼,那么在会计人员看来,大楼当期并没有发生实际支出,因而没有成本。但是在经济学家看来,如果将大楼出租,将会带来租金,企业自己使用无疑损失了将大楼出租获取租金的机会。如果在分析期内这栋办公大楼最多可以获得 100 万元的租金收入,那么这 100 万元就构成了企业的经济成本。特别地,一个企业从事某一行业的经营,势必会损失掉从事其他行业经营的机会,从而不得不放弃获得相应利润的机会。

机会成本又分为显性成本和隐性成本两部分。显性成本是指企业为生产一定数量的产品购买生产要素所花费的实际支出。例如,企业雇用工人所支付的工资、购买原材料的费用等都是显性成本。隐性成本是指企业使用自己所拥有的生产要素的机会成本。因此,企业的生产成本包含显性成本和隐性成本两部分,即经济成本＝显性成本＋隐性成本。与经济成本和会计成本的区别相一致,企业的利润也区分为经济利润和会计利润。经济利润是指企业销售产品获得的收益与经济成本之间的差额,即经济利润＝收益－经济成本。会计利润则是指企业销售产品获得的收益与会计成本之间的差额,即会计利润＝收益－会计成本。二者的主要差异在于对成本内涵的理解不同,其中经济成本包含了隐性成本支出,而会计成本只记录实际支出。所以,会计利润通常会超过经济利润。

二、短期成本的概念

在短期内,对应于产量的变动,企业使用的生产要素被区分为可变投入和不变投入,企业只能对可变要素的投入数量进行调整。相应于生产要素的不变与可变的区分,企业的生产成本也有不变成本和可变成本的区分,进而可以相应于产量而定义平均成本和边际成本。

(1) 企业为生产既定产量所需要的生产要素投入的费用就是该产量下的总成本,它由不变成本和可变成本两部分构成。不变成本又称固定成本,是指不随企业产量变动而变动的那部分成本,它对应着不变投入的费用;可变成本是指随着企业产量变动而变动的那部分

成本,它对应着可变投入的费用。用 TC、FC 和 VC 分别表示总成本、不变成本和可变成本,则有

$$TC = FC + VC \qquad (3.4.1)$$

（2）依照某一产量下的总成本、不变成本和可变成本,可以定义相应的平均成本、平均不变成本和平均可变成本。

平均成本是指每单位产量所花费的成本,用公式表示为

$$AC = \frac{TC}{Q} \qquad (3.4.2)$$

平均不变成本是指每单位产量分摊到的不变成本,用公式表示为

$$AFC = \frac{FC}{Q} \qquad (3.4.3)$$

平均可变成本是指每单位产量所花费的可变成本,用公式表示为

$$AVC = \frac{VC}{Q} \qquad (3.4.4)$$

三者之间的关系为

$$AC = AFC + AVC \qquad (3.4.5)$$

（3）上述三个总的成本也可以相应于产出的改变量来定义边际成本。边际成本是指增加 1 单位产量所增加的成本。不变成本不随产量变动而变动,随着产量的增加,不变成本的改变量等于 0,所以,总成本的改变量完全来源于可变成本。因此,边际成本用公式可以定义为

$$MC = \frac{\Delta TC}{\Delta Q} = \frac{\Delta VC}{\Delta Q}$$

式中,ΔQ 表示企业的产量改变量,ΔTC 和 ΔVC 分别表示因产量改变而导致的总成本和可变成本的改变量,二者相等。

思考与练习

一、名词解释

1. 边际报酬递减规律

2. 隐性成本

3. 边际产量

4. 机会成本

5. 生产函数

二、判断题

1. 短期厂商不能改变生产规模,但是可以改变产量。　　　　　　　　　　（　　）

2. 规模不经济通常发生在企业规模太小时。　　　　　　　　　　　　　（　　）

3. 在现代经济中,经济成本一般大于会计成本。 （　　　）

4. 边际产量递减时,平均产量不可能递增。 （　　　）

5. 边际报酬递减规律是指短期随着可变要素投入的增加,这种要素的边际产量递减。

（　　　）

三、单选题

1. 设劳动是唯一可变要素,当总产量下降时,（　　　）。

A. 劳动的平均产量等于零　　　　　　　　B. 劳动的边际产量等于零

C. 劳动的平均产量小于零　　　　　　　　D. 劳动的平均产量下降

2. 当劳动的平均产量大于零时,边际产量是（　　　）。

A. 下降的　　　　　B. 0　　　　　C. 负的　　　　　D. 以上都可能

3. 当 AP_L 为正且递减时,MP_L 可以（　　　）。

A. 递增且为正　　　　　　　　　　　　　B. 递减且为负

C. 递减且为正　　　　　　　　　　　　　D. 上述三个选项中只有 A 不可能

4. 下列说法中错误的是（　　　）。

A. 只要总产量减少,边际产量一定为负数

B. 只要边际产量减少,总产量一定减少

C. 边际产量曲线在平均产量曲线的最高点与之相交

D. 只要平均产量增加,边际产量就大于平均产量

5. 下列说法中正确的是（　　　）。

A. 总产量 TP 开始下降时,边际产量 MP 也开始下降

B. 只要边际产量 MP 下降,总产量 TP 一定下降

C. 边际产量 MP 曲线必定交于平均产量 AP 曲线的最高点

D. 只要边际产量 MP 下降,平均产量 AP 也一定下降

6. 边际报酬递减规律的适用条件是（　　　）。

A. 生产技术没有发生重大变化　　　　　　B. 不考虑技术是否变化

C. 所有要素投入同时改变　　　　　　　　D. 以上三条都不适用

7. 如果等成本曲线与等产量曲线没有交点,则要生产等产量曲线所表示的产量,应该

（　　　）。

A. 增加投入　　　　　　　　　　　　　　B. 保持原投入不变

C. 减少投入　　　　　　　　　　　　　　D. 上述三者都不正确

8. 关于边际报酬递减规律,下列说法正确的是（　　　）。

A. 随着可变要素投入增加,其边际产量递减

B. 其他条件不变时,可变要素的边际产量先递增后递减

C. 是长期规律

D. 当所有要素投入的变化幅度一样时才成立

9. 关于经济学说的隐性成本,以下说法错误的是(　　)。

A. 是经济成本的一部分　　　　　B. 是会计成本

C. 是账面无法体现的成本　　　　D. 是机会成本的一部分

四、简答题

1. 总产量、平均产量和边际产量之间的关系如何?

2. 如何理解边际报酬递减规律?

第四章	市场结构

 **学习任务**

1. 了解市场结构及划分依据。
2. 理解企业的利润最大化原则,并运用于经济实践。
3. 掌握完全竞争市场、垄断市场、垄断竞争市场和寡头市场四种市场类型的特点,并能进行区分比较。
4. 掌握不完全竞争市场下垄断的含义及其原因。
5. 了解寡头市场价格的决定因素,能够简单描述寡头市场的竞争策略。

 知识导图

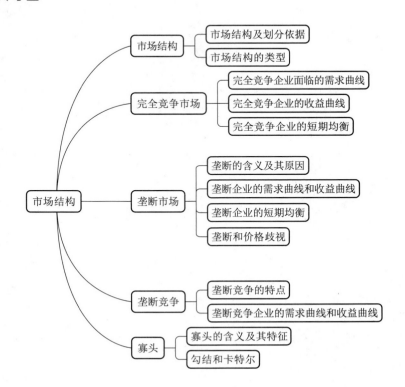

第一节 市场结构

一、市场结构及划分依据

市场是由生产者与消费者围绕特定商品交易而构成的相互关联体系,简而言之,市场即为连接商品买卖各方的桥梁与纽带。在此定义之下,有四个核心方面需要予以深入阐释。

第一,市场的基石在于"买卖"行为。无论是何种类型的市场,都离不开买者与卖者的共同参与。若缺乏买者与卖者,市场便无从谈起。买者与卖者的行为,实质上即为市场的需求与供给之体现。不仅如此,买卖双方的存在不仅是市场得以形成的基本条件,而且买卖双方数量的多寡亦是区分各类市场类型的关键依据之一。

第二,"商品"的概念。所谓商品,既可以特指如大米、猪肉等具体的实物商品,也可泛指如劳动、资本等多种商品构成的集合体。然而,值得注意的是,在现实生活的市场运作中,我们所面对的大多是一些具体化的市场,如大米市场等,而并非那些抽象化的市场概念,如产出市场等。

第三,"联系"。市场作为连接买者与卖者的桥梁,起到了纽带作用。这种联系的形式或手段具有多样性,涵盖范围广泛。无论是传统的集市贸易,还是现代高度规范化的如证券交易所等"有组织"的市场,乃至面对面的议价过程以及网络交易等新兴方式,均为市场作为联系纽带的具象化表现。

第四,市场进出的难易程度。某些市场进出相对便捷,而另一些市场则显得较为困难,尤其是在进入市场时可能遭遇重大阻碍,而在退出市场时亦可能蒙受重大损失。

对于某一特定市场而言,买者与卖者的数量可能较为丰富,也可能相对较少;他们所交易的商品可能完全同质化,也可能存在细微差异;他们之间的相互关系可能十分紧密,也可能相对疏离;同时,市场进出的难易程度亦可能有所不同。正是基于这些多元化的特点,西方经济学家们对市场进行了细致的分类,从而形成了多种多样的市场类型。

二、市场结构的类型

一般而言,若某市场具备买卖双方人数众多、交易商品同质化程度高、市场信息透明度高以及市场进出无阻碍等特征,则可称之为完全竞争市场。反之,若市场存在进出限制,仅有一个卖家或买家,则形成垄断市场。若市场买卖双方人数众多,进出限制较少,但交易商品存在差异,则称之为垄断竞争市场,该市场兼具竞争与垄断的特点,即存在多个买家和卖家,但商品具有差异性。最后,若市场中的卖家或买家数量有限,并非众多,而是仅有几个,则构成寡头市场,又称寡头垄断市场。此类市场往往也存在较为严重的进出限制。见表 4-1-1。

表 4-1-1　市场类型

市场类型	买方或卖方数量	产品差别	进出限制
完全竞争市场	多个	无	无
垄断竞争市场	多个	有	较少
寡头市场	几个	有或无	有
垄断市场	一个	无	有

在不同类型的市场结构中,企业所面临的需求函数各有差异,其中存在两种极端情形。一种极端情形是,某企业的产品在市场上占据了极为显著的地位,近乎独占整个市场份额。在此情境下,企业调整产量的行为对市场价格产生的影响达到了极致。这类企业通常被称为垄断企业。实际上,在垄断市场的背景下,企业的产量即等同于整个市场的供应量,而企业所面临的需求函数则直接等同于整个市场的需求函数。因此,我们可以将垄断企业所处的市场环境称作垄断市场。

另一种极端情形是,企业在市场上的产品份额极为微小,几乎可以忽略不计。在如此情境下,企业调整产量的行为对市场价格的影响将变得微不足道,甚至可以忽略不计。这类企业通常被称为完全竞争企业。如果一个市场中的所有企业均符合这一特征,即均处于完全竞争状态,那么我们将该市场定义为完全竞争市场。

经过深入剖析,我们发现在同一市场环境下,不同企业的产品之间往往存在某种程度的差异性。当企业生产和销售的是具有差异性的产品时,即便是规模较小的企业,其行为亦有可能对市场价格产生一定影响。因此,判断一个企业是否处于完全竞争状态,并不单纯地依赖于其产品在整体市场中的占有率,而是更多地取决于其产品在市场中与其完全相同的产品之间的相对份额。对于完全竞争企业而言,其生产的产量在市场中与同类无差异产品相比,所占份额微不足道。按照这一标准,完全竞争企业应具备两大特征:一是其产量在整个市场中占比较小,二是其产品与市场中其他企业的产品无显著差异。显然,完全竞争企业和完全竞争市场更多是一种理论上的构想,在现实世界中难以找到真正对应的实例。

若某企业的产品仅具备前述的第一种极端情形而不具备第二种极端情形,则该企业应归类为垄断竞争企业。换言之,垄断竞争企业具备以下两点核心特质:其一,其在整个市场中的产量占比极其微小,几乎可忽略不计;其二,其提供的产品与同一市场中其他企业的产品存在显著差异,即呈现出明显的产品差异。由众多此类垄断竞争企业共同构成的市场,则被称为垄断竞争市场。

依据市场份额这一核心指标,完全竞争企业与垄断竞争企业可视为市场结构的两个极端。在这两个极端形态之间,实则存在着诸多"中间"状态的企业——它们的市场占有率既非微不足道至可忽略不计,亦非强大至足以垄断整个市场。

对于这些"中间"企业而言,其产量的调整对价格的影响程度及可能性,除了直接受其市场份额大小的影响外,还受到众多其他复杂因素的制约。尤为关键的是,这些企业的行为将如何影响同一市场中的其他企业,以及这些企业因此可能作出怎样的反应。换言之,当一个企业调整其产量时,其他企业是否会跟随其步伐进行相应的调整?如若会,那么这种调整的程度又将如何?

这些复杂且多元的问题,在完全竞争市场(包括垄断竞争)和垄断市场这两种极端情况下并不存在,因此需要我们以更为细致和全面的视角来审视和应对。

最重要的一类"中间"企业是所谓的"寡头"。寡头企业,虽然其市场份额尚未达到垄断企业那般全面掌控的程度,但也绝非完全竞争企业或垄断竞争企业那样的"微不足道"。无可否认,寡头企业在市场中占据的是举足轻重的地位,其产出的市场份额相当可观。正因如此,寡头企业的产量调整行为对于市场的价格水平具有显著且不可忽视的影响。

第二节　完全竞争市场

一、完全竞争企业面临的需求曲线

前面已提及,完全竞争企业在市场中表现出两个显著特征。其一,其产量在整体市场中的占比微乎其微;其二,其产品与市场中其他企业的产品具有极高的同质性,难以区分。

这两个特征共同决定了完全竞争企业在市场中的特殊地位。对于此类企业而言,市场价格成为一个既定的、无法改变的参数。在既定的市场价格下,完全竞争企业可以适度调整其生产规模,无论是增产还是减产,均无法对市场价格造成显著影响,市场价格不会因此发生波动。

在这种背景下,完全竞争企业扮演着"价格接受者"的角色,只能被动地适应并接受现行的市场价格。因此,其所面临的需求函数也呈现出较为简单的特征,即

$$P = P(Q) = P_0 \tag{4.2.1}$$

式中,P_0 是某个既定的市场价格,它不因完全竞争企业的产量改变而改变。这意味着,完全竞争企业面临的需求曲线是一条由市场价格决定的水平线。

二、完全竞争企业的收益曲线

根据完全竞争企业面临的需求函数,容易推导相应的(总)收益函数为

$$R = P \cdot Q = P_0 \cdot Q \tag{4.2.2}$$

因此,完全竞争企业的收益是其产量的线性函数,且与其产量成正比,斜率则由市场价格 P_0 决定。

完全竞争企业的平均收益 AR 和边际收益 MR 的计算公式同样也很简单:

$$AR = \frac{R}{Q} = \frac{D_0 \cdot Q}{Q} = P_0 \tag{4.2.3}$$

$$MR = \frac{dR}{dQ} = (P_0 \cdot Q)' = P_0 \tag{4.2.4}$$

因此,完全竞争企业的平均收益等于市场价格,边际收益也等于市场价格。这意味着,完全竞争企业面临的需求曲线、平均收益曲线和边际收益曲线正好重合。

三、完全竞争企业的短期均衡

(一) 利润最大化产量的决定

在完全竞争的市场环境下,鉴于企业的产品边际收益与市场价格的一致性,利润最大化产量的确定条件变得相对直接明了,即要求产品的市场价格与边际成本相等。

如图 4-2-1 所示,横轴 Q 代表产品数量,纵轴 P 则代表产品价格,同时亦反映相应的边际收益与边际成本。其中,水平直线 MR 代表产品的边际收益曲线,它与产品价格保持一致。而产品的边际成本曲线 MC 则呈现典型的 U 形特征,即随着产量的递增,边际成本先下降后上升。

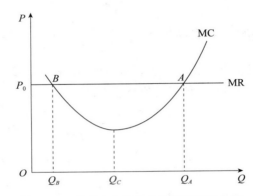

图 4-2-1　完全竞争企业的短期利润最大化

利润最大化产量的确定,依赖于边际收益曲线与边际成本曲线的交点。在图 4-2-1 中,存在两个交点,即点 A 和点 B,它们分别对应着产量 Q_A 和 Q_B。其中,Q_A 代表利润最大化的产量,而 Q_B 则代表利润最小化的产量。

为验证这一结论,我们进一步分析这两点附近的情形。首先,考察 Q_B 两侧的产量变化。当产量略小于 Q_B 时,边际成本高于边际收益,这意味着增加产量所带来的成本增加将超过收益增加,因此,相较于略小的产量,Q_B 处的利润更小。相反,当产量略大于 Q_B 时,边际收益高于边际成本,此时增加产量所带来的收益增加将超过成本增加,但相较于略大的产量,Q_B 处的利润同样更小。综上所述,Q_B 代表利润最小化的产量。

再来看 Q_A 左右两边的情况。一方面,当产量比 Q_A 略小时,边际收益大于边际成本,此时,增加产量所增加的收益要大于所增加的成本。这意味着,与略小的产量相比,Q_A 处的利润更大。另一方面,当产量比 Q_A 略大时,边际成本大于边际收益,此时,减少产量所减少的成本要大于所减少的收益。这意味着,与略大的产量相比,Q_A 处的利润也更大。由此可见,Q_A 是利润最大化时的产量。

从图 4-2-1 中可以看到,在产品的边际收益曲线与边际成本曲线的两个交点中,左边的利润最小化的交点位于边际成本曲线向右下方倾斜的部分,右边的利润最大化的交点位于边际成本曲线向右上方倾斜的部分。实际上,对完全竞争企业来说,这个结果具有一般性,即它的利润最大化产量一定位于边际成本曲线最低点的右边。因此,以后在画产品的边际成本曲线时,可以省略掉它向右下方倾斜的部分,只需画出曲线向右上方倾斜的部分即可。

（二）利润最大化和盈亏

在利润最大化产量的决策过程中,企业是否实现盈利,不再仅仅依赖于边际收益与边际成本的对比,而是更加依赖于平均收益与平均成本的对比分析。当达到利润最大化的产量水平时,企业可能面临三种不同的经济状态:其一,实现盈利状态,此时平均收益高于平均成本;其二,陷入亏损状态,此时平均收益低于平均成本;其三,处于盈亏平衡状态,此时平均收益恰好与平均成本相等。图 4-2-2 直观地展示了这三种可能的经济状况。

在图 4-2-2 中,MC 和 AC 分别代表某完全竞争企业的边际成本曲线和平均成本曲线。

假设最初的市场价格为较高的 P_0,该价格高于平均成本曲线的最低点。因此,相应的边际收益曲线和平均收益曲线均呈现为位于 P_0 处的水平线,即 $MR_0 = AR_0$。通过比较 MR_0 与边际成本曲线 MC,交点 A 所代表的产量 Q_0 即为实现利润最大化的产量。在 Q_0 的产量水平上,虽然平均收益等于市场价格 P_0,但平均成本却相对较低,为 P_0'。因此,根据利润最大化产量的决策,企业在此情况下可实现盈利。

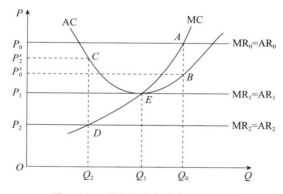

图 4-2-2　利润最大化产量上的盈亏

其次,在假定产品市场价格为适中的 P_1 时,即该价格恰好等同于平均成本曲线的最低点,与之相对应的边际收益曲线与平均收益曲线均呈现为位于 P_1 位置的水平线,即 $MR_1 = AR_1$。在此情境下,MR_1 与边际成本曲线 MC 的交汇点 E,决定了实现利润最大化的产量为 Q_1。在产量 Q_1 的水平上,平均收益等同于产品的市场价格 P_1,同时平均成本也恰好维持在 P_1 的水平。因此,在依据利润最大化产量进行生产的情况下,企业既不会亏损也不会盈利。

最后,我们假设产品的市场价格为较低的 P_2,即该价格低于平均成本曲线的最低点。由此,对应的边际收益曲线与平均收益曲线均为在 P_2 上的水平线,其中 MR_2 与 AR_2 相等。当边际收益曲线 MR_2 与边际成本曲线 MC 相交于点 D 时,即可确定利润最大化的产量为 Q_2。在产量 Q_2 处,尽管平均收益等同于产品的市场价格 P_2,但平均成本却高于此价格,达到 P_0'。因此,在按照利润最大化产量进行生产的情况下,企业将面临亏损的局面。

综上所述,当产品的市场价格分别高于、低于或等于平均成本曲线的最低点时,企业按照利润最大化产量进行生产的相应结果将分别为盈利、亏损以及不亏不盈。

(三) 企业的短期供给曲线

企业的供给曲线可以定义为:在每一个给定的价格水平上,企业愿意并且能够提供给市场的产品数量。现在要根据这个定义,从完全竞争企业的短期利润最大化条件推导它的短期供给曲线。

完全竞争企业的短期利润最大化实际上有两个不同的条件:第一,当价格大于或等于平均可变成本曲线的最低点时,利润最大化产量由价格线与边际成本曲线的交点决定;第二,当价格小于平均可变成本曲线的最低点时,利润最大化产量等于 0。

如图 4-2-3 所示,边际成本曲线 MC 和平均可变成本曲线 AVC 在点 B 处相交。点 B 是平均可变成本曲线 AVC 的最低点。与该最低点相对应的价格为 P_B。

首先来看价格大于或等于 P_B 时的情况。此时,利润最大化产量由价格线与边际成本曲线 MC 的交点决定。这意味着,在 P_B 或点 B 以上的边际成本曲线部分,同时也是短期供给曲线的一部分。

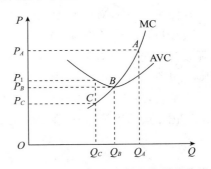

图 4-2-3　完全竞争企业的短期供给曲线

其次,如果价格小于 P_B,则利润最大化产量为 0。这意味着,此时的短期供给曲线垂直于原点,而非边际成本曲线上的相应部分。

由此可见,完全竞争企业的短期供给曲线是由两段相互不连接的曲线共同构成:当价格大于或等于 P_B,从而平均收益大于或等于平均可变成本时,它是边际成本曲线上相应的部分(参见图 4-2-3 中曲线 MC 上的 B 点以上的粗线段);当价格小于 P_B,从而平均收益小于平均可变成本时,它是纵轴上相应的部分。

(四) 完全竞争市场的短期供给曲线

如前所说,完全竞争企业在短期中的供给曲线就是它的边际成本曲线(这里不考虑它在纵轴上的相应部分)。有人可能会由此认为,完全竞争市场的供给曲线就是该市场中所有完全竞争企业的边际成本曲线的简单相加。这就犯了所谓的"加总错误"——对单个企业而言是正确的结论,对整个市场而言并不一定是正确的。

这里的关键问题是:当产品市场的价格发生变化时,该市场中所有的完全竞争企业均会根据价格的变化来调整自己的利润最大化产量,从而改变对要素的需求。在这种情况下,相应的要素市场的价格是否也会发生变化?

对这个问题的回答要取决于所有这些企业对要素的需求在整个要素市场上所占的比重。如果所有这些企业对要素的需求构成整个要素市场上一个举足轻重的部分,则它们改变要素需求的行为就必然会改变要素市场的价格,从而改变它们自己的成本状况。在这种情况下,每个企业的边际成本(以及平均成本)曲线就会变动。反之,如果所有这些企业对要素的需求在整个要素市场上也是微不足道的,则它们改变产量从而改变要素需求量的行为就不会影响要素市场的价格,从而不会影响每个企业的成本状况。

上述两种情况对市场的供给曲线具有极不相同的影响。一方面,在后一种情况下,由于产品价格变化之后,所有企业改变产量的行为并不影响要素价格,从而不影响它们的成本,故每个企业仍然是根据原来的边际成本曲线(以及价格线)来确定自己的利润最大化产量。也就是说,这条既定的边际成本曲线仍然是企业的短期供给曲线。于是,整个市场的短期供给曲线自然就可以看成是所有单个企业的边际成本曲线的简单相加。

另一方面,在前一种情况下,由于产品价格变化之后,所有企业改变产量的行为会改变要素的价格,从而改变它们的成本,故每个企业根据新的边际成本曲线(以及价格线)来确定自己的利润最大化产量。由于对每一个新的产品价格,都有一条新的边际成本曲线,故企业的短期供给曲线不再等于某一条既定的边际成本曲线,市场的短期供给曲线当然也就不再等于所有企业的边际成本曲线的简单相加。

如图 4-2-4(a)所示,假设一开始时,企业的边际成本曲线为 MC,价格为 P_0,利润最大化产量为 Q_0。于是,P_0 和 Q_0 的组合即边际成本曲线 MC 上的点 A 是供给曲线上的一点。现在让价格上升到 P_1。如果不考虑其他企业的调整,或者假定所有企业的共同调整相对于整个要素市场是微不足道的,从而要素价格不随产品价格的变化而变化,则企业的边际成本曲线就不会变化,即仍然为 MC。于是,企业的利润最大化产量将增加到 Q_1。P_1 和 Q_1 的组合,即边际成本曲线 MC 上的点 B 也是供给曲线上的一点。

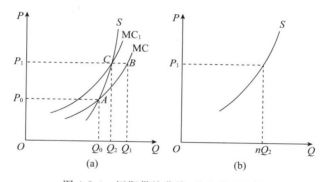

图 4-2-4　短期供给曲线:从企业到市场

但是,如果假定所有企业都根据价格的上升而增加产量,则它们都将增加对要素的需求。于是,要素的价格也将上升。要素价格的上升最终会提高每一个企业的边际成本。例如,在图 4-2-4(a)中,相对于价格从 P_0 上升到 P_1,企业的边际成本曲线从 MC 升到 MC_1。于是,现在相对于价格 P_1,企业的利润最大化产量不再是 Q_1,而是略小一些的 Q_2。这样,我们就得到了供给曲线上的另外一个点 C。通过这种方法,可以作出供给曲线上的其他点。把所有这些点连接起来,就是一整条供给曲线,如图 4-2-4(a)中的曲线 S 所示。这是完全竞争企业在其他企业共同调整产量时的短期供给曲线。它像边际成本曲线一样向右上方倾斜,但要比后者更加陡峭一些。

市场的短期供给曲线是所有企业的真正的短期供给曲线的水平相加。从图 4-2-4(a)容易推导相应的市场供给曲线,如图 4-2-4(b)中的曲线 S 所示。它是图 4-2-4(a)中所有企业的真正的供给曲线 S 水平相加的结果。例如,当价格为 P_1 时,企业的利润最大化产量为 Q_2,市场的供给量为 nQ_2。

一、垄断的含义及其原因

垄断,即市场上仅有一家企业的独占状态,其产量占有率高达百分之百。依据垄断形成的根源,可将其细化为资源垄断、特许垄断、专利垄断及自然垄断等四种主要类型。

资源垄断指的是某一关键性资源为某一企业所独享,致使该企业不仅掌握该资源,还进而垄断了依赖于该资源的生产活动。此类垄断体现了资源独占性与生产依赖性的紧密结合。

特许垄断则是政府通过行政或法律手段,赋予某一企业独家生产某种产品的权利,严禁其他企业涉足。在现实中,此类垄断多见于公用事业领域,体现了政府对于特定行业的调控与保护。

专利垄断则是某一企业拥有生产某种商品的专利权,从而享有独家生产的权利。从专利授予的角度看,它属于特许垄断,因为专利权是政府赋予的特权;而从专利性质的角度看,它又可视为资源垄断,因为专利作为一种独特资源,为拥有者提供了生产与销售的优势。

相较于前三种垄断,自然垄断的形成与持续存在的原因更为复杂。一般而言,自然垄断多与规模经济相关,即某类生产的不变成本巨大,而可变成本与边际成本相对较低。随着产量的增加,平均成本不断下降,直至达到某一足够大的产量时达到最低点。在此情况下,若有多家企业生产同一产品,则均难以达到最低成本。因此,为降低成本,各企业会竞相提高产量,降低价格,进而形成价格战,最终胜出的企业将成为市场的垄断者。自然垄断体现了规模经济与市场结构之间的紧密联系,是市场经济中一种特殊而复杂的现象。

二、垄断企业的需求曲线和收益曲线

如前所述,垄断企业是整个市场中唯一的生产者,因此,对垄断企业的产品的需求就是整个市场的需求,垄断企业面临的需求函数就是整个市场的需求函数。为简单起见,假定垄断企业面临的需求函数是线性的,即

$$P = \alpha - \beta Q \tag{4.3.1}$$

式中,α、β 为给定的常数且均大于 0,其几何表示是一条纵截距为 α、斜率为 $-\beta$ 的向右下方倾斜的直线。

由需求函数(4.3.1)式可以分别求得总收益函数、平均收益函数和边际收益函数如下:

$$R = P \cdot Q = (\alpha - \beta Q)Q = \alpha Q - \beta Q^2 \tag{4.3.2}$$

$$AR = \frac{P \cdot Q}{Q} = P = \alpha - \beta Q \tag{4.3.3}$$

$$MR = (\alpha Q - \beta Q^2)' = \alpha - 2\beta Q \tag{4.3.4}$$

上述各个收益函数的几何表示详见图 4-3-1。首先,与之前的情况一致,平均收益曲线

AR 与需求曲线呈现完全重合的态势,即同样表现为一条纵截距为 α、斜率为 $-\beta$ 的向右下方倾斜的直线。其次,边际收益曲线 MR 的纵截距与平均收益曲线(或需求曲线)保持一致,均为 α,但其斜率则是后者的两倍。若我们在上述等式中令 AR 和 MR 的值为 0,进而求解相应的产量水平,则分别得出 α/β 和 $\alpha/2\beta$ 的结果。由此可推断,边际收益曲线 MR 与横轴的交点位置,恰好是在平均收益曲线 AR 与横轴交点位置的一半。

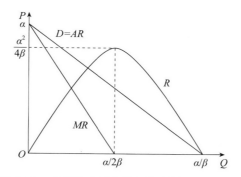

图 4-3-1　垄断企业面临的需求曲线和收益曲线

最后,总收益函数的几何表达形式即为总收益曲线 R,该曲线可由边际收益曲线 MR 确定。具体地,当边际收益大于 0、小于 0 或等于 0 时,或者在产量 Q 未达到、超过或等于 $\alpha/2\beta$ 的临界点时,总收益函数将分别呈现出上升、下降或达到最大值的趋势。这一关系揭示了总收益曲线 R 的变动规律,有助于我们深入理解并分析收益情况。

三、垄断企业的短期均衡

(一)利润最大化产量和价格

在短期中,垄断企业和完全竞争企业一样,也无法改变不变要素的投入,而只能在既定规模的限制条件下实现利润的最大化。

如图 4-3-2 所示,垄断企业的既定规模由短期的边际成本曲线 MC 和平均成本曲线 AC 表示。它面临的需求曲线(亦即市场需求曲线)为 D。如前所述,D 既是平均收益曲线 AR,又决定了相应的边际收益曲线 MR。

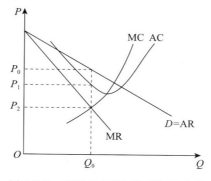

图 4-3-2　垄断企业的短期利润最大化

边际收益曲线 MR、边际成本曲线 MC 和需求曲线 D 共同决定了垄断企业的短期均衡：首先，边际收益曲线 MR 与边际成本曲线 MC 的交点决定了利润最大化产量 Q_0，在 Q_0 上，边际收益和边际成本都等于 P_2；其次，利润最大化产量 Q_0 和需求曲线 D 决定了相应的利润最大化价格 P_0。

（二）盈亏状况

图 4-3-2 给出的是垄断企业盈利的情况：在利润最大化产量 Q_0 上，平均收益为 P_0，平均成本为 P_1；由于 P_0 大于 P_1，故存在经济利润（此时的经济利润就是垄断利润），其大小等于 $(P_0 - P_1)Q_0$。

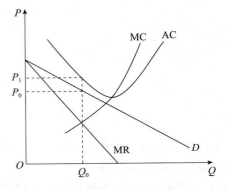

与完全竞争企业一样，在短期的利润最大化产量上，垄断企业也可能亏损。例如，在图 4-3-3 中，由于在给定的规模上成本过高，或者市场的需求过低，整个市场需求曲线 D 都低于平均成本曲线 AC。此时，无论利润最大化的产量和价格组合是何种情况，平均收益都将低于平均成本，从而都将出现亏损。与完全竞争企业一样，在短期亏损的情况下，垄断企业是否停产，也要看平均收益与平均可变成本的相对大小。如果平均收益大于平均可变成本，则继续生产，否则就停产。

图 4-3-3　垄断企业的短期亏损

当然，由技术条件决定的成本和由市场条件决定的收益也可能使利润最大化时的平均收益和平均成本恰好相等，从而使垄断企业不亏不盈。不过，与完全竞争企业的长期均衡不同，垄断企业的这种不亏不盈只是出于偶然的巧合，而非必然的结果。

四、垄断和价格歧视

垄断企业因具备设定价格的能力且无需面临其他企业的竞争压力，时常能够通过实施价格歧视策略，有效攫取消费者剩余，进而实现利润最大化。价格歧视本质上是指同一成本的产品以差异化的价格进行销售。此概念亦可拓展至产品特性非完全一致的情境：若不同产品间的价格差异显著超出其成本差异，亦可视为价格歧视存在。

（一）一级价格歧视

一级价格歧视，亦称作完全价格歧视。其核心在于，垄断企业针对每一单位产品，均按照消费者所愿意支付的最高价格进行销售，即价格设定完全贴合消费者的支付意愿。在此情境下，消费者的全部剩余将被转移至垄断企业手中。一级价格歧视理论上能够实现经济效率的最大化，因为它允许垄断企业根据消费者的边际支付意愿来设定价格，从而使得其边际收益曲线与需求曲线重合，边际收益等同于价格。然而，一级价格歧视的实施前提是企业能够精确掌握每位消费者对每一单位商品的边际支付意愿，这在现实中几乎是不可能实现的。

（二）二级价格歧视

与一级价格歧视相比，二级价格歧视在定价策略上稍显宽松。它并非针对每一单位产品单独定价，而是将全部产品划分为若干批次或组别，并针对每一批次或组别按照消费者的边际支付意愿来设定价格。二级价格歧视的一个典型例子是数量折扣，即对于购买超过某一数量阈值的产品，消费者可享受更低的价格优惠。由于二级价格歧视并未完全剥夺消费者的剩余，其边际收益曲线并不会与需求曲线完全重合，边际收益亦不等同于价格，因此，实施二级价格歧视的垄断企业往往难以达到经济效率的最优状态。

（三）三级价格歧视

三级价格歧视是实践中最为常见的价格歧视形式，常见于航空公司的常规机票与特价机票定价策略，以及针对学生和老人的优惠折扣等。其核心理念在于，针对不同需求价格弹性的消费群体，实施差异化的定价策略。具体而言，对于需求价格弹性较大的消费群体，垄断企业倾向于设定较低的价格以吸引消费；而对于需求价格弹性较小的消费群体，则设定较高的价格以获取更多利润。例如，在面临 a 和 b 两个消费群体时，若 a 群体的需求价格弹性大于 b 群体，则垄断企业将对 a 群体设定低于 b 群体的价格。这种定价策略使得垄断企业能够更灵活地适应市场变化，实现利润最大化。

第四节　垄断竞争

一、垄断竞争的特点

在垄断竞争市场中，众多企业共存，其中任何一家企业在整个市场中的份额均微不足道，且它们所生产的产品呈现出一定程度的差异性。这种差异不仅体现在商品的质量、规格、品牌上，还延伸至购物环境及售后服务等多个方面。只要消费者在比较过程中认为某一企业的产品与市场中其他产品存在显著不同，那么该企业所生产的产品便可称为差异产品。

一方面，从表面上看，垄断竞争企业与完全竞争企业之间的差异似乎微不足道，然而这一细微差别却深刻影响着两类企业的行为及其所产生的后果。在完全竞争市场中，企业调整产量的行为对价格并无显著影响，而垄断竞争企业则不同，其产量的调整会在一定程度上影响价格。这是因为，尽管垄断竞争企业的市场份额相对较小，但其所提供的差异产品具有独特性，从而使其能够在一定程度上像垄断企业那样对价格施加影响。

另一方面，尽管垄断竞争企业生产差异产品，但其并非真正的垄断者。真正的垄断者所生产的产品将完全区别于其他企业。从产品替代性的角度来看，垄断竞争企业的产品与市场上其他产品之间存在较高的替代性，而垄断企业的产品与其他企业的产品之间的替代性较低。正是这种替代性上的显著差异，使得垄断竞争企业对价格的影响相较于真正的垄断企业而言显得相对有限。

二、垄断竞争企业的需求曲线和收益曲线

(一) 需求曲线

如同垄断竞争企业不同于完全竞争企业和垄断企业一样,垄断竞争企业面临的需求曲线也不同于这两类企业的需求曲线。具体来说,垄断竞争企业面临的需求曲线既不会像完全竞争企业那样水平,也不会像垄断企业面临的需求曲线那样陡峭。

如图 4-4-1 所示,假定垄断竞争企业开始时位于 dd' 曲线上的点 A 处,即价格为 P_0,产量为 Q_0。现在来看它改变价格的后果。由于在垄断竞争的条件下,产品的替代性小于完全竞争而大于垄断,故其价格变化所引起的产量变化要比完全竞争时小而比垄断时大。例如,当垄断竞争企业把价格从 P_0 提高到 P_2 或者降低到 P_4 时,它的产量相应地从 Q_0 减少到 Q_1 或增加到 Q_2。

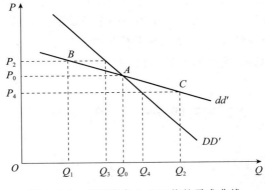

图 4-4-1　垄断竞争企业面临的需求曲线

上述讨论暗含了一个假定,即垄断竞争企业改变价格(或产量)的行为不会引起其他企业同时改变价格(或产量)。这是因为,垄断竞争企业占市场的份额非常之小,小到可以忽略不计,所以,它的行为不会对其他企业造成重大影响,从而不会引起其他企业的明显反应。在这种情况下,垄断竞争企业改变价格会产生两方面的影响:一是会改变原有顾客的购买数量——原有顾客对垄断竞争企业产品的购买量随其价格的下降或上升而增加或减少;二是会改变购买其产品的顾客数量——当其他企业的价格均不变化时,垄断竞争企业降低或提高自己价格的行为意味着,它的产品相对来说变得更加便宜或者更加昂贵了。于是,当垄断竞争企业降低价格时,一部分顾客会从同一市场中其他企业那里转向它,而当它提高价格时,一部分顾客将从它那里转向同一市场中的其他企业。

需要提醒注意的是,上述假定仅仅是说,垄断竞争企业改变价格不会引起其他企业改变价格,但这并不意味着其他企业自己就不会改变自己的价格。其他企业只是不会因为我们所讨论的这个原因而改变价格,但完全可以由于其他原因而改变价格。在这种情况下,垄断竞争企业改变价格的结果就不再是图 4-4-1 中的曲线 dd'。例如,我们假定同一市场中的其他企业都类似于我们所讨论的这个垄断竞争企业。于是,它们将和垄断竞争企业一样,出于自身的原因,同时和同等程度地改变价格。此时,垄断竞争企业面临的需求曲线就比图 4-4-1 中

的 dd' 曲线更加陡峭。这是因为，当其他企业均保持原来的价格不变时，垄断竞争企业的价格变化既会改变原有顾客的购买量，也会改变顾客的总量，而当其他企业也同时和同等程度降低价格时，它只能改变原有顾客的购买量，而无法改变顾客的总量，因为现在它的产品相对于其他企业的产品并未变得更加便宜。

如图 4-4-1 所示，当垄断竞争企业把价格从 P_0 降低到 P_4 时，如果其他企业均保持原来的价格不变，则该企业的产量就会增加得较多，即按照相对平缓的 dd' 曲线从 Q_0 增加到 Q_2；但是，如果其他企业也同时和同等程度地降低价格，则该企业的产量就将增加得较少，即按照更加陡峭的 DD' 曲线从 Q_0 增加到相对较小的 Q_4。

同样，当垄断竞争企业把价格从 P_0 提高到 P_2 时，如果其他企业均保持原来的价格不变，则该企业的产量下降的幅度就较大，即按照 dd' 曲线从 Q_0 下降到 Q_1；但是，如果其他企业也同时和同等程度地提高价格，则该企业的产量的下降幅度就较小，即按照 DD' 曲线从 Q_0 下降到 Q_3。

（二）收益曲线

如前所说，垄断竞争企业面临的需求曲线不是只有一条，而是有两条，即相对平缓的 dd' 和更加陡峭的 DD'。

进一步分析可以发现，垄断竞争企业面临的需求曲线 dd' 和 DD' 反映的仅仅是两种极端情况，即其他企业的价格要么根本不改变，要么同时进行同等程度的改变。实际上，在这两个极端之间，存在无限多的其他可能。如一部分企业改变价格，另一部分企业不改变价格。相对于每一种可能性，都有一条垄断竞争企业面临的需求曲线，而且所有这些需求曲线都介于 dd' 和 DD' 之间。

那么，垄断竞争企业的收益曲线应当由哪一条需求曲线来决定？答案是应当由 dd' 曲线来决定。这是因为，垄断竞争企业在整个市场上所占的份额非常小，因而它的行为不会引起其他企业的反应。据此，垄断竞争企业在改变自己的价格（或产量）时，就可以合理地认为其他企业并不会因此而跟着改变价格（或产量）。换句话说，垄断竞争企业可以把其他企业的价格（或产量）视为固定不变的。于是，它所面临的需求曲线就是 dd' 而非 DD' 或其他曲线。

第五节　寡头

一、寡头的含义及其特征

在寡头市场中，数个大型企业主导着全部或绝大部分产品的生产和销售活动。寡头市场的形成与垄断市场的形成在原因上有诸多相似之处，其中包括对资源的掌控、政府的特许授权、专利技术的持有以及规模经济等因素的共同作用。

与完全竞争市场和垄断竞争市场相比，甚至与垄断市场相比，寡头市场的结构和动态都显得更为复杂。在完全竞争市场和垄断竞争市场中,由于企业规模相对较小,它们在制定自身经营策略时,往往无需过多考虑对其他企业可能产生的影响,因此也无需过度关注其他企业可能作出的反应。而在垄断市场中,由于市场仅由一家企业主导,该企业同样无需过多关注其行动对其他企业可能产生的影响。

然而,在寡头市场中,情况则大不相同。寡头企业的行为往往能够显著影响整个市场的格局,进而对同一市场中的其他企业产生深远影响。这些企业在面对寡头企业的行动时,必然会作出相应的反应,而这些反应又会进一步改变市场的整体状况,从而影响寡头企业最初行动的实际效果。

综上所述,在寡头市场中,企业行为的一个显著特点就是相互依赖。寡头企业最初行动的最终结果,往往取决于其他企业的反应情况。然而,其他企业的反应是一个极其复杂的问题,受到众多复杂因素的影响。例如:在古诺模型中,假设其他企业的产量或价格不会随寡头企业的变化而变化;在价格领袖模型中,则假定其他企业会跟随寡头企业同时和同等程度地改变价格;而在斯威齐模型中,则假定其他企业会跟随寡头企业同时和同等程度地降低价格,但不会随寡头企业提高价格。这些因素共同构成了寡头市场中企业行为复杂性的重要来源。

二、勾结和卡特尔

在现实社会生活中,我们时常观察到一些寡头企业以公开或隐秘的方式结成联盟,共同设定价格、限制产量以及分配利润。当数个企业达成公开或正式协议,旨在掌控整个市场以实现利润最大化及产量和价格的协调时,这些企业的集合便被称为卡特尔。简而言之,卡特尔指的是一群协同行动的企业,它们以类似于垄断企业的方式运作,追求总体利润的最大化。

然而,卡特尔面临的最大挑战在于其内在的不稳定性——它总是为其成员潜在的背叛行为所困扰,即成员企业可能不遵守已商定的价格和产量协议。这种不稳定性的根源在于,当其他企业均维持卡特尔价格时,某一企业若改变价格,其需求曲线将展现出显著的弹性。因此,该企业仅需适度降低价格即可显著提升销售量,进而获取更多利润。由此可见,卡特尔的成员企业天然具备秘密降价或公开退出的动机。一旦某家企业采取秘密降价或公开退出策略,其他企业往往也会纷纷效仿。这样一来,卡特尔的联盟将难以为继,最终走向瓦解。

思考与练习

一、名词解释

1. 垄断竞争市场
2. 寡头市场
3. 一级价格歧视

二、判断题

1. 在完全竞争市场上,各生产者和各消费者都是市场价格的接受者。　　　　　（　　）

2. 垄断企业可以任意制定价格。　　　　　　　　　　　　　　　　　　　　（　　）

3. 垄断企业出现亏损是不可能的。　　　　　　　　　　　　　　　　　　　（　　）

4. 支持价格是政府规定某一商品的最高价格。　　　　　　　　　　　　　　（　　）

5. 垄断竞争与完全竞争的关键区别是前者存在产品差别。　　　　　　　　　（　　）

三、单项选择题

1. 一个行业内部买方和卖方的数量及其规模分布、产品差别的程度和新企业进入该行业的难易程度的综合状态称为（　　）。

　　A. 组织结构　　　　　B. 市场结构　　　　　C. 企业类型　　　　　D. 组织形式

2. 区分垄断竞争市场和完全竞争市场的主要依据是（　　）。

　　A. 进入障碍的大小　　　　　　　　　　B. 生产者的数目多少

　　C. 本行业内部的企业多少　　　　　　　D. 各企业生产者的产品差别程度

3. 现实生活中,某些农产品如玉米、小麦等的市场近似于（　　）。

　　A. 完全竞争市场　　　　　　　　　　　B. 垄断竞争市场

　　C. 寡头垄断市场　　　　　　　　　　　D. 完全垄断市场

4. 整个行业只有唯一供给者的市场结构是（　　）。

　　A. 完全垄断市场　　　　　　　　　　　B. 完全竞争市场

　　C. 寡头垄断市场　　　　　　　　　　　D. 垄断竞争市场

5. 当行业中只有一家企业能够有效率地进行生产,或者当一家企业能以低于两个或更多企业的成本为整个市场供给一种产品时,这个行业就是（　　）。

　　A. 政府垄断　　　　　　　　　　　　　B. 自然垄断

　　C. 对专利权的完全垄断　　　　　　　　D. 对特殊原材料的完全垄断

6. 下列不属于垄断竞争市场特征的是（　　）。

　　A. 同行业中只有少数的生产者

　　B. 生产者对价格有一定程度的控制

　　C. 企业进入或退出市场比较容易

　　D. 同行业各个企业生产的产品存在一定差别

7. 在完全竞争市场上,个别企业的需求曲线（　　）。

　　A. 是向右上方倾斜的　　　　　　　　　B. 是向右下方倾斜的

　　C. 与横轴平行　　　　　　　　　　　　D. 与整个行业需求曲线一致

8. 关于完全竞争市场行业的供求曲线和个别企业的需求曲线,下列表述错误的是（　　）。

　　A. 整个行业的需求曲线是一条向右下方倾斜的曲线

　　B. 整个行业的供给曲线是一条向右上方倾斜的曲线

　　C. 整个行业的需求曲线和某个企业的需求曲线是相同的

　　D. 个别企业的需求曲线是一条平行于横轴的水平线

9. 关于完全垄断企业的需求曲线和收益曲线,下列说法错误的是(　　)。

A. 企业的需求曲线就是行业的需求曲线

B. 边际收益曲线位于平均收益曲线的下方

C. 平均收益曲线与需求曲线是重合的

D. 平均收益曲线比边际收益曲线陡峭

10. 完全垄断企业进行产量和价格决策的基本原则是(　　)。

A. 边际成本大于边际收益 　　　　　B. 边际成本小于边际收益

C. 边际成本等于边际收益 　　　　　D. 边际成本不等于边际收益

11. 垄断厂商通过对小批量购买的消费者收取额外价格,侵蚀了一部分消费者剩余,得到更多的利润,这种对小批量消费者收取额外价格的行为属于(　　)。

A. 一级价格歧视 　　　　　　　　　B. 二级价格歧视

C. 三级价格歧视 　　　　　　　　　D. 四级价格歧视

12. 企业实行价格歧视的基本原则是(　　)。

A. 不同市场上的边际收益不相等

B. 不同市场上的边际收益相等并且等于边际成本

C. 相同市场上的边际收益不相等

D. 相同市场上的边际收益相等并且等于边际成本

13. 实施价格歧视的基本条件不包括(　　)。

A. 同一产品不能在不同市场之间流动

B. 企业生产的商品或服务具有耐用品性质

C. 消费者之间存在不同的需求价格弹性

D. 不同消费者所在的市场能被隔离开

14. 关于垄断竞争企业和完全垄断企业需求曲线的比较,下列说法错误的是(　　)。

A. 垄断竞争企业和完全垄断企业短期内都遵循利润最大化原则

B. 垄断竞争企业和完全垄断企业面临的需求曲线都有向右下方倾斜的形状

C. 完全垄断企业的需求曲线既是企业的需求曲线,也是市场需求曲线

D. 完全垄断企业面临的需求曲线比垄断竞争企业面临的需求曲线具有更大弹性

15. 自然垄断与(　　)有着密切的关系。

A. 国家法令 　　　B. 经济规模 　　　C. 规模经济 　　　D. 产品质量

四、简答题

1. 在经济分析中,根据不同的市场结构的特征,可以将市场分为哪几种类型?

2. 决定市场类型划分的主要因素是什么?

3. 什么是价格歧视?价格歧视有哪几种情况?

第一部分 管理学基础

第五章 管理与管理理论

 学习任务

1. 掌握管理的内涵,包括管理的概念、基本特征和工作内容。
2. 理解管理的本质,能够区分管理的科学性与艺术性。
3. 了解管理的基本原理,包括不同管理原理的含义及在组织中的运用。
4. 掌握古典管理理论,包括科学管理研究、一般管理研究和科层组织研究的主要内容。

 知识导图

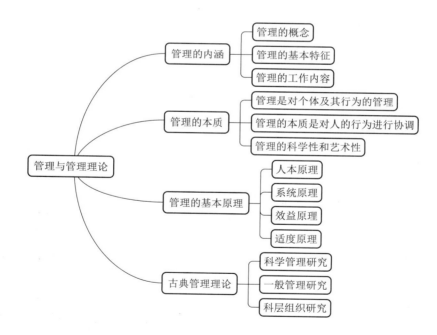

第一节　管理的内涵

管理是伴随着组织的出现而产生的,并且随着社会经济的发展和组织规模的不断壮大而日益重要。本节阐述了管理的概念、管理的特征及管理的工作内容,由此可了解什么是管理,领会管理者是做什么的。

一、管理的概念

管理活动自古有之,但什么是"管理",从不同角度可以有不同的理解。从字面上看,"管理"一词有两层含义。一个是"管"的层面,另一个是"理"的层面。有"管辖""管人""理事"等含义,即对一定范围的人员及事务进行安排和处理。但是这种字面的解释不可能准确表达出管理本身所具有的完整含义。

管理,一般是指为了有效地实现组织目标,由组织中的管理者利用相关知识、技术和方法通过实施计划、组织、领导、协调、控制等职能来协调他人的活动并不断创新的过程,是人类各种组织活动中最普遍和最重要的一种活动。

二、管理的基本特征

第一,管理的目的是有效地实现组织预定的目标。管理本身不是目的,管理是为组织目标的有效实现服务的。"有效"主要是指通过管理以较少的资源消耗来实现组织目标。强调管理是为实现组织目标服务的,一方面意味着明确了管理的工具或手段属性,既然首先是工具,是手段,那么任何主体都可以运用它来为自己服务;另一方面意味着作为工具和手段,管理的具体实践必然会体现其运用主体的意志和特征,必然会带有其运用主体的目的和行为烙印。

第二,管理的主体是具有专门知识、利用专门技术和方法来进行专门活动的管理者。管理劳动是社会生产过程中分离出来的一种专门活动,管理者是一种专门的职业,不是任何人都可以成为管理者的,只有具备一定素质和技能的人,才有可能从事管理工作。

第三,管理的客体是组织活动及其参与要素。组织需要通过特定的活动来实现其目标,活动的过程是不同资源的消耗和利用的过程。为促进组织目标的有效实现,管理需要研究怎样充分地利用各种资源,如何合理地安排组织的目标活动。

第四,管理是一个包括多阶段、多项工作的综合过程。决策虽然在管理劳动中占有十分重要的地位,但是管理不仅是决策。管理者制定了正确的决策后,还要组织决策的实施,激发组织成员的工作热情,追踪决策的执行进展,并根据内外环境的变化进行决策调整。因此,管理是一个包括决策、组织、领导、控制以及创新等一系列工作的综合过程。

三、管理的工作内容

为了提高组织可支配资源的利用效率,管理者首先需要为组织利用资源的活动选择正确的方向(决策),然后根据目标活动的要求设计合理的职位系统,招募合适的人员(组织);把招募到的人员安排在恰当的岗位后,要尽力让他们持续地表现出积极的行为(领导);不同成员的行为不一定都符合组织的预定要求,所以要进行及时的追踪和检查(控制);资源利用的效率在很大程度上取决于活动方法或技术是否合理,随着人们对客观世界认识能力的提升,活动方法需要不断改进,实际上,不仅仅是活动方法,组织活动的方向、从事具体活动的人的安排也应随着活动环境与条件的变化而及时调整或创新(创新)。因此,组织要通过管理努力保证始终让正确的人用正确的方法在正确的岗位上从事正确的工作。管理包括决策、组织、领导、控制以及创新等一系列工作。

(一) 决策

决策是组织在未来众多的行动可能中选择一个比较合理的方案。为选择正确的行动方向、确定合理的行动目标,管理者首先要研究组织活动的内外部背景。要判断组织外部的环境特征及其变化趋势,同时要分析企业内部在客观上拥有的资源状况,以及在主观上利用资源的能力。要通过外部环境研究,分析环境在变化过程中可能给企业造成什么威胁、提供何种机会;要通过内部条件分析,判断组织在资源拥有和利用上有哪些劣势或优势。了解了这些机会和威胁、优势和劣势,组织决策就有了一个比较可靠的依据。制定了正确的决策后,还要详细分析为了实现决策目标,需要采取哪些具体的行动,这些行动对组织的各个部门和环节在未来各个时期的工作提出了哪些具体的要求。因此,编制行动计划的工作实质上是将决策目标在时间上和空间上分解到组织的各个部门和环节,对每个单位、每个成员的工作提出具体要求。

(二) 组织

为了保证决策活动的有效实施,管理者要根据目标活动的要求设计合理的组织:在目标活动分解的基础上分析需要设置哪些岗位,即职务设计;根据一定的标准将不同岗位加以组合形成不同的部门,即机构设计;并根据业务活动及其环境的特点规定不同部门在活动过程中的相互关系,即结构设计;然后根据不同岗位所从事的活动要求或组织现有成员的素质特征,将适当的人员安置在组织结构的适当岗位上,实现人岗匹配;在此基础上向配备在各岗位上的人员发布工作指令,并提供必要的物质和信息条件,以开动并维持组织的运转;在组织运行过程中,要借助不同手段和方法,整合正式组织与非正式组织、直线与参谋以及不同层级管理人员的贡献,并根据业务活动及其环境特点的变化,研究与实施组织结构的调整和变革。

(三) 领导

把组织的每个成员安排在适当的岗位上以后,还要努力使每个成员以高昂的士气、饱满的热情投身到组织活动中去。这便是领导工作。所谓领导是指利用组织赋予的权力和自身的能力去指挥和影响下属为实现组织目标而努力工作的管理活动过程。有效的领导要求管理人员在合理的制度(领导体制)环境中,利用优秀的素质,采用适当的方式,针对组织成员的需要及特点,采取一系列措施去提高和维持组织成员的工作积极性。

（四）控制

控制是为了保证组织系统按预定要求运作而进行的一系列工作：根据预先制定的标准检查和监督各部门、各环节的工作，判断工作结果与目标要求是否相符；如果存在偏差，则要分析偏差产生的原因以及偏差产生后对目标活动的影响程度；在此基础上，还要针对原因，制定并实施纠正偏差的措施，以确保决策活动的顺利进行和决策目标的有效实现。

（五）创新

控制使组织活动按预定的目标和要求进行，维持了组织活动的有序性，从而为效率的提高提供了保证。但是，组织活动是一种伸向外部、面向未来的活动。组织外部的环境以及企业内部与之相关的可以利用的资源是在不断变化的。即便环境与资源不变，组织中的管理者对资源与环境的认识也可能发生改变。这些变化要求组织内部的活动技术与方法不断变革，组织活动与人的安排不断优化，甚至组织活动的方向、内容与形式选择也需要不断地进行调整。这些变革、优化和调整是通过管理的创新职能来实现的。

第二节　管理的本质

任何活动都是要靠人来完成的，活动的选择和组织实施都是人的行为，因此管理先是对人或人的行为的管理，管理的本质从某种意义上说是对组织成员在活动中的行为进行协调。组织成员的行为能够被有效协调的前提是他们愿意接受这种协调，而且他们的行为具有一定程度的可协调性。

一、管理是对个体及其行为的管理

管理者通过对人的管理来达成对事的管理，其主要工作是用对的人做对的事，并努力使这些人在做事时表现出符合组织需要的行为。

二、管理的本质是对人的行为进行协调

由于认知和行动能力的限制，个人在参与组织活动时所表现出的行为不一定完全符合组织的要求，管理者首先要努力引导组织成员的行为使之与组织的目标要求相一致。同样，由于认知和行动能力的差异，不同组织成员在不同时空表现出的行为虽然单独来看都是符合组织要求的，但从整体上来看，他们的行为以及在此基础上对组织提供的贡献之间也可能出现不平衡。因此，管理者的任务是协调不同成员在组织活动中的行为和贡献。

三、管理的科学性和艺术性

管理的科学性表现在，管理经过近一个世纪以来的研究、探索和总结，已经逐步形成了

一套比较完整的、反映管理过程客观规律的理论知识体系,为指导管理实践提供了基本的原理、原则和方法。这种指导管理实践的科学,被称为管理学。

管理的艺术性,强调的是管理的实践性。管理的艺术性就是管理者运用管理学的理论知识解决管理实践中遇到的问题时所形成的解决问题的方法或诀窍。

管理工作是科学性与艺术性的有机统一。管理过程需要科学合理地运用管理理论和管理工具,而管理实践过程中体现出艺术性的特征。在管理实践中,管理者需要根据活动环境、活动条件以及活动对象等因素的特征及其变化艺术地运用那些科学的理论、手段和方法。实际上,管理活动的有效性在很大程度上正是取决于管理者能否艺术地运用以及在何种程度上艺术地运用那些科学的理论、手段和方法。

第三节　管理的基本原理

管理的基本原理是管理者在组织管理活动的实践中必须依循的基本规律。这些规律主要有人本原理、系统原理、效益原理以及适度原理。

一、人本原理

人本原理即以人为主体的管理思想,强调企业的主体是职工,管理要为人服务;职工参与是有效管理的关键;管理的目标之一是促进人的全面发展。

组织活动的管理既是对人的管理,也是通过人进行的管理。人是组织的中心,也是管理的中心,人本原理当是管理的首要原理。以人为中心的人本原理要求对组织活动的管理既是"依靠人的管理",也是"为了人的管理"。"依靠人的管理"一方面强调组织被管理者参与管理,参与组织活动方向、目标以及内容的选择、实施和控制,另一方面强调根据人的特性对组织、对人进行管理,重视管理的人性化。"为了人的管理"是指管理的根本目的是为人服务的。管理的为人服务不仅应包括通过管理工作来提高组织业务活动的效率,从而使组织能够更好地满足服务对象的要求,而且应包括通过管理工作,充分实现组织成员的社会价值,促进组织成员的个人发展。

 案　例

胖东来的人本管理

胖东来商贸集团的创始人于东来,在其抖音平台上发布的一段视频,引起了行业内外的广泛关注。视频中,他分享了一系列在酒店行业内实施的创新管理策略和人文关怀措施,其核心理念是:通过分享企业利润、提升员工福利,激发员工的工作热情和创造力,进而推动企业的长远发展。

◆ 创新的分红政策:员工福利的重要一环

于东来提出,企业应当拿出 50% 的利润分给员工,并且不应等到年底一次性分配,而是直接将其体现在员工的月度工资中。这一政策不仅能够即时增加员工的收入,提升他们的生活品质,更重要的是能够让员工感受到自己与企业共同成长、分享成果的实质意义,从而增强归属感和工作动力。

◆ 先进的管理制度:员工自主参与

胖东来的另一大创新之举是实行员工自主制定工资制度。在这种制度下,员工不仅是服务的提供者,更成了管理和决策的参与者。这种管理方式极大地提升了员工的主人翁意识,使他们更加积极地为公司的发展出谋划策。据悉,这一管理制度的实施极大地降低了胖东来的员工离职率,使得某些部门的离职率低至1%至2%,在当前人才流动性极高的背景下尤为难得。

◆ 调整工作时间:人性化的管理体现

胖东来还在员工福利上作出了创新。2023年底,为了减轻员工的工作压力,提升工作效率和生活质量,胖东来调整了员工的工作时间,实现了工作日工作时间的显著缩短。这一措施不仅给员工带来了更多的个人时间,更重要的是体现了企业对员工身心健康的重视。

◆ 应对危机:公正透明的处理机制

值得一提的是,胖东来在面对员工试吃事件的危机时,展现出了企业的高度责任感和公正透明的处理态度。通过开展细致的调查,公开透明地处理事件,并最终采取民主决策,体现了企业对员工的关怀与尊重。这一系列操作再次提升了胖东来的品牌形象,也为其他企业树立了良好的榜样。

◆ 企业文化:享受与分享并重

于东来还强调,企业的成功不仅仅建立在产品和服务的基础上,更在于对员工的尊重和投资。通过提供高档的福利设施,如高端汽车、丰富的假期制度等,胖东来让员工真切感受到了企业的关怀,激发了他们对工作的热情和创造力。

◆ 行业内的高度认可

胖东来的这些创新和人本管理理念获得了行业内外的高度认可。小米的创始人雷军,以及阿里巴巴的创始人马云,都曾公开表达对胖东来的赞赏,认为其在零售业内的成功有着不可复制的特质。

通过以上措施,胖东来不仅在业绩上取得了显著的增长,更重要的是,在企业文化和员工满意度上实现了质的飞跃。

启示:在当下这个快速变化的商业环境中,创新和人本管理理念成了推动企业可持续发展的关键。胖东来的实践证明,将人本管理和创新理念贯穿于企业经营的全过程,不仅能够提升员工的幸福感和归属感,更能够为企业带来长远的发展动力。

二、系统原理

系统是指由若干相互依存、相互作用的要素或子系统组合而成的具有特定功能的有机整体。系统原理是指在管理实践活动中,运用系统论的基本思想和方法指导实践,解决和处理问题。

根据系统论的观点,在组织管理活动时应注意以下几个方面:第一,管理活动所要处理的每一个问题都是系统中的问题。因此,解决每一个具体的问题,不仅要考虑该问题的解决对直接相关的人和事的影响,还要顾及对其他相关因素的影响;不仅要考虑到对目前的影响,还要考虑到对未来可能产生的影响。只有把局部与整体、内部与外部、当下与未来统筹兼顾、综合考虑,才能妥善地处理组织中的每一个问题,避免顾此失彼。第二,管理必须有层次。组织及其管理活动是一个多元、多级的复杂系统。在这个系统中,不同层次的管理者有着不同的职责和任务。各管理层次必须职责清楚、任务明确,并在实践中各司其职,各行其权,各负其责,以正确发挥各自的作用,实现管理的目标。如果管理工作层次不清、职责不明,或者虽然层次分明,但上级越权指挥、下级越权请示,不按组织层次开展工作,则可能使管理系统变得一片混乱。第三,管理工作必须有开发观点。组织与环境的作用是交互的,管理者不仅应根据系统论的观点,注意研究和分析环境的变化,及时调整内部的活动和内容,以适应市场环境特点及变化的要求,而且应努力通过自己的活动去改造和开发环境,引导环境朝着有利于组织的方向去发展、变化。

三、效益原理

效益是指组织目标的实现与实现组织目标所付出的代价之间的一种比例关系。追求组织活动的效益就是尽量以较少的资源消耗去实现组织的既定目标。效益原理指现代管理的基本目标在于获得最佳管理效益,即创造出更多的经济效益,实现更好的社会效益。这就要求各项管理活动都要始终围绕系统的整体优化目标,通过不断提高效益,使投入的人力、财力、物力、信息、时间等资源得以充分、合理、有效地利用,从而产出最佳的管理效益。

组织实现目标的代价与目标活动过程中的资源消耗有关,而资源消耗的高低则取决于活动正确与否。方法正确,资源则可能得到合理配置、充分利用;方法失当,则可能导致资源的浪费。因此,"做正确的事"是追求效益的前提,"用正确的方法做正确的事"则是实现效益的保证,管理者必须注意提高自己和下属的"做正确的事的能力"和"用正确的方法做事的能力"。

四、适度原理

适度原理是指良好的管理要求管理者在处理组织内部的矛盾、协调各种关系时要把握好度。

管理活动中存在许多相互矛盾的选择。在这些相互对立的选择中,前者的优点恰好是后者的局限之所在,而后者的贡献恰好构成了前者的劣势。因此,组织在业务活动范围的选择上既不能过宽,也不能过窄;在管理幅度的选择上,既不能过大,也不能过小;在权力的分配上,既不能完全集中,也不能绝对分散,必须在两个极端之间找到最恰当的点,进行适度管理,实现适度组合。正因为存在这些相互对立的选择才使得管理者的劳动显得更加重要,同时正因为这些对立的存在从而有寻求最佳组合的必要,才决定了管理者的工作效率更多时候不是取决于对管理的理论知识和方法的掌握程度,而是取决于对所掌握的知识和方法的应用能力。也许正是这个原因,管理的有效性才更多地取决于管理者艺术地运用科学的管理理论与方法的能力。

第四节 古典管理理论

人类的管理实践已经有 6000 多年的历史,但管理理论形成并逐步发展成为一门较为完整的科学至今也就 100 多年的时间。管理理论的发展先后经历了古典管理理论、行为科学理论、现代管理理论等几个阶段。

本节主要介绍 19 世纪末 20 世纪初的古典管理理论,在这个时期,经过产业革命后,科学技术有了较大的发展,许多新发明开始出现,但工厂的生产依然采用师傅带徒弟的方式,管理上经验和主观臆断盛行,缺乏科学的依据。这种传统的经验管理越来越不能适应经济发展的需要。为了适应生产力发展的需要,改善管理的粗放和低水平状态,当时美、法、德等国家都掀起了科学管理运动,从而形成了各具特点的管理理论,被称为“古典管理理论”。尽管这些管理理论的表现形式各不相同,但其实质都是采用当时所掌握的科学方法和科学手段对生产过程的管理手段和方法进行探讨和试验,奠定了古典管理理论的基础,形成了一些以科学方法为依据的原理和方法。古典管理理论主要由泰勒的科学管理、法约尔的一般管理和韦伯的理想科层组织等三个部分构成。

一、科学管理研究

科学管理研究或科学管理理论是由美国的弗雷德里克·温斯洛·泰勒(1856—1915)首先提出,并在他和他的追随者的不断努力下形成的一个理论体系。因此,在很多管理学著作中,泰勒都被称为“科学管理之父”。1895 年、1903 年泰勒先后发表了《计件工资制》和《车间管理》等论文,1911 年,他出版了现在被认为是管理学经典著作的《科学管理原理》。

泰勒认为,科学管理的根本目的是谋求提高劳动生产率。科学管理方法代替原有经验管理是达到最高工作效率的重要手段。管理者和员工在精神和思想层面的彻底变革是实施科学管理的核心问题。但当时企业的劳动生产率普遍低下,工人每天的实际产量只为他们劳动能力的 1/3,而造成这种状况的原因主要有三个方面:第一,劳动使用不当,包括工作分配不合理和劳动方法不正确;第二,工人不愿干或不愿多干,这里面既有工人本性的因素,又有报酬方法上的原因;第三,是企业生产组织与管理方面的原因。因此,要提高劳动生产率,增加企业盈利,泰勒认为必须从以下三个方面入手。

(一) 改进工作方法,并根据工作的要求挑选和培训工人

第一,改进操作方法,以提高工效、合理利用工时。泰勒认为,要让每一个工人都用正确的方法作业。为此,应把生产过程中每个环节的每项操作分解成许多动作,继而把动作细分为动素,然后研究每项动素的必要性和合理性,据此决定去掉那些不必要的动素,并对保留下来的必要动素根据经济合理的原则加以改进和组合,以形成标准的作业方法。在此基础上,还要进一步观测和分析工人完成每项动作所需的时间,并考虑到满足一些生理需要的时间和不可避免的耽误时间,为标准作业方法制订标准作业时间。

第二,作业环境与作业条件的标准化。泰勒认为,为了使工人能够在标准时间内完成标准的操作,还必须根据作业方法的要求,使工人的作业环境和作业条件(工具、设备、材料等)标准化。

第三,根据工作要求,挑选和培训工人。泰勒认为,人有不同的禀赋才能,只要分得的工作合适,都可以成为第一流的工人。提高工人的劳动生产率,首先要根据不同工人的不同特长来分配工作。正确地选择工人担任适当的工作后,还要根据标准的作业方法来培训工人。

(二)改进分配方法,实行差别计件工资制

泰勒认为,工人不愿提供更多劳动的一个重要的原因是分配制度不合理。当时有些企业也实行计件工资制,但是工人的产量一旦增加,工资总额也需要增加时,资本家便降低工资标准。工人则采用压低产量的办法来对付资本家,从而造成劳动生产效率的低下。泰勒认为,要刺激工人提供更多的产量,工资标准不仅应当稳定,而且应该随着产量的增加而提高,实行差别计件工资制,即在计算工资时,采取不同的工资率,未完成定额的按低工资率付给,完成并超过定额的按高工资率付给。由于完成并超过定额能以较高的标准得到报酬,工人愿意提供更多数量的劳动。

(三)改进生产组织,加强企业管理

泰勒在企业工作的实践中,从工程技术人员的角度,意识到了改进和加强企业管理工作对提高劳动生产率的重要作用。

第一,在企业中设置计划部门,把计划职能和执行职能分开。泰勒指出,提高劳动生产率,就要改进工人的作业方法。工人虽然拥有丰富的操作经验,却没时间进行系统的研究和分析。这项工作应该由企业主或企业委托的专门人员进行,因为"只有富人才可能向自己提供时间这个奢侈品来进行科学研究"。因此,他主张在企业中设立专职的计划部门,把计划(管理)职能同执行(作业)职能相分离。

第二,实行职能工长制。泰勒把管理工作作了细分,认为每个管理者只能承担其中的一两项工作。他认为,当时通常由车间主任完成的工作应该由八个职能工长来承担,其中四个在计划部门,四个在生产现场进行监督,每个职能工长只负责某一方面的工作,在其职能范围内可以向工人发布命令。

第三,进行例外管理。泰勒认为,如果说现场的管理应该实行职能工长制的话,那么在规模较大的企业,高层管理者还需要遵循例外管理的原则。例外管理是指企业的上级主管把一般的日常事务授权给下级管理人员去处理,而自己保留对例外事项或重要问题的决策与监督权。这个原理实际上为后来的分权化管理和事业部制准备了理论依据。

以上这些内容,构成了科学管理研究的基本组成部分。这些现在看似平常的早已为人们所熟悉的理论知识,在当时却是重大的变革。泰勒通过对自己几十年试验研究成果和管理经验的总结,概括出一些管理原理和方法,经过系统化整理,形成了科学管理理论,为现代管理理论的形成和发展奠定了基础。当然,泰勒自身的条件、背景以及当时所处的社会条件,不可避免地会影响到其进行科学管理研究的方法和思路,使得其对企业整体管理的研究相对较少。而科学管理理论也并非泰勒一个人的贡献,正如英国管理学家林德尔·厄威克所指出的:"泰勒所做的工作并不是发明某种全新的东西,而是把整个 19 世纪在英美两国产生、发展起来的东西加以综合而成的一整套思想。他使一系列无条理的首创事物和实验有了一个哲学体系,称之为'科学管理'。"

 案　例

联合邮包服务公司的科学管理

联合邮包服务公司(UPS)雇用了 15 万名员工,平均每天将 9000 多万个包裹发送到美国各地和其他 180 多个国家。为了实现他们的宗旨——在邮运业中办理最快捷的运送,UPS 的管理当局系统地培训了他们的员工,使他们以尽可能高的效率从事工作。下面,让我们以送货司机的工作为例,介绍一下他们的管理风格。

UPS 的工业工程师们对每一位司机的行驶路线进行了时间研究,并对每种送货、暂停和取货活动都设立了标准。这些工程师们记录了红灯、通行、按门铃、穿过院子、上楼梯、中间休息喝咖啡时间,甚至上厕所的时间,将这些数据输入计算机中,从而给出每一位司机每天工作的详细时间标准。

为了完成每天取送 150 件包裹的目标,司机们必须严格遵循工程师设定的程序。当他们接近发送站时,他们松开安全带,按喇叭,关发动机,拉起紧急制动,把变速器推到 1 挡上,为送货完毕后的启动离开作好准备,这一系列动作严丝合缝。然后,司机从驾驶室出来,右臂夹着文件夹,左手拿着包裹,右手拿着车钥匙。他们看一眼包裹上的地址把它记在脑子里,然后快步跑到顾客的门前,先敲一下门以免浪费时间找门铃。送完货后,他们在回到卡车的路途中完成登记工作。

这种刻板的时间表是不是看起来有点烦琐? 也许是,它真能带来高效率吗? 毫无疑问!生产率专家公认,UPS 是世界上效率最高的公司之一。举例来说吧,联邦捷运公司平均每人每天不过取送 80 件包裹,而 UPS 却是 150 件。在提高效率方面的不懈努力,对 UPS 的净利润产生了积极的影响。

启示:这个案例中为了提高工作效率,各种标准化的程序、操作说明了科学管理理论在今天的企业生产活动中的应用。虽然今天的管理理论经过 100 多年的发展,其内容已极大地丰富了,各种现代的管理理论争奇斗艳,但这并不意味着过去的理论就不再适用了。

二、一般管理研究

亨利·法约尔(1841—1925)出生于法国,由于其出色的组织管理才能很快被提升为公司经理、总经理和矿业集团总经理。法约尔的经历决定了他的管理思想要比泰勒视野开阔。1916 年所出版的《工业管理和一般管理》一书,是他一生管理经验和管理思想的总结。他的理论概括起来大致包括以下内容。

（一）经营和管理

法约尔将"经营"和"管理"的概念区分开来。他认为经营是指导或引导一个整体趋向一个目标,而管理则是经营的一部分。经营包含六种活动:技术活动,包括生产、制造和加工;营业活动,包括购买、销售和交换;财务活动,包括资金的筹集、控制和运用;安全活动,包括设备和人员的安全;会计活动,包括编制财产目录、制作资产负债表、成本核算和统计表;管理活动,包括计划、组织、指挥、协调和控制等要素。

（二）管理的原则

法约尔在他的《工业管理与一般管理》一书中,提出了一般管理的 14 条原则。

（1）劳动分工:实行劳动专业化分工可以提高效率。这种分工不仅适用于技术工作,也适用于管理工作。

（2）权力与责任:权力与责任是相互依存、互为因果的。权力是指"指挥他人服从的力量"。而责任则是随着权力而来的奖罚。法约尔在管理人员职位权力和个人权力之间划出明确的界限。一个优秀的领导人必须兼有职位权力及个人权力,以个人权力补充职位权力。

（3）纪律:法约尔认为,纪律是企业领导人同下属人员之间在服从、勤勉、积极、举止和尊敬方面所达成的一种协议。纪律是领导人创造的。无论哪种社会组织,其纪律状况取决于领导人的道德状况。高层领导人和下属一样,必须接受纪律的约束。

（4）统一指挥:无论什么时候,在任何活动中,一个人只能接受一个上级的命令。

（5）统一领导:凡是具有同一目标的全部活动,只能在一个领导和一个计划下进行。

（6）个人利益服从集体利益:集体的目标必须包含员工个人的目标。如何协调个人与集体之间的关系在管理上是个难题。

（7）合理的报酬:薪金制度应当公平,对工作成绩与工作效率优良者应有奖励。奖励应以能激起职工的热情为限,否则将会出现副作用。

（8）集权和分权:提高下属重要性的做法就是分权,降低这种重要性的做法就是集权。一个组织机构,必须有某种程度的集权,其程度需要根据组织的规模、条件和管理者的个性、道德、品质以及下属的素质来决定。

（9）等级链与跳板原则:企业管理中的等级制度是从最高管理人员直到最基层管理人员的职权系列,它显示出执行权力的路线和信息传递的渠道。从理论上说,为了保证命令的统一,各种沟通都应按层次逐级进行,但这样可能产生信息延误现象。为了解决这一问题,法约尔提出了"跳板"原则,如图 5-4-1 所示。法约尔跳板是指在一个企业里,并行的相邻部门发生必须两者协商才能解决的问题时,可先由这两个部门直接协商解决;只有在两者不能达成协议时,才各自向双方上一级报告,由双方上级再协商解决。跳板原则既能维护命令的统一,又能迅速及时地处理一般事务,是组织理论上的一个重要原则。

（10）秩序:法约尔认为秩序就是"凡事各有其位",如设备、工具要排列有序,人员要有自己确定的位置。

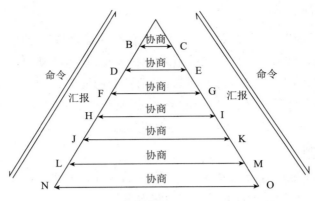

图 5-4-1 法约尔"跳板"

（11）公平：法约尔认为公平和公道是有区别的，公道是执行已订立的协定。公平就是由善意和公道产生的。公平对待下属是领导者特别要注意的基本原则。

（12）保持人员稳定：一个人要有效地、熟练地从事某项工作，需要相当长的时间。人员不必要的流动是管理不善的原因和结果。鼓励和保持各级员工相对稳定地为企业工作是极为重要的。

（13）创新精神：创新精神是创立和推行一项计划的动力。全体成员发挥创新精神，对整个组织来说是一种巨大的动力。

（14）人员的团结：法约尔认为，一个企业全体成员的和谐与团结是这个企业发展的巨大力量。

以上14条管理原则是法约尔一生管理实践经验的结晶，后来的很多管理文献都不同程度地采用了他的思想和有关术语。因此，它被认为是管理思想发展过程中的一个里程碑。

（三）管理要素

法约尔认为，管理活动包括计划、组织、指挥、协调和控制五个方面的内容。计划是指预测未来并制定行动方案。组织是指确定企业在物质资源和人力资源方面的结构。指挥是指保证企业各级成员能履行组织赋予他的职责，增强其责任感，最终使企业的活动最富有成效。协调是指让企业员工团结一致，使企业中所有活动和努力得到统一协调，并使企业取得经营成功。控制是指保证企业中所进行的一切活动符合既定的计划、既定的原则和发布的命令。控制是为了检查其他四要素在实际运作中是否得当，并发现、改正和防止重犯错误。法约尔对于管理职能的分类以及部分管理职能的分析，为现代管理理论奠定了基础，直到现在还对管理理论产生着重要的影响，现代管理理论仍然沿袭着法约尔的管理理论框架不断向前发展。

法约尔认为，人的管理能力可以通过教育获得，可以也应该像技术能力一样，首先在学校里，然后在车间里得到。为此，他提出了一套比较全面的管理理论，首次指出管理理论具有普遍性，可用于各类组织之中，并把管理视为一门科学。他提出在学校设置这门课程，并在社会各个领域宣传、普及和传授管理知识。与泰勒的科学管理思想相比，法约尔管理思想的系统性和理论性更强,他对管理的五大职能的分析为管理这门科学提供了一套科学的理论架构。后人根据这种架构,建立了系统、完整、科学的管理理论。他的管理理论是以企业为研究对象建立起来的,强调管理的一般性,后人称他为"管理过程理论之父""一般管理理论之父"。

三、科层组织研究

马克斯·韦伯(1864—1920)出生于德国一个家境殷实的家庭。在《社会经济组织的理论》这本著作中,他对经济组织和社会组织的关系提出了许多新的观点和独特的思想。他认为等级制度、权力形态和行政制度是一切社会组织的基础,并从此着手进行分析,最终将其发展为一个完整的理论体系——理想的科层组织理论。

(一) 理想的科层组织体系

科层组织或科层制度,通常亦被译为官僚组织、官僚政治,是一种通过公职或职位,而不是通过世袭或个人魅力来进行管理的理想的组织制度。

韦伯指出,科层组织是依照下述规则来建立和组织运行的:第一,按行政方式控制的机构的日常活动,是根据其目标和需要作为正式职责来分配的;第二,执行这种职责所需要的权力是按一种稳定的方式来授予的,并且由官员能加以控制地采用某种强制手段来严格限制;第三,对于正常而继续地履行职责来行使相应的权力的方法有所规定——只有按一般规定符合条件的人才被雇用。按照这三个原则,便可在国家管理的领域构建一种官僚(科层)组织体系的机关,在私营经济领域建立一种科层组织体系的企业。

韦伯认为,这种高度结构的、正式的、非人格化的理想科层组织体系是对人们进行强制控制的合理手段,是达到目标、提高效率的最有效形式。这种组织形式在精确性、稳定性、纪律性和可靠性等方面都优于其他组织形式,能适用于所有的管理工作及当时日益增多的各种大型组织。韦伯的这一研究,对泰勒、法约尔的理论是一种补充,对后来的管理学家们,尤其是组织理论学家有很大的影响,他因此被称为"组织理论之父"。

(二) 权力的类型

韦伯认为任何组织的存在都必须以某种形态的权力为基础,缺少某种权力形态的组织不但会混乱不堪,而且也难以达到组织目标。他将权力归纳为以下三种基本形态。

(1) 传统型权力:传统型(traditional)权力建立在对习惯和古老传统的神圣不可侵犯要求之上。这是一种由族长或部落首领来行使的权力。臣民或族人之所以服从,是基于对神圣习惯的认同和尊重。

(2) 个人魅力型权力:个人魅力型(charismatic)权力是建立在对某个英雄人物或某个具有神赋天授品质的人的个人崇拜基础之上的权力。个人魅力型权力的维持在于其拥有能够使追随者或信徒们确信(或继续确信)自己的"盖世神力"。

(3) 法理型权力:法理型(legal-rational)权力的依据是对标准规则模式的合法化的信

念,或对那些按照标准规则被提升到指挥地位的人的权力的信念。这是一种对由法律确定的职位或地位的权力的服从。

韦伯认为在理想的科层组织体系中应以法理型权力作为基础,因为:这是一种理性的权力,管理者是在能胜任其职责的基础上被挑选出来的;这是一种合法的权力,管理者具有行使权力的合法地位;这是一种明确的权力,所有的权力都有明确的规定并限制在完成组织的任务所必需的范围内。

思考与练习

一、名词解释

1. 管理

2. 例外原则

3. 统一指挥

二、判断

1. 管理的目的是有效地实现组织预定的目标。　　　　　　　　　　　　　　　(　　)

2. 管理是一个包括多阶段、多项工作的综合过程。　　　　　　　　　　　　(　　)

3. 管理的艺术性,强调的是管理的客观规律性。　　　　　　　　　　　　　(　　)

4. 人是组织的中心,也是管理的中心,人本原理当是管理的首要原理。　　　(　　)

5. 效益是指组织目标的实现与实现组织目标所付代价之间的一种比例关系。　(　　)

6. 泰勒认为,现场的管理应该遵循例外管理的原则。　　　　　　　　　　　(　　)

7. 管理是科学性与艺术性的统一。　　　　　　　　　　　　　　　　　　　(　　)

8. 系统是指由若干相互依存、相互作用的要素或子系统组合而成的具有特定功能的有机整体。　　　　　　　　　　　　　　　　　　　　　　　　　　　　　　　(　　)

9. 管理者的任务是协调不同成员在组织活动中的行为和贡献。　　　　　　　(　　)

10. 韦伯认为,只有法理型权力才能成为科层组织的基础。　　　　　　　　(　　)

三、单选题

1. 以下不属于管理的基本特征的是(　　　)。

A. 管理的目的是有效地实现组织预定的目标

B. 管理的主体是具有专门知识、利用专门技术和方法来进行专门活动的管理者

C. 管理的客体是组织活动及其参与要素

D. 管理的本质是对人的行为进行协调

2. 管理者在组织管理活动的实践中必须依循的基本规律不包括(　　　)。

A. 人本原理　　　　B. 系统原理　　　　C. 效益原理　　　　D. 权变原理

3. 用正确的方法做正确的事,这体现的是(　　　)。

A. 人本原理　　　　　　　　　　　　B. 系统原理

C. 效益原理　　　　　　　　　　　　D. 适度原理

4. 组织在业务活动范围的选择上既不能过宽,也不能过窄;在管理幅度的选择上,既不能过大,也不能过小,这体现的是(　　)。

A. 人本原理　　　　　　　　　　　B. 系统原理

C. 效益原理　　　　　　　　　　　D. 适度原理

5. 泰勒的科学管理的核心内容不包括(　　)。

A. 改进工作方法,并根据工作的要求挑选和培训工人

B. 改进分配方法,实行差别计件工资制

C. 改进生产组织,加强企业管理

D. 对待车间工人的管理要以人为本

6. 以下不属于法约尔一般管理研究的内容是(　　)。

A. 经营和管理是两个不同的概念,管理只是经营的一部分

B. 提出了14条管理原则

C. 管理活动包括计划、组织、指挥、协调和控制五个方面的内容

D. 进行例外管理

7. (　　)是第一个全面系统提出管理的计划、组织、指挥、协调与控制五项职能。

A. 韦伯　　　　　B. 法约尔　　　　　C. 泰勒　　　　　D. 欧文

8. 以下不属于古典管理理论代表人物的有(　　)。

A. 泰勒　　　　　B. 孔茨　　　　　C. 法约尔　　　　　D. 西蒙

9. 为了提高劳动生产率,泰勒实行了(　　)。

A. 平均奖金制　　　　　　　　　　B. 平均工资制

C. 计件工资制　　　　　　　　　　D. 差别计件工资制

10. 韦伯认为,只有(　　)才能成为科层组织的基础。

A. 传统型权力　　　　　　　　　　B. 个人魅力型权力

C. 法理型权力　　　　　　　　　　D. 参谋的权力

四、简答题

1. 简述管理的基本特征是什么。

2. 简述管理工作的内容。

3. 简述管理的四个基本原理。

4. 简述管理的本质。

5. 简述韦伯归纳的权力类型。

6. 简述泰勒科学管理的基本思想。

7. 简述法约尔的一般管理理论的主要思想。

8. 简述韦伯理想的科层组织体系。

五、案例分析题

富士康公司过去发生过多起员工跳楼事件,引起各界的普遍关注。富士康的管理模式也引发了广泛的议论,甚至有媒体把富士康的管理称为"铁血管理"。而富士康员工跳

楼事件是由于标准化的流水线生产作业给年轻员工带来了高负荷压力,他们被当作劳动的工具,长时间的加班使得他们情感、归属和尊重的需要无法得到满足,在面对困难时无法从身边的社会关系中得到关心和安慰,因而在情绪十分沮丧和低落的情况下做出了轻生的举动。

    1. 这种"铁血管理"反映了什么管理理论的观点?

    2. 从富士康的管理中能得到什么启示?

第六章	决策

 **学习任务**

1. 理解决策的概念、类型，以及决策过程模型，能够区分不同决策类型。

2. 掌握环境分析的常用方法，包括一般环境分析法中的 PEST 分析法，具体环境分析法中的五种力量模型，内外部环境综合分析方法中的 SWOT 分析法，能够运用环境分析方法分析企业面临的环境。

3. 了解计划的本质与特征，能够区分"计划"在动词和名词意义上的不同概念，了解计划在管理职能中的作用。

4. 理解计划的类型，能够举例说明不同类型的计划。

5. 掌握目标管理，包括目标管理的含义和过程，能够运用目标管理的思想分析具体管理问题。

 **知识导图**

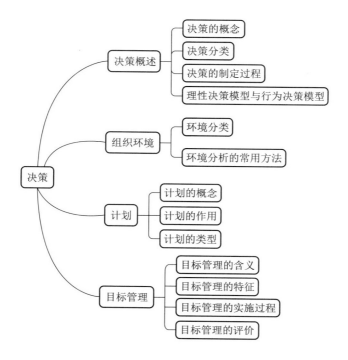

第一节　决策概述

　　有组织就有管理,有管理就有决策。决策贯穿于管理活动的始终,在管理活动中发挥着重要作用。事实上,管理活动中的每一个具体环节都有具体的决策问题。从管理者的角度来说,不论管理者在组织中的地位如何,决策都是管理者最重要、最困难、最花费精力和最冒风险的事情。不仅如此,决策选择的优劣直接影响到管理的效率,管理者管理水平的高低在很大程度上取决于其决策水平的高低。通过了解管理决策的定义、特点与类型,我们能更全面地理解管理决策的含义,由此认识到管理决策决不是人们通常所理解的"拍板"这样一个瞬间的举动。决策实际上是一个有一定顺序和条理化过程的一门科学,它需要按照一定的程序进行,才有可能拿出较为合理的解决方案,使组织达到预期的目标。

一、决策的概念

　　狭义的决策是一种行为,是在几种行动方案中作出选择。如果只有一个方案,就没有选择的余地,也就无所谓决策。决策要求提供可以相互替代的两个以上的方案。广义的决策是一个过程,包括在作出最后选择之前必须进行的一切活动。首先,决策的前提是为了解决某个问题,实现一定的目标。其次,决策的条件是有若干可行方案可供选择。再次,需要对方案进行分析比较,确定每一个方案对目标的贡献程度和可能带来的潜在问题,以明确每一个方案的利弊。最后,决策的结果,即在众多可行方案中,选择一个相对满意的行动方案。

　　总之,决策是指为实现一定的目标,在多个备选方案中选择一个方案的分析判断过程。即人们为了达到一定的目标,在充分掌握信息和对有关情况进行深刻分析的基础上,用科学的方法拟定、评估各种方案,从中选出合理方案的过程。

二、决策分类

(一) 根据环境可控程度分类

　　根据环境可控程度不同,可以将决策划分为确定型决策、风险型决策和非确定型决策。

　　确定型决策,是指决策环境条件是稳定的或在可控条件下进行的准确决策。决策者掌握准确、可靠、可衡量的信息,能够确切地知道决策的目标以及每一备选方案的结果,常常可以很容易地迅速对各个方案进行合理的判断。例如,在其他条件不变的状态下,比较各个供应商提供的价目表作出购买决策,此时的决策问题就是确定型的。

　　风险型决策,也称随机决策,是指决策者面临可能出现的两种或两种以上的自然状态,发生的概率(可能性)为已知(或能够预测出来)条件下的决策。决策者虽不能准确地预测出每一备选方案的结果,但因拥有较充分的信息而能预知各备选方案及其结果发生的可能性。此时的决策问题就是如何对备选方案发生的概率作出合理估计,选择出最佳方案。但是无论选择哪一个方案,风险都是不可避免的。例如,冷饮的销量和天气有很大关系,天气晴好时,销量多,应该多进货,天气不好则应少进货;但天气到底如何,我们只能通过天气预报知道概率情况,据此作出的进货数量决策就有一定风险。

不确定型决策,是指在不稳定条件下进行的决策。因面对不可预测的外部条件或缺少所需信息而对备选方案或其可能结果难以确切估计,大多数工商企业面临的决策问题都是这种类型。这种不确定性的因素主要来自两个方面:一是决策者无法获得关键信息,二是无法对行动方案或其结果作出科学的判断。决策者只能凭决策者的经验、主观判断以及风险偏好作出决策。例如,某一企业要生产一定数量的某种产品,由于无法控制市场变化情况,销售难以预测,因此,盈利和亏本这两种可能性都存在。到底生产还是不生产,很难作出决策,需要冒很大的风险。

决策问题大多是风险型的和不确定型的,面对此两类决策,决策者常常处于一种难以取舍的两难困境。管理研究与管理实践中不断发展形成的科学决策方法则在很大程度上使风险型和不确定型问题转化成了确定型问题,从而有利于作出科学决策。

(二)根据决策问题分类

从决策所涉及问题来看,决策可以分为程序化决策和非程序化决策两种类型。

程序化决策即在问题重复发生的情况下,决策者通过限制或排除行动方案,按照书面的或不成文的政策、程序或规则所进行的决策。这类决策要解决的具体问题是经常发生的,解决方法是重复的、例行的程序。例如,在组织对每个岗位的员工工资范围已经作出了规定的情况下,对新入职的员工发放多少工资的决策就是一种程序化的决策。实际上,多数组织的决策者每天都要面对大量的程序化决策。

非程序化决策旨在处理那些不常发生的或例外的非结构化问题。如果一个问题因其不常发生而没有引起注意,或因其非常重要或复杂而值得给予特别注意,就有必要作为非程序化决策进行处理。事实上,决策者面临的多数重要问题,如怎样分配组织资源,如何处理有问题产品,如何改善社区关系等问题,常常都属于非程序化决策问题。随着管理者在组织中地位的提高,所面临的非程序化决策的数量和重要性都逐步提高,进行非程序化决策的能力也变得越来越重要。

(三)根据决策主体分类

根据主体的不同,决策可以分为个体决策和群体决策。

个体决策是指决策是由某一人独立作出的。其优点是决策速度快、责任明确,可明显地提高决策效率,在瞬息万变的市场中抓住机会。但决策结果是否有效取决于决策者的经验、智慧和阅历等综合素质。缺点是容易出现因循守旧、先入为主。

群体决策是指由多人共同参与所作出的。相对于个人决策,群体决策有利于集中不同领域专家的智慧,应付日益复杂的决策问题;能够利用更多的知识优势,借助于更多的信息,形成更多的可行性方案;有利于充分利用其成员不同的受教育程度、经验和背景;容易得到普遍的认同,有助于决策的顺利实施。所谓"三个臭皮匠胜过一个诸葛亮"正说明了群体决策的优势。群体决策的缺点表现为速度、效率可能低下,有可能为个人或子群体所左右。

三、决策的制定过程

决策过程通常包括识别问题，诊断原因，确定目标，制订备选方案，评价、选择方案以及实施和监督六个阶段的工作。

（一）识别问题

决策过程需要根据实际情况和预期目标之间的偏离程度，找寻并确定现存问题。问题的识别是决策的首要步骤，为其他环节提供了开展行动的基础。管理者所面临的问题是多方面的，有危机型问题（需要立即采取行动的重大问题）、非危机型问题（需要解决但没有危机型问题那么重要和紧迫）、机会型问题（如果适时采取行动能为组织提供获利的机会的问题）。如果识别问题不当，所作出的决策将无助于解决真正的问题，因而将直接影响决策效果。

（二）诊断原因

在识别问题后，决策者应该针对现存问题，通过问询或鱼骨图等科学分析工具来分析其产生问题的原因。只有明确了问题的成因，才能够针对性地提出行动方案。

（三）确定目标

在识别问题并确定成因后，决策者应明确此次决策过程所期待达成的预期结果，即确定目标，分清主次关系，确定行动重点。明确决策目标，不仅为方案的制定和选择提供了依据，而且为决策的实施和控制、为组织资源的分配和各种力量的协调提供了标准。并且，同样的问题，目标不同，采取的决策方案可能就会不同，因此在确定目标时，必须把要解决的问题的性质、结构及未解决的原因分析清楚，有针对性地确定出合理的决策目标。

（四）制订备选方案

在多数情况下，决策者要在一定的时间和成本约束下，对相关的组织内外部环境进行调查，收集与问题有关的、有助于形成行动方案的信息进行分析，最终形成多个可供参考的备选方案。为了使在所拟订方案基础上进行的选择具有实质意义，这些备选的不同方案必须是能够相互替代、相互排斥，而不能是相互包容的，即拟制的方案之间不能雷同，要有原则上的区别，否则备选方案的拟制就毫无意义。因此，对同一个决策目标，人们要从不同角度和立场出发，采用不同的方法、技术和途径来拟制各种各样的行动方案。通常来说，找到的备选方案越多，决策的风险越小，决策的质量和正确率会越高。

（五）评价、选择方案

决策者要基于行动方案的可行性、有效性和满意程度、预期结果等维度对已形成的备选方案进行评估，充分利用各种科学分析工具，选择最终决策执行的行动方案。

决策者通常可以从以下三个主要方面来评价和选择方案。首先，行动方案的可行性。即组织是否拥有实施这一方案所要求的资金和其他资源，行动方案是否同组织的战略和内部政策保持一致，能否使员工全身心地投入决策的实施中去，等等。其次，行动方案的有效性和满意程度。即行动方案能够在多大程度上满足决策目标，是否同组织文化和风险偏好一致,等等。需要指出的是,在实际工作中,某一方案在实现预期目标时很可能对其他目标产生积极或消极影响。因此目标的多样性在一定程度上又增加了实际决策的难度,决策者必须分清不同决策目标的相对重要程度。最后,行动方案在组织中产生的结果,即方案本身的可能结果及其对组织其他部门或竞争对手现在和未来可能造成的影响。采用统一客观的量化标准进行衡量,有助于提高评估和选择过程的科学性。

(六) 实施和监督

确定最终方案后,要进行包括编制预算、制定行动计划、确定参与人员等一系列行动。此外,在实施过程中,组织应该对行动方案的落地进行监督,根据实际情况及时采取各项应对措施,调整实施方向。

一项科学的决策很有可能由于实施方面的问题而无法获得预期成果,甚至导致失败。从这个意义上说,实施决策比评价、选择行动方案更重要。决策工作不仅仅是制订并选择最满意的方案,而且必须将其转化为实际行动,并制订出能够衡量其进展状况的监测指标。为此,决策者首先必须宣布决策并为其拟采取的行动制订计划、编制预算。其次,决策者必须和参与决策实施的管理人员沟通,对实施决策过程中所包括的具体任务进行分配。同时,他们必须为因出现新问题而修改实施方案作好准备,通常要制订一系列备选方案以便应对在决策实施阶段所遇到的潜在风险和不确定性。再次,决策者必须对与决策实施有关的人员进行恰当的激励和培训。因为即使是一项科学的决策,如果得不到员工的理解和支持,也将成为无效决策。最后,决策者必须对决策的实施情况进行监督。如果实际结果没有达到计划水平,或者决策环境发生了变化,就必须在实施阶段加以修正,或者是在目标不可达到时修正原始目标,从而全部或部分重复执行以上决策过程。

四、理性决策模型与行为决策模型

(一) 理性决策模型

理性决策模型又称古典决策模型,是早期的决策模型。理性决策模型是描述性的,说明应该如何进行决策。管理者在运用这一模型时,需要对决策过程作出一系列简化的假设。理性决策模型的基本观点是,一旦管理者认为需要进行决策,他们能够想到所有的可供选择的方案及其结果,并据此作出最佳的选择。换言之,理性决策模型假设管理者获得了作出最优化决策所需要的所有信息(没有时间和成本约束),能够很容易地列出他们对每一备选方案的选择偏好,并按偏好程度的大小进行排列。最优化决策就是按照管理者认为今后最理想的结果所作出的最恰当的决策。由于我们关注的是管理决策,所以还需要假定决策者追求的是组织利益最大化,而不是他的个人利益最大化。

(二) 行为决策模型

行为决策模型又称为管理决策模型,詹姆斯·马奇和赫伯特·西蒙并不认同古典的理性决策模型的基本假设。他们认为,现实社会中的管理者并不拥有决策所需要的所有信息,即使管理者能够获得决策所需要的所有信息,他们还可能不具备正确解释这些信息的心智。

因此,他们提出管理决策模型,用以解释为什么决策总是一个具有内在不确定性和充满风险的过程,用以说明管理者为什么很少运用古典决策模型所描述的方法进行决策。

行为决策模型基于三个重要的基础:有限理性、信息不充分和满意。

(1)有限理性。马奇和西蒙认为人的决策能力受认知局限的制约。认知局限是指人在对信息进行理解、处理以及运用的过程中,是存在着局限性的。他们认为人在智力方面的局限性限制了决策者作出最优化决策的能力,一位管理者需要识别的备选方案是那么多,需要分析的信息量是那么大,以至于他难以在作出决策之前对它们均加以细致考量。

(2)信息不充分。即使管理者拥有非凡的信息分析能力,但由于他们可能存在信息不充分的问题,他们仍然难以作出最优化决策。信息之所以不充分,是因为绝大多数情境中的决策备选方案是不可尽知的,而且已知备选方案的预期结果又是不确定的。具体来说,信息不充分是由于存在着风险与不确定性、模糊性、时间限制与信息成本等因素所致。

(3)满意。马奇和西蒙认为,在有限理性、未来的不确定性、难以测定风险、相当大的模糊性、时间限制和高信息成本等因素的制约下,管理者不会试图去探求所有的可能方案。他们采用的是一种称为“满意”的决策思路,所探寻和选取的是可接受的、令人满意的应对问题和机会的决策方案,而并不是竭力作出最优化决策。假设海尔集团的一位采购经理需要在一个月的时间内选择一家变压器部件的供应商。生产这种部件的供应商全球有几千家之多。在一个月时间内,这位采购经理不可能与所有可能成为供应商的厂家都联系上,并就有关情况(如价格、质量、交货时间等)进行沟通。而且,即使一个月能够与每一家厂家联系上,获得信息所需的成本也不允许他这么做。这位采购经理可能只会向不多的厂家询问一些愿意交易的条件,相信这些供应商提出的条件在所有供应商那里是具有代表性的,并据以选择一家变压器部件生产厂家作为供应商。

马奇和西蒙认为,管理决策是艺术,而不是科学。在现实中,面对不确定性和模糊性,管理者必须依赖他们的直觉和判断作出在他们看来是最佳的决策。而且,管理者要在信息不充分的条件下,运用经验和判断,快速作出决策。但决策者还是应该意识到人的判断常常是有缺陷的。因而,即便是最优秀的管理者也会作出错误的决策。由于存在这么多影响决策的因素,因而最优化决策是不现实的。

 案　例

一众周姓黄金,凭啥周大福遥遥领先[①]

2024年初,中国珠宝品牌排名榜单揭晓,毫不意外,周大福又甩开了老凤祥、周生生、老庙黄金等一众竞争对手,位居榜首,不仅是国内毫无对手,在德勤咨询发布的奢侈品全球权力报告中,香港周大福珠宝集团,以约合458.62亿元人民币的总销售,成为全球第十大奢侈品公司。在LV(路易威登)、卡地亚、爱马仕、香奈儿等众多耳熟能详的奢侈品品牌之中,周大福是唯一上榜的中国集团,一年卖出100吨黄金。这个被山寨最狠的民族品牌,凭什么干

---

① 案例资料来源:https://baijiahao.baidu.com/s? id=17912231380561424728&wfr=spider&for=pc

到全球第一?

时间追溯到 20 世纪 20 年代。1929 年,广东顺德人周志远在广州创办了一家经营传统黄金饰品的金店,他选用了中国传统贺词,大富大贵、五福临门中的"大福"二字,再冠上自己的姓,给金店取名周大福,希望能让顾客看到这个名字就联想到财富地位和好运气。但由于当时社会时局动荡,内有军阀混战,外有日寇侵略,为避战乱,1931 年开始,周致远陆续将自己的金店迁至澳门,开设了港澳第一家周大福金行,精心经营下,慢慢在澳门站住了脚跟。

1939 年,他将分店开到了香港,后来还把总行设在了香港。此后的几十年,市场上出现了越来越多周姓的金店,比如周大生、周金生、周百福、周大发,无论老板姓不姓周,店都得姓周。这些周姓珠宝品牌里,周六福则是跟风的典型代表,既撞脸了周大福,又"碰瓷"了六福珠宝,身上一直带着山寨争议,成立以来屡次因为各种蹭热度闹出纠纷,吃了不少官司。不过即使市面上实力强劲或是跟风模仿的竞品云集,黄金珠宝品牌里的老大还得是周大福,其品牌知名度和市场份额多年位居第一,既是中国知名的珠宝首饰品牌之一,也是唯一入选全球奢侈品品牌排行榜的中国本土珠宝品牌。如果要总结周大福崛起的原因,用"整活"一词来形容比较合适。

它总是能出其不意地搞出点竞争对手想不到的玩法,比如现在的"9999"黄金概念,其实就是由周大福最早推出的。20 世纪 50 年代,香港的黄金饰品市场日渐繁荣,黄金虽然属于稀有之物,但金店却不是。大家卖的东西同质化程度很高,同时又遵循着同行业制定的明规则或者潜规则,要想独树一帜、脱颖而出并不容易。彼时黄金交易的成色标准为九九金或者足金,即黄金的含量需要为 99%,但有不少商人为了牟利,用 90 金来冒充 99 金出售,更有甚者用含金量只有 30% 至 40% 的金饰欺骗消费者。当时周宗文的女婿郑裕彤才刚接任成为周大福的新任掌权人,面对这种以次充好的现象,他心生焦虑。他知道,等到消费者察觉到被骗以后,就会把钱花在别的地方,不愿购买黄金饰品,这对行业的发展来说十分不利。为此他作出了一个大胆的决策,别人"两条 9"(即 99%)卖 300 元一克,周大福"四条 9"(即 99.99%)也卖 300 元一克。但各家分行经理一致反对,认为现在出售标准的"两条 9"已经比别人少赚了不少利润,如果"四条 9"还卖这个价格,那肯定会亏本。确实如此,周大福推出的"四条 9"金,每卖一两黄金要亏几十元钱,一年下来要亏几十万,这样的亏损额在 20 世纪五六十年代,称得上是天文数字了。

但郑裕彤还是坚持这个想法。他充满信心,就把这几十万当作广告费,结果证明,周大福首创的"四条 9"是一次非常成功的市场营销,不仅开创了金饰加工的新工艺,更加提升了消费者的信任。99.99% 纯金产品上市两三年后,黄金价格上涨,消费者们拿着黄金到典当行换钱,周大福的黄金去当铺可以抵到 300 元,而别家的只能抵 270～280 元,因为周大福的黄金都是 99.99 纯金,还印着千足金,印有成色保证,所以定价要高一些。

消息一传开,周大福在顾客之中,建立起了货真价实的口碑,也成了行业标杆。1984 年,香港政府在为黄金制品立法时,就将周大福创立的标准,规定为香港黄金首饰的成色标准,市场上也将周大福的黄金跟质量保证画上了等号,周大福成了香港消费者们购买黄金首饰品的首选品牌。这个标准也一直延续至今,大家购买黄金饰品时基本只认 99.99 纯金。可以说,郑裕彤带领周大福改变了香港乃至中国的黄金饰品市场的游戏规则。

黄金玩多了,郑裕彤难免有些索然无味,后来又把目光瞄向了钻石。他认为比起黄金,许多有身份的西方女人更喜欢佩戴钻石饰品,随着中国社会经济的发展,终有一天钻石也会成为潮流。于是郑裕彤果断决定要扩大金店经营范围,由单一的黄金品类扩大到金银珠宝。但要做钻石生意不是件容易的事情,按国际规定,只有拥有"戴比尔斯"(世界最大的钻石垄断组织)牌照才可以批购钻石,而全世界也不过只有 500 张这种牌照。对此,郑裕彤大手一挥,直接收购了南非一家拥有"戴比尔斯"牌照却经营不善的工厂,专营钻石切割及打磨工序。

到了 20 世纪 70 年代,周大福已成为香港最大的钻石进口商,每年的钻石入口量约占全港的 31%,一手握黄金一手握钻石的郑裕彤也被誉为香港珠宝大王。当然,周大福的"整活"不止于此,1990 年,周大福推出了一种颠覆性的珠宝购买方式——一口价政策,把黄金从按克数计价变为一口价,每款产品明码标价售卖。起初这种定价方式并没有得到认可,但随着黄金工艺与设计的进步,民众消费理念的变化,越来越多的消费者逐渐接受了这种溢价。比起普通按克重售卖饰品,一口价商品的设计会更加精美好看,在此基础上,黄金有了更丰富的设计造型甚至色彩。

不过现在这种一口价的售卖方式还是存在不少争议。一部分人愿意为了颜值和款式买单,像是买衣服一样,谁家好看就买谁,但也有很多不知情的消费者,买回家才发现,一口价的饰品单价远高于市场,金价不够保值,转头却没法退货。因此这也成了许多人诟病和投诉的来源,觉得自己被"套路"受到了欺骗。但对品牌方来说,按传统的克重售卖方式,原材料价格透明,单价随国际金价波动,商家只能赚取少量加工费,净利率很低,一口价背后其实是定价权的转向。定价权由国际金价转移到品牌自身,品牌方相应的利润空间也会更大。

如今的周大福已有超 90 年的历史,对于老字号来说,要在新时代不落后是非常难的事,当然就目前来看,周大福依旧是王者,关键在于其"整活"和营销的能力丝毫不减。为了迎合年轻消费者的口味,周大福现在主推时尚新潮有设计感的黄金饰品,同时又频频跨界,谁出圈就找谁联名,已经联名过的品牌和 IP(Intellectual Property,网络流行语,直译为"知识产权")包括奥特曼、迪士尼、可口可乐、故宫博物院、Hello Kitty、名侦探柯南。年轻人喜欢的东西,周大福恨不得都去"翻牌"。

在社交平台,周大福新款难抢已经不是什么稀罕事儿了,除此之外,周大福还紧跟潮流风口,拿捏年轻人消费心理,接连推出盲盒快闪店等一系列新招为品牌造势。这些动作一改黄金往常土气、大金链子的刻板标签,让那些曾经对黄金不屑一顾的年轻人,纷纷放下身段走进金店掂重量、看色泽,把这家快 100 岁的老品牌,买成了全球前列的时尚奢侈集团。趁着这股势头,周大福扩张的步伐明显加快了,财报显示,目前周大福珠宝集团零售店总数超过 7 千家,光是 2023 年就新增了 1574 家分店。

启示:周大福的发展,得益于管理者面对不同时期的外界环境,审时度势,作出了一次又一次正确的决策。正确的决策能够让企业决胜于千里之外,而错误的决策则让企业走入深渊。

第二节 组织环境

每一个组织都是在与环境的相互作用中寻求生存和发展的,管理者决策时必须考虑环境对组织的影响。因为组织在一定的环境中存在,可以说环境是组织生存的土壤。它既为组织的活动提供条件与发展机会,同时也对组织活动起到制约作用,甚至带来威胁。组织的内外部环境对组织绩效会产生潜在的影响。组织外部环境又称管理环境,它由一般环境和具体环境两个部分构成。具体环境对一个组织的影响是直接和明显的,而一般环境对组织的影响往往不是那么直接,且必须经过分析后才能了解。

一、环境分类

环境是由众多因素交错而成的整体,管理学研究中对环境有许多不同的分类方法。这里采用较常见的一种分类方法,即把环境分成三大层次或三个大类:一般或宏观环境、具体或微观环境以及组织内部环境。组织的宏观和微观环境指的是存在于组织之外、对组织的绩效可能构成影响的一系列因素和条件。这些因素因时而变,给管理者带来机会与威胁。

(一)一般或宏观环境

一般或宏观环境是指任何时期对所有组织均能产生影响的外部环境因素,包括可能影响组织的广泛的经济环境、技术环境、社会文化环境、政治/法律环境、自然环境等因素。经济环境因素是指组织运行时所处经济系统的情况,如国内外的经济形势、政府财政和税收政策、银行利率、物价波动、市场状况等。技术环境因素的含义很广,它既包括生产技术因素(如劳动手段、工艺流程的改进、发展与完善,特别是新技术、新设备、新工艺、新材料、新能源的生产与制造等),也包括管理技术(如管理方法、计划决策方法、组织方法及推销方法的改进与更新等),还包括生活技术、服务技术等内容。社会环境因素包括风俗习惯、文化传统、受教育程度、价值观念、道德伦理、宗教信仰、商业习惯等。政治/法律环境因素是指政治制度、政治形势、国际关系、国家法律和法令、政府政策等。相对于其他环境因素,自然资源环境因素是较稳定的。

(二)具体或微观环境

具体或微观环境指那些对组织的影响更频繁、更直接的外部环境因素,主要包括顾客、供应商、竞争者、管理机构、战略同盟伙伴等。顾客是那些购买企业产品或服务的个人或组织。企业的顾客会因受教育水平、收入水平、生活方式、习俗偏好、地理条件等众多方面的影响,而对企业的产品和服务提出不同的要求,企业在市场营销、质量管理、战略决策等方面必须充分关注顾客需求。供应商是组织从外部获取投入的来源。对企业来说,供应商可能是组织也可能是个人,企业从他们那里获得原材料、劳动力、信息、能源等。供应商提供的这些要素的质量和价格直接影响企业产品和服务的质量及成本水平,因此,许多企业对供应商有诸多要求,同时给予稳定的供应商一定的支持。竞争对手是与本企业竞争资源的其他组织。管理机构,一类是能够直接影响和控制企业行为的机构,如美国的食品药物管理署(FDA),我国的一些行业协会、市场监督管理部门等;另一类是一些社会公众机构,如绿色和平组织、消费者协会、新闻机构等。战略同盟伙伴:基于合作共赢,企业与企业之间可以结成战略同盟,企业与科研院校、政府部门也可以在某一共同利益的联系下结成战略同盟。

(三)组织内部环境

内部环境是那些对组织影响最频繁、最直接的环境因素,也可以认为组织内部环境因素就是组织的一部分,它直接影响组织的日常运营、生存和发展,能够展现出组织具有的优势或者劣势。内部环境包括物质环境和文化环境。物质环境是指组织内部的资源拥有情况和利用情况,可以划分为以下三种:人力资源环境,物力资源环境,财力资源环境。文化环境是指组织中全体成员共同接受和共同遵循的价值观念及行为准则,组织文化会影响组织成员个人士气和积极性,影响组织成员群体的向心力,影响组织的外部形象,最终影响组织的绩效。

二、环境分析的常用方法

(一)PEST 分析法

一般环境分析中最常见的是 PEST 分析法。PEST 分析,就是指从政治与法律环境(P)、经济环境(E)、社会与文化环境(S)、科学技术环境(T)四个方面来探察、认识影响组织发展的重要因素。PEST 分析法的主要方面及其内容如表 6-2-1 所示。

表 6-2-1　PEST 分析法主要内容

主要方面	主要内容
政策与法律环境	环境保护、社会保障、反不正当竞争法以及国家的产业政策
经济环境	增长率、政府收支、外贸收支及汇率、利率、通货膨胀率等
社会与文化环境	公民的环保意识、消费文化、就业观念、工作观念等
科学技术环境	高新技术、工艺技术和基础研究的突破性进展

(二)波特五力分析模型

具体环境对组织的影响更直接、更频繁,因而是组织分析外部环境时的焦点。在这方面,迈克尔·波特提出的五力模型是一种有效的分析方法。迈克尔·波特发现,在企业经营环境中,能够经常为企业提供机会或产生威胁的因素主要有五种,分别来自本行业中现有的其他企业、卖方(供应商)、买方(顾客)、其他行业之中的潜在进入者和替代产品,如图 6-2-1所示。

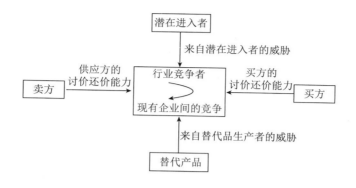

图 6-2-1 五力模型

（1）潜在进入者,即从进入障碍的角度来进行潜在竞争者分析。进入障碍,是指行业外部的企业进入这一领域时必须付出的,而行业内企业无须再付出的一笔损失。显然,进入障碍越大,潜在进入者的威胁越小。除进入障碍之外,行业的吸引力、行业发展的风险和行业内企业的集体报复可能性等,都影响着进入威胁的大小。

（2）替代产品,即识别替代威胁。替代,是指一种产品在满足顾客某一特殊需求或多种需求时取代另一种产品的过程。替代产品的存在扩大了顾客的选择余地。短期看,一种产品的价格和性能都受到替代产品的限定;长期看,一种产品或行业的兴起有可能导致另一种产品或行业的消失,例如随着微电子工业的发展,打印机基本取代了打字机,电子计算器完全取代了计算尺。

（3）买方和卖方议价实力,即评估买方和卖方掌控交易价格的能力。企业与顾客和供货方之间既存在合作,又存在利益冲突。交易双方在交易过程中总希望争得对自己有利的价格,而价格的变化使一方获得超额收益的同时,直接导致另一方的损失。在具体的交易活动中,影响议价实力的因素很多,如交易洽谈的地点、人员素质、日程安排等,但这些都是运作层面的因素。从行业层面看,交易双方的议价实力受到一些行业特征的制约。通过这些特征,人们能够更好地认清企业如何建立与外部环境相适应的关系。

（4）行业竞争者,即对竞争对手的现状和未来进行分析。同种产品的制造和销售通常不止一家,多家企业生产同种产品,必然会采取各种措施争夺用户,从而形成市场竞争。对行业内部要分析主要竞争者的基本情况、对本企业构成威胁的原因以及分析竞争对手的发展动向。

迈克尔·波特的五力模型既适用于企业,也适用于其他类型的组织。这一模型能帮助人们深入分析行业竞争压力的来源,使人们更清楚地认识到组织的优势和劣势,以及组织所处行业发展趋势中的机会和威胁。

（三）SWOT 分析法

管理要通过组织内部的各种资源和条件来实现。因此,组织在分析外部环境中的机会、威胁的同时,必须分析其内部环境,即分析组织自身的能力和限制,找出组织所特有的优势和存在的劣势。

SWOT 分析是最常用的内外部环境综合分析技术,是由哈佛大学的安德鲁斯等人提出的一种分析方法。SWOT 分析是优势(strengths)、劣势(weaknesses)、机会(opportunities)、威胁(threats)分析法的简称。这种方法把环境分析结果归纳为优势、劣势、机会、威胁四部分,形成环境分析矩阵。

SWOT 分析对比分析外部环境中存在的机会和威胁与组织内部的优势和劣势,以便充分发挥组织的优势,把握外部的机会,避开内部的劣势和外部的威胁,最终可以形成多种行动方案供人们选择。SWOT 分析之所以能广泛地应用于各行各业的管理实践中,成为最常用的管理工具之一,原因在于:首先,它把内外部环境有机地结合起来,进而帮助人们认识和把握内外部环境之间的动态关系,及时地调整组织的经营策略,谋求更好的发展机会。其次,它把错综复杂的内外部环境关系用一个二维平面矩阵反映出来,直观而且简单。再次,它促使人们辩证地思考问题。优势、劣势、机会和威胁都是相对的,只有在对比分析中才能识别。最后,SWOT 分析可以形成多种行动方案供人们选择,加上这些方案又是在认真对比分析基础上产生的,因此可以提高决策的质量。

第三节 计 划

决策是选择组织未来活动的方向与目标,计划则是将决策选择的内容在时间和空间上展开,即安排组织的不同部门在未来的不同时期需要完成哪些任务以保证组织目标的达成。

一、计划的概念

计划是关于组织未来的蓝图,是对组织在未来一段时间内的目标和实现目标途径的策划与安排。一般地,人们从动词和名词两种意义上使用"计划"一词。从动词意义看,计划(planning)是指对各种组织目标的分析、制定和调整,以及对组织实现这些目标的各种可行方案的设计等一系列相关联的行为、行动或活动。从名词意义看,计划(plans)就是指上述计划行动的结果,包括组织使命和目标的说明,以及组织所选择的战略活动在未来不同时空的展开。简言之,计划就是一个组织要做什么和怎么做的行动指南。

二、计划的作用

(一)计划是管理者进行指挥的抓手

管理者在计划制定出来之后就可以依据计划进行指挥了。这种指挥包括依据计划向组织中的部门或人员分配任务,进行授权和定责,组织人们开展计划的行动,等等。在这一过程中,管理者都是依照计划进行指挥与协调的。

(二)计划是管理者实施控制的标准

管理者在计划的实施过程中必须按照计划规定的时间和要求指标,去对照检查实际活动结果与计划规定目标是否一致,如果存在偏差,管理者就必须采取控制措施去消除差距,从而保证按时、按质、按量地完成计划。没有计划,控制便无从谈起。

(三)计划是降低未来不确定性的手段

未来的情况是不断变化的。尤其是在当今信息时代,世界正处在急剧的变化之中,社会在变革,技术在进步,观念在更新,一切都处在变化之中。而计划就是面向未来的,因此在计划编制过程中,人们就必须对各种变化进行合理预期,以及预测各种变化对组织带来的影响。计划编制者在编制计划时,通常要依据历史和现状信息对未来的变化作出预测与推断,并根据这些预测与推断制订出符合未来发展变化的计划。计划编制中的这些工作能够大大地降低未来不确定性所带来的风险。

(四)计划是提高效率与效益的工具

在计划编制过程中,有一项很重要的工作是进行综合平衡。这项工作的目的是使未来组织活动中的各个部门或个人的工作负荷与资源占有都能够实现均衡或基本均衡。这种计划综合平衡工作可以消除未来活动中的重复、等待、冲突等各种无效活动,从而消除这些无效活动所带来的浪费。同时,这种综合平衡工作会带来资源的有效配置、活动的合理安排,从而提高组织的工作效率。

(五)计划是激励人员士气的依据

计划通常包含有目标、任务、时间安排、行动方案等。由于计划中的目标具有激励人员士气的作用,所以包含目标在内的计划同样具有激励人员士气的作用。不论是长期计划、中期计划还是短期计划,也不论是年度计划、季度计划还是月度计划,甚至每日、每时的计划都有这种激励作用。例如,有的研究发现,当人们在接近完成任务时会出现一种"终末激发"效应,即在人们已经出现疲劳的情况下,看到计划将要完成时会受到一种激励,使自身的工作效率又重新上升,并一直会坚持到完成计划,达成目标。

三、计划的类型

(一)战略、战术和作业计划

根据计划对企业经营范围影响程度和影响时间长短的不同,计划可以分为战略计划、战术计划和作业计划。

战略计划是关于企业活动总体目标和战略方案的计划。其特点是:涵盖的时间跨度长,涉及范围宽广;内容抽象、概括,不要求直接的可操作性;不具有既定的目标框架作为计划的依据,设立目标本身成为计划工作的一项主要任务;方案往往是一次性的,很少能在将来得到再次或重复的使用;前提条件多是不确定的,执行结果也往往带有高度的不确定性。

战术计划是有关组织活动具体如何运作的计划。其特点是:涉及的时间跨度比较短,覆盖的范围也较窄;内容具体、明确,通常要求具有可操作性;任务主要是规定如何在已知条件下实现根据企业总体目标分解而提出的具体行动目标,这样计划制定的依据就比较明确;风险程度较低。

作业计划则是给定部门或个人的具体行动计划。作业计划通常具有个体性、可重复性和较大的刚性,一般情况下是必须执行的命令性计划。

战略、战术和作业计划强调的是组织纵向层次的指导和衔接。具体来说,战略计划往往由高层管理人员负责,战术和作业计划往往由中层、基层管理人员甚至是具体作业人员负责,战略计划对战术、作业计划具有指导作用,而战术和作业计划的执行可以确保战略计划的实施。

(二) 长期、中期和短期计划

根据计划跨越的时间间隔长短,计划可以划分为长期、中期和短期。企业通常将 1 年及以内的计划称为短期计划,1 年以上到 5 年及以内的计划称为中期计划,5 年以上的计划称为长期计划。

在这三种计划中,长期计划主要是方向性和长远性的计划,它主要回答组织的长远目标与发展方向以及大政方针方面的问题,通常以工作纲领的形式出现。中期计划根据长期计划制定,它比长期计划要详细、具体,是考虑了组织内部与外部的条件与环境变化情况后制订的可执行计划。短期计划则比中期计划更加详细、具体,它是指导组织具体活动的行动计划,它一般是中期计划的分解与落实。

(三) 综合、专业和项目计划

按照所涉及活动的内容,计划可以分成综合计划、专业计划与项目计划。其中,综合计划一般会涉及组织内部的许多部门和许多方面的活动,是一种总体性的计划。专业计划则是涉及组织内部某个方面或某些方面的活动计划。例如,企业的生产计划、销售计划、财务计划等,它是一种单方面的职能性计划。项目计划通常是组织针对某个特定课题所制订的计划。例如,某种新产品的开发计划、某项工程的建设计划、某项具体组织活动的计划等,它是针对某项具体任务的事务性计划。

在一个组织中,每个部门都需要制订计划,也都会有自身的计划目标。因此,在一个组织中可能同时存在很多个专业和项目计划。综合平衡法有助于将这些计划衔接成为一个整体。综合平衡法就是从企业生产经营活动的整体出发,根据企业各部门、各单位、各个环节、各种要素、各种指标之间的相互制约关系,依照系统管理的思想,对企业内部的各种计划予以协调平衡,进而使计划成为一个相互关联、相互配合的有机整体。进行综合平衡时,首先必须确定计划工作的主体或主要任务,然后围绕着这一主体进行平衡。

一般来说,对企业计划的综合平衡主要包括以下工作:销售量与企业的生产任务之间的平衡;生产任务与企业自身的生产能力之间的平衡;生产任务与劳动力之间的平衡;生产任务与物资供应之间的平衡;生产任务与成本、财务之间的平衡。此外,还有生产与生产技术准备、生产与销售之间的平衡等。通过平衡,可以充分挖掘企业在人力、物力、财力等方面的潜力,保证计划的顺利实现,并取得最好的经济效果。

第四节　目标管理

几乎每一个管理者都要面对这样的问题:怎样才能使员工从"要我做"变成"我要做"?

甚至能让他们心甘情愿、积极主动地工作呢？传统的管理理论没有解决这个矛盾。因为，它们的核心都是"要我做"。彼得·德鲁克提出的目标管理——更确切地说，应该是"目标管理和自我控制"——可以从根本上解决这个问题，把"要我做"变成"我要做"。这是因为，"目标管理和自我控制"与我们一般意义上理解的把目标分解、落实、执行、监督、检查、激励、惩罚等等有着原则上的区别。目标管理作为一种新型管理制度，既是管理方法的变化，又是管理观念的变革。

一、目标管理的含义

目标管理（management by objectives，MBO）是彼得·德鲁克 1954 年在《管理的实践》一书中所提出的，目前已成为西方许多国家普遍采用的系统制订目标并进行管理的有效方法。目标管理是一种鼓励组织成员积极参加工作目标的制订，并在工作中实行自我控制、自觉完成工作任务的管理方法或管理制度。该理论假设所有下属能够积极参加目标的制订，在实施中能够进行自我控制。目标管理的重点是让组织中的各层管理人员都与下属围绕工作目标和如何完成目标进行充分沟通。

目标管理提出时，正是第二次世界大战后西方经济由恢复转向迅速发展的时期，企业急需采用新的方法调动员工积极性以提高竞争能力，目标管理的出现可谓是应运而生。因此，这个方法被美国企业广泛应用，并很快为日本、西欧国家的企业所仿效，随即在世界管理界大行其道。我国企业于 20 世纪 80 年代初开始引进目标管理思想。时至今日，目标管理仍然是企业管理中最常用的方法之一。

二、目标管理的特征

第一，实行参与管理。在目标制订与分解过程中，各级组织、部门动员其下属积极参加目标制订和分解，充分发表各自的见解，积极讨论组织目标及个人的目标。这一过程是上下级充分沟通的过程，而不是下属被动服从命令、指示的过程。组织成员通过参与这一活动，可以加深对环境、目标的全面、深刻认识，有利于协调组织目标与个人之间的关系。

第二，重视工作成果而不是工作行为本身。目标管理与其他管理方法的根本区别在于，它并不要求或强硬规定下属如何做，而是以目标为标准考核其工作成果，评价下属的工作成绩。下属可以在保持既定目标的情况下，选择适合自己的方式、方法实现目标，从而激发了下属的主观能动性和创造性。当然，由于对下属的行动方式不作统一的要求，管理人员不必把自己精力放在监督员工的行为细节上，可以避免管理人员与员工在完成目标的方法细节上产生不必要的争执。

第三，强调组织成员的自我控制。目标管理以下属的自我管理为中心。下属可以根据明确的目标、责任和奖罚标准，自我评价工作的标准及进度，根据具体情况，自我安排工作进度计划，采取应急措施和改进工作效率。管理者的监督工作量减少了，但并不影响工作目标实现过程中的控制，因为下属可以进行自我控制。

第四，建立系统的目标体系。目标管理通过发动群众自下而上、自上而下地制定各岗位、各部门的目标,将组织的最高层目标与基层目标、个人目标层层联系起来,形成整体目标与局部目标、组织目标与个人目标的系统整合。这使得组织目标在内部层层展开,最终形成相互联系的目标体系。

三、目标管理的实施过程

(一)目标制订与展开

目标制订与展开是目标管理的第一阶段。这一阶段的中心任务是上下协调,制订好各级组织的目标。制订目标应当采取协商的方式,应当鼓励下级主管人员根据基本方针拟订自己的目标,然后由上级批准。

传统的目标设定方法是目标由组织的最高管理者设定,然后分解成子目标落实到组织的各个层次上。这是一种单向的过程:由上级给下级规定目标。这种传统方式假定最高管理者最了解应当设立什么目标,因为只有他们能够纵观组织的全貌。在目标管理制度下,这项工作是从组织的最高主管部门开始,首先确立组织的总体目标;其次,对组织的总目标进行层层分解,然后由上而下地逐级展开,通过上下协商,制订出组织各层次、各部门的目标。上下级的目标之间通常是一种"目的—手段"的关系,某一级的目标,需要用一定的手段来实现,这些手段就成为下一级的目标,按级顺推下去,直到作业层的作业目标,从而构成一种锁链式的目标体系,使每个岗位的每个员工都明确自己应当承担的责任和应当完成的指标。

 案 例

为什么走不出沙漠

有一位探险家在撒哈拉大沙漠中发现了一个小村庄,令他奇怪的是在此之前从没有任何人说起过这个地方,而这里的村民居然对沙漠之外的世界也一无所知,他就问村民为什么不走出沙漠看一看,村民的回答是"走不出去!"原来自从他们的祖先定居此地之后,每隔几年就会有人试图走出沙漠,但不管朝哪一个方向行进,结果都一样:绕一个大圈子之后又回到了村子里,没有一次例外!

探险家感觉非常有趣,他走过无数的地方,这样的情况还是头一次遇到。于是他决定做一个实验,邀请一位村里的青年做向导,收起自己的先进仪器,跟在青年身后走进了沙漠。11天之后,他们两人果然在绕了个大圈子后回到了村里!尽管如此,探险家却已经明白是怎么回事了。

几天之后,当探险家准备离开时,他找到了上次和他合作的那位青年,对他说:"你按照我的办法,一定能走出沙漠!这个办法很简单——白天睡觉晚上走。但千万记住,一定要对着北方天空最亮的那颗星星走,绝对不能改变方向!"

探险家离开了村子,半信半疑的青年最后决定照着探险家的方法试一试,果然,只不过用了三个夜晚,他真的走出了大沙漠!

原来,村民们之所以走不出大漠,是因为他们根本就不认识北斗星!

启示：一段人生旅程是从设定目标的那一刻开始的。一个组织也是如此，它必须有着明确的发展目标，组织中的成员才能根据组织的目标形成自身的目标，并统一朝着共同的方向努力，从而才有达到目标的可能。

（二）目标实施

目标确定之后，组织的各部门都会进入一个新的阶段：各自围绕自己的目标因地制宜、因时制宜采取措施，以保证目标顺利实现。在这一阶段应做好以下工作：第一，咨询指导。由于上级对如何实现目标不作硬性规定，管理者不必对照一些所谓的规则去监督下属行为。管理者应当积极帮助下属，在人力、物力、财力、技术、信息等方面给予支持，尽可能指导下属提高工作效率。第二，跟踪检查。管理者在目标的实施中，还应当及时了解如工作进度、存在的困难等信息，及时了解整个组织的运行状况，既有利于对下属的咨询指导，也可以针对普遍存在的问题，依靠组织的力量去解决。第三，协调平衡。进行必要的协调工作，以平衡各部门、各岗位的发展，从而有助于整体组织目标的实现。

（三）成果评价

这是目标管理的最后阶段，根据目标评价完成的成果，并进行奖惩。主要有以下三项工作：一是评价工作。按照事先制订的目标，对照工作成果进行评价。评价工作是进行奖罚的基础，如果评价不公、不实，就会带来奖惩的不公、不实的问题，就会导致挫伤员工积极性的严重后果。二是实施奖惩。依据各部门、各成员的目标完成情况和预先规定的奖惩制度，进行相应的奖惩，以激励先进、鞭策后进，有利于下一期目标管理的顺利进行。三是总结经验教训。对目标实施中存在的问题和经验进行认真总结，分析原因，吸取教训，以利于今后工作的改进。

四、目标管理的评价

在目标管理中，由于员工参与目标的设置，并有充分的自主权，员工会更愿意投入实现组织目标的过程中去。目标管理为员工提供了明确的行动目标、自主工作和创新的组织氛围以及明确的奖惩标准，使员工对工作的满意程度提高。目标管理的优点主要包括：使员工知道他们所期望的结果；通过使管理人员制订目标及完成目标的时间，推动计划工作的开展；改善了上下级的沟通；使员工更加清楚地明白组织的目标；通过对具体业绩的评价，使评价过程更为公正合理；使员工了解到他们的工作完成状况，直接关系到组织目标的实现。

目标管理也存在一些局限性。第一，在实施过程中，具体环节的操作比较困难。没有大量甚至反复的工作，目标管理就不可能达到应有的效果。特别是目标的设置，可考核的目标往往是很难确定的：有些目标会随年度不同而变化，另一些目标则可能难以量化。要让上级和下属最终都能接受目标，制订目标时经常出现讨价还价的现象。第二，容易导致管理者过于强调短期目标，不利于长期目标的完成。在实行目标管理的许多组织中，管理人员为了便于明确目标，往往愿意设置短期目标，很少超出一年。这就导致员工看重眼前利益，甚至还会产生急功近利的倾向,对组织长期目标的实现不利。第三,需要注意目标停滞的危险。一旦进入目标的实施阶段,目标的改变就非常困难。因为改变目标易打乱目标体系,管理人员只有重新征求有关部门和员工的意见才能进行。而目标的高低又与奖惩挂钩,涉及部门、下属的切身利益。所以此时目标的调整,困难往往比较大。为了避免不必要的麻烦,尽量不做目标调整,以求目标稳定、员工情绪稳定。

思考与练习

一、名词解释

1. 决策

2. 计划

3. 目标管理

二、判断题

1. 决策是指为实现一定的目标,在多个备选方案中选择一个方案的分析判断过程。
（　　）

2. 决策要求提供可以相互替代的两个以上的方案。（　　）

3. 风险型决策表明决策者掌握准确、可靠、可衡量的信息,能够确切地知道决策的目标以及每一备选方案的结果。（　　）

4. 程序化决策旨在处理那些不常发生的或例外的非结构化问题。（　　）

5. "三个臭皮匠胜过一个诸葛亮"正说明了群体决策的缺点。（　　）

6. 相对于其他环境因素,自然资源环境因素是较稳定的。（　　）

7. 具体或微观环境指那些对组织的影响更频繁、更直接的外部环境因素,主要包括顾客、供应商、竞争者、管理机构、战略同盟伙伴等。（　　）

8. 进入障碍,是指行业外部的企业进入这一领域时必须付出的,而行业内企业无须再付出的一笔损失。（　　）

9. 计划是关于组织未来的蓝图,是对组织在未来一段时间内的目标和实现目标途径的策划与安排。（　　）

10. 制订计划后可以完全抵御外部不确定性带来的影响。（　　）

11. 5年以下的计划被称为短期计划。（　　）

12. 目标管理强调的是组织成员的自我控制。（　　）

13. 目标管理的重点是让组织中的各层管理人员都与下属围绕工作目标和如何完成目标进行充分沟通。（　　）

14. 目标制订与展开是目标管理的第一阶段。这一阶段的中心任务是上下协调,制订好各级组织的目标。（　　）

15. 相对于战略计划,战术计划的风险程度较低。（　　）

16. 目标管理重视工作行为本身而不是工作成果。（　　）

三、单选题

1. 决策者虽不能准确地预测出每一备选方案的结果，但因拥有较充分的信息而能预知各备选方案及其结果发生的可能性，这反映的是（　　）。

A. 确定型决策　　　　　　　　　　B. 风险型决策

C. 不确定型决策　　　　　　　　　D. 非程序化决策

2. 决策者往往只能凭其经验、主观判断以及风险偏好作出的决策是（　　）。

A. 确定型决策　　　　　　　　　　B. 风险型决策

C. 不确定型决策　　　　　　　　　D. 程序化决策

3. 对于一个完整的决策过程来说，第一步是（　　）。

A. 明确目标　　　　　　　　　　　B. 筛选方案

C. 诊断问题（识别机会）　　　　　D. 集思广益

4. 组织内部环境主要包括物质环境和（　　）。

A. 文化环境　　　B. 经济环境　　　C. 制度环境　　　D. 政治环境

5. 采用SWOT分析方法对企业内外部环境进行综合分析。其中，T表示（　　）。

A. 优势　　　　　B. 劣势　　　　　C. 机会　　　　　D. 威胁

6. 一般或宏观环境是指任何时期对所有组织均能产生影响的外部环境因素，不包括下列的（　　）。

A. 经济环境　　　　　　　　　　　B. 政治/法律环境

C. 社会文化环境　　　　　　　　　D. 供应商的讨价还价能力

7. 一般环境分析中最常见的是PEST分析方法，其中的P是指（　　）。

A. 政治与法律环境　　　　　　　　B. 经济环境

C. 社会与文化环境　　　　　　　　D. 人口环境

8. 根据计划跨越的时间间隔长短，计划可以分为（　　）。

A. 长期、中期和短期计划　　　　　B. 程序性计划和非程序性计划

C. 正式计划和非正式计划　　　　　D. 战略、战术和作业计划

9. 以下哪一项不是计划的作用（　　）。

A. 管理者实施控制的标准　　　　　B. 降低未来不确定性的手段

C. 激励人员士气的依据　　　　　　D. 对过去工作进行总结

10. 销售计划属于（　　）。

A. 长期计划　　　B. 中期计划　　　C. 专业计划　　　D. 战略计划

11. 关于目标管理，以下说法错误的是（　　）。

A. 目标管理鼓励组织成员积极参加工作目标的制订

B. 目标管理工作中实行员工自我控制、自觉完成工作任务

C. 目标管理的重点是让组织中的各层管理人员都与下属围绕工作目标和如何完成目标进行充分沟通

D. 目标管理中目标是由组织的最高管理者设定

12. 目标管理的过程不包括（　　）。

A. 目标制订与展开　　　　　　　B. 目标实施

C. 管理者对目标的控制　　　　　D. 成果评价

四、简答题

1. 简述群体决策的优缺点。

2. 简述确定型决策、风险型决策与不确定型决策。

3. 简述程序化决策与非程序化决策的区别和联系。

4. 简述决策的过程。

5. 简要说明为什么计划是降低未来不确定性的手段。

6. 简述 PEST 分析法

7. 简述目标管理的过程。

五、案例分析题

案例一　准确决策与盲目投资

A 建筑卫生陶瓷厂是一家国有中型企业，由于种种原因，2015 年停产近一年，亏损 250 万元，濒临倒闭。2016 年初，郑先生出任厂长。面对停水、停电、停发工资的局面，郑厂长认真分析了工厂的现状，然后果断作出决策：治厂先从人事制度改革入手，把科室及分厂的管理人员减掉 3/4，充实到生产第一线，形成一人多用、一专多能的治厂队伍。改制后的企业像开足马力的列车一样急速运行，在运行过程中，逐渐显示出规模跟不上市场的劣势，束缚了企业的发展。有人建议投资上千万元再建一条大规模的混道窑生产线，显示一下新班子的政绩。郑厂长根据职工代表大会的建议，果断决定将生产成本高、劳动强度大、产品质量差的 86 米明焰煤烧隧道窑扒掉，建成 98 米隔焰煤烧隧道窑，并对一分厂的两条考窑进行了技术改造，结果仅花费不足 200 万元，便使其生产能力提高了一倍。2018 年，国内生产厂家纷纷推出某高档卫生瓷砖，厂内外也有不少人建议赶"潮流"。对此，郑厂长没有盲目决策，而是冷静地分析市场行情，经过认真调查论证，认为中低档卫生瓷的国内市场潜力很大，一味上高档卫生瓷砖不符合国情。于是经过市场考察，该厂新上了 20 多种中低档卫生瓷砖产品，这些产品一投入市场便成了紧俏货。目前新产品产值占总产值的比例已提高到 60% 以上。

与 A 建筑卫生陶瓷厂形成鲜明对比的是 B 陶瓷公司，该公司也是一家国有中型企业，它曾是某省建材行业的领头羊之一。然而，近年来在市场经济大潮的冲击下，由于盲目追赶潮流，导致企业重大决策失误，这家原本红红火火的国有企业债台高筑。2012 年，该公司投资 1200 万元建成了大断面窑生产线。但后来该公司为赶市场潮流，不经论证就将其改建为混道密生产线，又投资 1700 万元。由于该生产线建成时市场潮流已过，因此投产后公司一直亏损。在产销无望的情况下，公司只好重新投入 1000 多万元再建大断面窑，这进一步使得公司元气大伤、债台高筑，仅拖欠银行贷款就达 3000 多万元。几年来，该公司先后作出失误的重大经营决策六项，使企业以前积累的数千万元自有资金消耗得一干二净。

请回答以下问题：

1. 决策过程包括哪些基本内容？
2. 结合上述案例分析决策过程的关键步骤是什么。
3. 本案例中两家企业形成鲜明对比的原因是什么？

案例二　B公司张总经理的目标管理

B公司张总经理在一次职业培训中学习到很多目标管理的内容。他对于这种理论逻辑上的简单清晰及其预期的收益印象非常深刻，因此，他决定在公司内部实施这种管理方法。首先他需要为公司的各部门制订工作目标。张总经理认为，由于各部门的目标决定了整个公司的业绩，因此应该由他本人为他们确定较高目标。确定了目标之后，他就把目标下达给各个部门的负责人，要求他们如期完成，并口头说明在计划完成后要按照目标的要求进行考核和奖惩。但是他没有想到的是，中层经理在收到任务书的第二天，就集体上书表示无法接受这些目标，致使目标管理方案无法顺利实施。张总经理感到很困惑。

请回答以下问题：

1. 根据目标管理实施的过程，你认为张总经理的做法存在哪些问题？
2. 张总经理应该如何更好地实施目标管理？

第七章	组织

 学习任务

1. 了解组织设计的任务与影响因素,包括组织设计的含义、组织设计的任务与逻辑、组织设计的影响因素。

2. 了解组织设计的原则,包括目标一致原则、分工与协作原则、有效管理幅度原则、权责对等原则和柔性经济原则。

3. 掌握组织结构的概念和形式,包括直线制、直线职能制、事业部制、矩阵制的基本特点、优缺点以及适用范围。

4. 了解非正式组织的含义,能够区分非正式组织在组织中的正面与负面作用。

5. 理解层级整合中管理幅度设计、集权与分权,包括管理幅度与管理层级之间的关系、集权与分权的内涵。

6. 掌握组织文化的概念、构成、功能,能够分析具体组织的组织文化构成及运行情况。

 知识导图

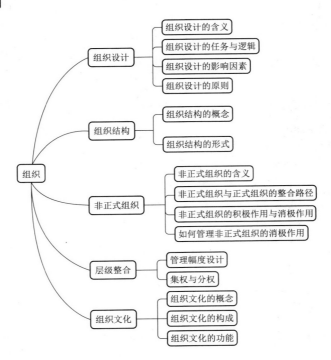

第一节 组织设计

组织是管理的一项重要职能,为了有效地实现既定的目标,建立组织机构,确定职能、职责和职权,协调相互关系,从而将组织内部各个要素连接成一个有机整体,使各种要素得到最合理的使用,从而实现组织目标。我们知道每项管理活动都存在于一个组织范围内,并且都需要运用组织这一基本职能,因此,组织设计和运转机制是否科学直接关系到组织未来的生存状况和竞争力。要使组织高效率地运作,实现组织与环境的动态平衡,必须依据组织的环境、战略、技术、发展规模和发展阶段状况,遵循相应的原则科学合理地进行组织设计。

一、组织设计的含义

组织设计是对组织系统的整体设计,即按照组织目标在对管理活动进行横向和纵向分工的基础上,通过部门化形成组织框架并进行整合。

二、组织设计的任务与逻辑

组织设计的任务是设计清晰的组织结构,规划各部门的职能和权限,确定组织中职能职权、参谋职权、直线职权的活动范围,最终编制职务说明书。一个完整的组织结构设计至少包括职能设计、部门设计和层级设计三方面内容。职能设计是对组织完成目标所需要的职能、职务的整体安排。组织的部门设计是指按照职能的相似性、活动的关联性、联系的紧密性将各个职位整合为部门的过程。层级设计是对部门之间关系的安排,这种关系既包括部门之间的纵向层级,又包括部门之间的横向联系。组织结构设计是组织设计的基础,组织运行需要制度和人员的保障,而这些是通过运行制度设计来实现的。组织运行制度设计是指为了保证组织的高效运行而进行的制度和人员方面的安排,包括沟通系统设计、管理规范设计和激励设计。

三、组织设计的影响因素

影响组织结构的因素包括环境、战略、技术、规模以及组织发展阶段。

(一)环境

作用于组织的环境因素又可以分为两大类:一般环境和任务环境。一般环境是指对组织活动产生间接影响的政治、经济、社会和文化环境,组织设计中需要考虑这些因素的影响。例如,企业开展跨国业务时,必须考虑东道国的政治、经济、社会和文化环境。任务环境是指与组织活动直接相关的环境,包括政府、行业协会、合作方、供应商、客户、竞争对手等。组织设计需要根据任务环境设置相应的机构或部门,但不同类型的组织同任务环境因素之间联系的紧密程度不同,因此需要区别对待。环境的复杂性影响组织部门和岗位设置,当外部环境的复杂性提高时,传统的应变方法是设置必要的职能部门和岗位,减少外部环境对组织的冲击。环境的不确定性影响组织结构,当外部环境较为稳定时,组织为了提高运行效率,往往需要制定明确的规章制度、工作程序和权力层级。当外部环境不稳定时,组织则需要更加关注适应性,尽可能做到信息共享、权力下放,以便能够迅速对环境的变化作出反应。

(二) 战略

组织结构需要根据战略的变化及时进行调整,以提高组织的自适应性。钱德勒认为,战略发展有四个不同的阶段,即数量扩大阶段、地区开拓阶段、纵向联合开拓阶段和产品多样化阶段,每个阶段都应有与之相适应的组织结构。数量扩大阶段下的组织结构相对简单,只需要少量职能部门就能解决问题;地区开拓阶段,组织需要建立职能部门对分布在不同地区的业务进行有机整合;纵向联合开拓阶段要求组织建立与纵向联合开拓阶段相适应的组织结构;产品多样化阶段,组织需重新考虑资源分配、部门划分、新老业务之间的协调等问题,组织结构也会随之变化。如果保持在单一领域、单一行业内发展,组织则偏向于采用集权的职能结构;如果企业进行多元化经营,则多采用分权的事业部结构。

(三) 技术

技术是把原材料等资源转化为产品或服务的机械力和智力。技术的变化不仅能够改变生产工艺和流程,而且会影响人与人之间的沟通与协作。因此,组织设计必须考虑技术因素。伍德沃德根据生产技术的复杂程度将生产技术分为三类:单件小批量生产技术,适用于定制服装、大型发电机组等单件或小批量产品的生产;大批量生产技术,适用于成衣、汽车以及其他标准产品的制造,可以通过专业流水线实现规模经济;流程生产技术,适用于炼油厂、发电厂、化工厂等连续不断的生产,比前两种技术更为复杂。采用不同生产技术的组织在管理层级、管理幅度、管理人员与一般人员比例、技术人员比例、规范化程度、集权化程度、复杂化程度等方面存在以下差异。

(四) 规模

一般来说,小规模的组织结构简单,组织层级少,集权化程度高,复杂性低,协调比较容易,而大规模组织正好相反。因此,规模因素是影响组织设计的一个重要变量。大型组织和小型组织在组织结构上的区别主要表现在以下四个方面:一是规范程度不同,一个组织规章、条例越多,其组织结构的规范性就越高,组织就越正规。二是集权程度不同,通常,小型组织的决策事务较少,高层管理者对组织拥有更大的控制权,因此集权化程度较高。然而,大型官僚制或科层组织中,决策往往是由那些具有控制权的管理者作出的,组织的集权化程度同样高。与小型组织不同的是,大型组织往往通过授权的形式将决策权分散给不同层级的管理者,既可以减轻高层管理者的负担,又有利于及时沟通,对环境变化作出快速反应。三是复杂程度不同,每一个组织在专业化分工程度、组织层级、管理幅度、人员、部门之间存在巨大差异,组织的分工越细、层级越多、管理幅度越大,组织的复杂性就越高。四是人员结构不同,一个有趣的现象是:随着组织规模扩大,管理人员数量的增速要高于普通员工数量的增速,而当组织进入衰退阶段时,管理人员数量的减幅却明显低于普通员工数量的减幅。

也就是说,管理人员是最先被聘用而最后被解雇的。

(五) 组织发展阶段

学者们一致认为:组织存在生命周期,每个发展阶段具有不同特征,同时面临着不同风险,需要调整战略以适应发展的需要,并适时调整组织结构。一般来说,组织的发展会经历生成、成长、成熟、衰退和再生五个阶段。组织设计需要根据不同阶段的特点来进行。

(1) 生成阶段。组织的生成阶段也被称作创业阶段。由于规模较小,组织往往采用比较简单、机械的组织结构,权力集中在以创始人为代表的高层管理者手中。

(2) 成长阶段。随着规模的迅速扩大,原有机械式组织结构已经不能满足组织发展的需求,需要形成一种有机的组织结构,向中层、基层管理者授予更多决策权,组织的规范性有所提高。

(3) 成熟阶段。经过快速发展之后,组织进入成熟阶段。这一阶段,组织成长的动力在于授权,组织结构呈现出规范化的特征:层级关系更加清晰;职能逐渐健全;内部沟通越来越正式化;规章制度更加完善。

(4) 衰退阶段。这时组织主要表现为机构臃肿、人浮于事;沟通路径过长导致决策迟缓;过于强调程序和规范,形式主义蔓延;明知组织运行效率低,却无法推进改革。这种现象就是"大企业病",如果不能有效地加以应对,组织就会进入衰退阶段。

(5) 再生阶段。组织进入衰退阶段后,如果不能适时调整组织结构,进行大刀阔斧的改革,可能面临灭亡的命运,这就要求进行大胆变革:通过再集权排除阻力,推进改革;通过流程再造对原来过细的分工进行重新整合;有选择地退出部分业务,降低运行成本;通过扁平化,减少组织层级;采用矩阵制组织结构,提高沟通效率;加强与其他组织的合作,谋求共同发展等。这一阶段,组织成长的动力在于合作,而面临的风险是人才枯竭。

四、组织设计的原则

组织设计的原则可以归纳为目标一致原则、分工与协作原则、有效管理幅度原则、权责对等原则和柔性经济原则。

(一) 目标一致原则

组织活动是围绕一定目标进行的,因此组织设计需要以组织的整体目标为引领,部门设置、沟通协调、冲突解决都要为这一目标服务,这就是目标一致原则。目标一致原则包括目标的一致性和统一指挥,其中统一指挥是指一个下级只接受一个上级的命令和指挥,同时一个下级只对这个上级负责。

(二) 分工与协作原则

分工与协作原则是指组织结构能够反映出实现目标所需的工作分解和相互协调,在专业分工的基础上实现部门间、人员间的协作与配合,保证组织活动的顺利开展,从而实现组织的整体目标。专业分工的作用主要包括两方面:一是工作的简单化,组织成员只需要承担单一任务;二是有利于缩短培训时间,提高熟练程度。然而,分工同时可能带来消极影响,主要表现在三个方面:一是工作单调,二是可能限制内部人员流动,三是容易形成组织内部的冲突和对立。为了克服分工的弊端,组织需要重视专业分工之后的协调。主要措施包括:实行系统管理,把职能性质相近或工作关系密切的部门归类,成立相应的管理子系统;通过委员会等机构实现协调;创造有利于协调的环境,提高管理人员的全局观念,增加相互间的沟通等。

(三) 有效管理幅度原则

管理幅度又称管理跨度或控制幅度,是指一个管理人员直接有效地领导下属人员的数量。组织中的管理者直接管辖的下属人数应该控制在适当的范围,这样才能保证组织的有效运行。有效管理幅度原则是指进行组织设计时,管理幅度应控制在一定的水平,当组织规模一定时,管理幅度和管理层次的关系呈现为反比关系。进行组织设计时,管理幅度应控制在一定的水平。既要避免管理幅度过大,保证管理人员能够对下属工作实行有效的指挥和监督,提高工作效率;也要防止管理幅度过小,否则造成组织层级过多,从而降低管理工作的效率,增加管理成本。

(四) 权责对等原则

权责对等原则是指组织中各个层级的管理者需要拥有开展工作所需要的相应权力,同时承担相应责任。组织中的职位与权力存在明确的对应关系,各岗位职务说明书要对每一个职位所需要承担的工作内容进行清晰界定。权责对等原则意味着该职位的管理者拥有相应权力,因为权力是管理工作的基础。如果管理者没有相应权力,决策、组织、领导、控制等管理职能就无从谈起,组织也不可能实现其目标。

(五) 柔性经济原则

柔性经济原则是指组织设计需要保持一定的灵活性。根据内外环境的变化及时对机构和人员作出调整,通过对层级与幅度、人员结构和部门工作流程的合理安排,提高组织管理的效率。柔性经济原则对组织设计提出了两方面要求:一是稳定性与适应性相结合,在维护组织稳定的同时保持一定的弹性;二是组织结构设计要合理,避免产生内耗,造成管理成本上升。

 案 例

温特图书公司的组织改组

温特图书公司原是美国一家地方性的图书公司。近 10 年来,这家公司从一个中部小镇的书店发展成为一个跨越 7 个地区、拥有 47 家分店的图书公司。多年来,公司的经营管理基本上是成功的。其下属各分店,除 7 个处于市镇的闹区外,其余分店都位于僻静的地区。除了少数分店也兼营一些其他商品外,绝大多数分店都专营图书。每个分店的年销售量约为 26 万美元,纯盈利达 2 万美元。但是近 3 年来公司的利润开始下降。

2 个月前,公司新聘苏珊任该图书公司的总经理。经过一段时间对公司历史和现状的调查了解,苏珊与公司的 3 位副总经理和 6 个地区经理共同讨论公司的形势。

苏珊认为,她首先要做的是对公司的组织进行改革。就目前来说,公司的 6 个地区经理都全权负责各自地区内的所有分店,并且掌握有关资金的借贷、各分店经理的任免、广告宣传和投资等权力。在阐述了自己的观点以后,苏珊便提出了改组组织的问题。

一位副总经理说道:"我同意你改组的意见。但是,我认为我们需要的是分权而不是集权。就目前的情况来说,我们虽然聘任了各分店的经理,但是我们却没有给他们进行控制指挥的权力,我们应该使他们成为一个有职有权、名副其实的经理,而不是有名无实,只有经理的虚名,实际上却做销售员的工作。"

另一位副总经理抢着发言:"你认为应该对组织结构进行改革,这是对的。但是,在如何改的问题上,我认为你的看法是错误的。我认为,我们不需要设什么分店的业务经理。我们所需要的是更多的集权。我们公司的规模这么大,应该建立管理资讯系统。我们可以透过资讯系统在总部进行统一的控制指挥,广告工作也应由公司统一规划,而不是让各分店自行处理。如果统一集中的话,就用不着花这么多工夫去聘请这么多的分店经理了。"

"你们两位该不是忘记我们了吧?"一位地区经理插话说:"如果我们采用第一种计划,那么所有的工作都推到了分店经理的身上;如果采用第二种方案,那么总部就要包揽一切。我认为,如果不设立一些地区性的部门,要管理好这么多的分店是不可能的。""我们并不是要让你们失业。"苏珊插话说:"我们只是想把公司的工作做得更好。我要对组织进行改革,并不是要增加人手或是裁员。我只是认为,如果公司某些部门的组织能安排得更好,工作的效率就会提高。"

启示:组织工作是动态的。这个案例中发生的事情告诉我们,曾经运作得很好的组织设计,随着公司规模及环境的变化,可能会成为组织继续发展的障碍。因此,变革组织结构是推动组织发展的必然选择。

第二节　组织结构

组织结构反映组织成员之间的分工协作关系。设计组织结构是为了更有效地和更合理地把组织成员组织起来,即把一个个组织成员为组织贡献的力量有效地结合起来,形成组织合力,为实现组织目标而协同努力。

一、组织结构的概念

组织结构是组织中正式确定的,使工作任务得以分解、组合和协调的框架体系,包括组织内部的职能分工和纵向的层级体系,组织结构中各部门之间的相互关系可以用组织结构图表示。

二、组织结构的形式

按照组织结构的实践情况,一般来说,常见的组织结构的类型主要有以下几种:直线制组织结构、直线职能制组织结构、事业部制组织结构、矩阵制组织结构。

（一）直线制组织结构

直线制组织结构的特点：组织中所有职位都实行从上到下的垂直领导，下级部门只接受一个上级的指令，各级负责人对其下属的一切问题负责。组织不设专门的职能部门，所有管理职能基本上都由各部门主管自己执行。因此，直线制是一种最简单的组织结构形式，如图7-2-1所示。直线制组织结构的优点：一是设置简单，二是权责关系明确，三是有利于组织的有序运行。直线制组织结构的缺点：一是专业化水平低，二是缺乏横向沟通，三是对管理人员的要求高。直线制组织结构适用于规模较小、生产技术比较简单的组织，或者处于初创期的组织。

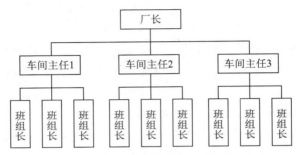

图 7-2-1　直线制组织结构示意图

（二）直线职能制组织结构

直线职能制组织结构综合直线制和职能制两种形式的特点，取长补短，具体以直线制结构为基础，在各层级中设置相应的职能部门，即在直线制组织统一指挥的原则下，增加了参谋机构从事专业管理，如图7-2-2所示。直线职能制组织结构的优点：一是统一指挥与专业化管理相结合，二是能够有效减轻管理者负担。直线职能制组织结构的缺点：一是协调难度加大，二是损害下属的自主性，三是降低对环境的适应能力，四是降低决策效率，五是增加管理成本。直线职能制组织形式在世界范围内仍然为众多组织所采用。一般来说，直线职能制组织适用于规模不大、产品种类不多、内外部环境比较稳定的中小型企业。

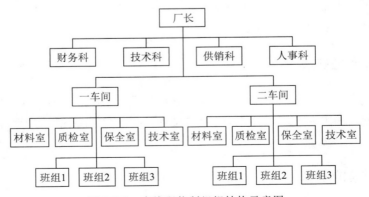

图 7-2-2　直线职能制组织结构示意图

（三）事业部制组织结构

事业部制组织也被称为 M 型组织,是指组织面对不确定的环境,按照产品或类别、市场用户、地域以及流程等不同的业务单位分别成立若干个事业部,由事业部进行独立经营和分权管理的一种分权式组织结构,如图 7-2-3 所示。事业部制组织结构的优点:一是有利于管理者专注于战略规划与决策,二是有利于培养通才,三是提高了组织对环境的适应能力。事业部制组织结构的缺点:一是机构重复设置导致管理成本上升,二是容易滋生本位主义。适用范围:多元化大企业。

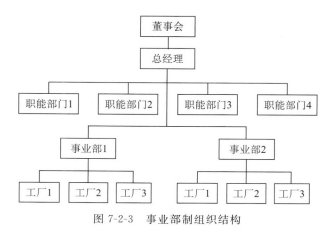

图 7-2-3 事业部制组织结构

（四）矩阵制组织结构

矩阵制组织结构是为了加强职能制组织之间的协调、引进项目管理的形式而开发的一种组织形式。矩阵制组织结构的特点:既有按职能划分的垂直领导系统,又有按产品或项目划分的横向领导关系;项目组人员来自不同部门,任务完成后就解散,有关人员回原单位工作;项目小组为临时组织,如图 7-2-4 所示。矩阵制组织结构的优点:一是机动性强,二是目标明确、人员结构合理,三是通过异质组合实现创新,四是沟通顺畅。矩阵制组织结构的缺点:一是稳定性差,二是多头指挥,三是权责不对等。适用范围:矩阵制组织结构适用于一些临时性的、需要多个部门密切配合的项目。

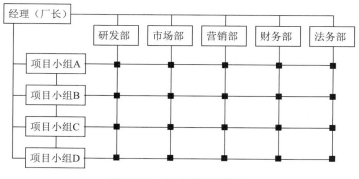

图 7-2-4 矩阵制组织结构

案　例

差异化还是流水线?

游戏研发阶段的分工非常明确,一个负责统筹全局的制作人(项目经理)下属的团队,主要由四个工种组成,即业内人常说的"四驾马车":一是主策划带领的策划团队,主要包括剧情策划、数值策划和功能策划三方面;二是主美术带领的美术团队,分为2D美术、3D美术、场景美术等具体岗位;三是主程序带领的技术团队,粗分下来,包括客户端程序和服务器端程序;最后,是游戏测试团队,负责游戏后期调试工作。

虽然分工并不复杂,但是当下排名靠前的几家大型网游公司的研发团队的管理风格却各有千秋。按照项目成立平行的工作室或事业部的扁平化管理模式,是目前网游公司最为惯常使用的组织模式。以老牌网游公司金山为例,旗下的各个游戏分别由不同的工作室研发,一个新的项目立项后,就增加一个工作室,简单明确。这些工作室被分别设立在珠海、北京、成都、大连等城市,各设有独立的制作人。工作室之间的关联不强,生产出来的产品往往差异很大。

独立工作室模式的优点在于包干到户、责任分工明确,对于各个工作室而言,项目做得好,收益就会好。由于目标清晰,制作人的责任心一般较强。但这种各自为政的研发模式也有短板——公司内部的资源调配不流畅,由于团队的搭建主要由工作室自己完成,即便是在一个公司内部,人力、技术成果、资源也很难做到共享。所以,经常会出现一个公司旗下的几款游戏,优劣势却截然相反的状况。正如游戏谷公司的创始人张福茂所说的,"除了一起在走廊抽烟的几个,员工大多都相见不相识"。

与扁平化的"横向"工作室管理模式不同,以研发立足的完美时空则采用"纵向切割"的流水线式管理模式,将策划、美术、程序、测试四个环节切开,分别搭建大组进行管理,游戏从策划到测试,实行流水线式生产,各项资源由公司统一进行调配。在完美时空,一个游戏的项目经理会以工作单的形式向各个大组来要资源,由每个组的调配中心进行统一规划、调配。"你递交工作单,我给你派人,双方的关系就像是一个短期合同。"张福茂说。

与横向切分的工作室模式相比,纵向的流水线模式最大的优点就是能在全公司范围内更好地配给资源,并将整体的研发能力控制在企业手中,减少人员流动给企业研发能力带来的冲击。但在业内,采用这种管理方式的公司仍只完美一家。

"其实网易一开始也采取完美时空的方式,后来感觉行不通,就改成了以项目组为单位的方式。"七年前曾在网易工作过,如今已是广州一家游戏公司创始人的梁耀堂表示,"比如说梦幻西游这个项目组,早期的时候,它的程序员来自技术部,美术师来自美术部,测试人员来自测试部。如此一来,这位程序员就要受到双重管理:一是梦幻工作组,二是他所在的技术部。技术部可以很随意地把原先的程序员抽调回去,然后派出另外一位程序员过来,但这个人未必是项目组想要的。"对于这种可以"灵活"调配资源的管理方式,梁耀堂反而认为,对公司的管理是一大挑战。

流水线的生产模式体现到产品层面,则有标准化生产、产品雷同、创新不足的风险。即便是以研发著称的完美时空,其陆续推出的完美世界、诛仙、武林外传,因玩法和功能类似,也让业内出现了"完美的产品都是在换壳"的说法,这让一直坚持流水线模式的完美时空也开始松动。据了解,目前完美时空新引进的项目,也尝试采用独立项目组的方式进行管理。这些独立项目组与原有团队之间的技术共享程度并不高,究其原因,对产品差异化的追求或许是其中之一。

"现在不少公司都希望能打破原有模式,做到横向和纵向的穿插,让研发的流程更为'矩阵'。"张福茂说。类似的相互借鉴同样发生在张福茂的团队,目前,游戏谷旗下同时进行着7个项目的运营和开发,按照张福茂的计划,除了策划和程序环节依然按照工作室的模式独立组织外,美术和测试环节将被抽出,由公司统筹安排,激励从工资和奖金中体现,不享受项目回馈。

启示:不同的网游公司在产品开发上采用不同的组织结构模式,其中团队结构和矩阵结构被多数公司使用。案例中所说的工作室并不是理论意义上事业部,管理实践中的组织结构模式不像理论那么纯粹,其展现出来的特点往往更加多样化。

第三节　非正式组织

在确定组织结构安排之后,还需要对组织中的不同力量进行整合。组织整合的必要性来自组织内部的各种冲突,如:如何在正式组织中发挥非正式组织的作用,消除其消极影响?

一、非正式组织的含义

组织生活的一个现实是,在正式组织运作中常常会存在一个甚至多个非正式组织。非正式组织是指独立于正式组织目标之外,以人际关系和谐为导向,以非理性为行为逻辑,受潜在的不成文规定约束的个体所组成的集合体。

二、非正式组织与正式组织的整合路径

在任何组织或社会的构成中,非正式组织的存在既具有客观性,又具有必然性,其作用对正式组织来讲是一把双刃剑:当非正式组织的组织结构和行为取向与正式组织保持一致或基本一致时,非正式组织往往能发挥积极的作用,有助于营造良好融洽的领导关系。当非正式组织不配合正式组织的工作时,特别是非正式组织的领导行为与正式组织的领导行为发生严重冲突时,非正式组织就会产生消极作用,破坏既有的良好的领导关系,或者激化矛盾,使得已经出现问题的领导关系进一步恶化,最终阻碍组织目标的实现。可见,非正式组织对正式组织的影响既有积极的一面,也有消极的一面。因此,非正式组织与正式组织的整合需要发挥非正式组织的积极作用,减少其消极影响,营造有利于二者整合的组织文化环境。

三、非正式组织的积极作用与消极作用

非正式组织的积极作用可以概括为以下方面:第一,满足组织成员的需要;第二,有利于促进组织内部沟通;第三,有利于增加组织成员间的默契,增强凝聚力;第四,有利于组织活动的有序开展。

非正式组织对正式组织消极影响具体表现在:与正式组织目标的冲突;小道消息、流言影响组织沟通;对成员吸引力过大影响工作投入;对正式组织中领导的权威形成挑战等。

四、如何管理非正式组织的消极作用

组织需要充分认识非正式组织可能产生的消极影响,避免其破坏作用。第一,通过提高组织成员在决策中的参与程度,避免目标冲突。第二,加强沟通与信息共享,避免小道消息蔓延。第三,关心成员的工作、生活状况,对非正式组织进行正确引导。第四,鼓励各级管理者参与非正式组织的活动,树立权威。第五,营造有利于整合的组织文化和氛围。

案　例

办公室里来的年轻人
—— 非正式群体规范对正式组织绩效的影响

小张于2018—2022年在某重点大学学习行政管理专业,在校期间品学兼优,多次获得奖学金、"三好"学生、优秀团员,并于2021年光荣加入中国共产党。2022年,小张参加了某市公务员考试,顺利通过,被该市市政府法制办录用。

进入了公务员系统,小张认为从此有了稳定的收入,而且自己的所学又能派上用场,感到很高兴,并且暗自下定决心:要好好地做出一番事业。于是,每天小张早早地来到办公室,扫地打水,上班期间更是积极主动承担各种工作任务,回家还钻研办公室业务。

法制办公室是一个有五个人的大科室,包括主任甲、副主任乙、三位年纪较长的办事员A、B、C。之前几位老同志听说办公室要来这么一个年轻人,顾虑重重,他们认为现在的大学生从小娇惯,自命甚高,很难相处,而且业务又不熟,还需要他们手把手地教,来了他无异于来了一个累赘。令他们没有想到的是,这个年轻人热情开朗,待人谦虚,很容易相处。更重要的是,小张有行政学专业背景,再加上聪明好学,很快就熟悉了业务,成为法制办工作的一块好手。而且小张很勤快,承担了办公室大量工作,让几位老同志一下子减轻了许多压力。几位老同志渐渐喜欢上了这个年轻人,主任、副主任也经常在办公室会议上表扬小张。

可是聪明的小张发现,随着科长表扬的次数增多,几位老同志对自己越来越冷淡。有一次,小张正忙着赶材料,B居然冷冷地对他说:"就你积极!"小张一时间丈二和尚摸不着头脑。一年很快就过去了,小张顺利转正。

市政府办公室年终考核的时候认为,法制办工作能按量优质提前完成,将其评为"优秀

科室"。并且在制定下一年度(2024 年)计划时,又增加了法制办的工作量。法制办的几位老同志本来因为小张的到来轻松了许多,这下子又忙起来。而且他们发现,虽然繁忙依旧,但是"名"却给夺走了,每次得到表扬的总是小张。小张更加被排斥了。随着 2024 年小张被评为法制办第一季度先进个人,A、B、C 三人对小张的反感达到了顶点。从此,几位老同志再也不邀请小张参加任何一次集体活动,还在背后称小张是"工作狂""神经病""都这么大了还不谈恋爱,是不是身体有毛病"……话传到小张耳朵里,小张很伤心,"我这么拼命干活不也是为办公室吗? 要不是我,去年办公室能评上先进科室? 怎么招来这么多怨恨?"他一直都不能理解。有一次,小张把自己的遭遇同另外一个部门的老王讲了。老王叹了口气:"枪打出头鸟,你还年轻,要学的还很多啊!"小张恍然大悟,正是自己的积极破坏了办公室原有的某些东西,让几位老同志倍感压力,才招来如今的境遇。

从此,小张学"乖"了,主任不布置的任务,再也不过问了,一天能干完的事情至少要拖上两天甚至三天。办公室又恢复了平静与和谐,先进个人大家开始轮流坐庄,几位老同志见到小张的时候又客气起来了,集体活动也乐意邀请上他。小张觉得,这样很清闲,与大家的关系也好多了,心理压力骤减,生活也重新有了快乐。

启示:这是一个典型的非正式群体规范对正式组织绩效产生消极影响的案例。在非正式群体里,人们在工作中自发形成了一些共同遵守的准则,如干活不能过于积极,也不能过于偷懒。这些约定俗成的准则对非正式群体中的成员具有普遍约束力。

第四节 层级整合

层级整合是指组织在纵向设计中需要确定的管理幅度、层级数量以及体现了不同集权程度的各层级之间的权责关系。层级整合包括管理幅度设计、有效集权与分权等内容。

一、管理幅度设计

(一)管理幅度的内涵

管理幅度又称管理跨度或控制幅度,是指一个管理人员直接有效地领导下属人员的数量。这种有关管理幅度(控制跨度)的问题非常重要,因为在很大程度上,它决定着组织要设置多少层次,配备多少管理人员。在其他条件相同时,管理幅度越大,组织效率越高。

假设有两个组织,基层操作员工都是 4096 名,如果一个管理幅度为 4 人,另一个为 8 人,那么管理幅度大的组织比管理幅度小的组织在管理层次上少两层,可以少配备 800 人左右的管理人员。如果每名管理人员年均薪水为 4 万元,则管理幅度大的组织每年在管理人员薪水上就可节省 3200 万元。显然,在成本方面,管理幅度大的组织效率更高。但是,管理幅度大可能会降低组织的有效性,也就是说,如果管理幅度过大,由于主管人员没有足够的时间为下属提供必要的指导和支持,员工的绩效会受到不良影响。

管理幅度小也有其好处,管理幅度保持在 5～6 人,管理者就可以对员工实行严密的控制。但管理幅度小主要有 3 个缺点:第一,正如前面所指出的,管理层次会因此而增多,管理成本会大大增加。第二,使组织的垂直沟通更加复杂。管理层次增多也会减慢决策速度,并使高层管理人员趋于孤立。第三,管理幅度过窄易造成对下属监督过严,妨碍下属的自主性。

近几年的趋势是加大管理幅度。例如,在通用电气公司和雷诺金属公司这样的大公司中,管理幅度已达 10～12 人,是 15 年前的 2 倍。加大管理幅度,与各个公司努力降低成本、削减企业一般管理费用、加速决策过程、增加灵活性、缩短与顾客的距离、授权给下属等的趋势是一致的。但是,为了避免因加大管理幅度而使员工绩效降低,各公司都大大加强了员工培训的力度和投入。管理人员已认识到,自己的下属在充分了解了工作之后,或者有问题能够从同事那儿得到帮助时,自己就可以驾驭大管理幅度的控制问题。

(二) 管理幅度与管理层级的关系

当组织规模一定时,管理幅度与组织层级呈现出反比例关系。管理幅度越大,同样规模的组织所需要的组织层级越少;反过来,管理幅度越小,组织层级也就越多。如一个非管理人员为 4096 人的组织,如图 7-4-1 所示,当管理幅度为 4 人时,需要 6 个管理层级,管理人员数量达到 1365 人;当管理幅度为 8 人时,仅需要 4 个管理层级,管理人员数量相应缩减到585 人。

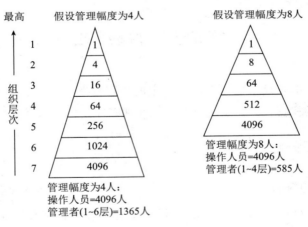

图 7-4-1　管理幅度与管理层次

(三) 管理幅度设计的影响因素

有效管理幅度受到诸多因素的影响,需要考虑管理者和被管理者的工作能力、工作内容和性质、工作条件与环境以及成员的差异性等方面。

(1) 工作能力。如果管理者的工作能力强,可以就相关问题与下属进行有效沟通,管理幅度可以适当增大。反过来,如果下属的工作能力强,能够准确理解管理者的意图和指示,根据组织目标的整体要求自觉地开展工作,也有助于管理者突破管理幅度的制约。

（2）工作内容和性质。具体表现在以下方面：管理者所处组织层级与管理幅度密切相关，高层级的管理幅度不宜过大，而基层组织的管理幅度可以增大；下属工作的相似性也会影响有效管理幅度，相似性越高，有效管理幅度越大，反之越小；计划的完善程度越高，越有利于下属执行，管理者需要进行解释、协调的场合就会越少，有效管理幅度也相应增大；程序化程度同样影响有效管理幅度，管理的程序化程度越高，下属职能部门能够分担的任务也就越多，有效管理幅度能够随之增大。

（3）工作条件与环境。管理工作的辅助体系、助手配备情况、沟通工具的发达程度和信息化程度、业务活动的地理分布、政策的稳定性等工作条件和环境方面的因素也会影响有效管理幅度，需要在管理幅度设计中加以考虑。

（4）成员的差异性。有效管理幅度还受到组织成员的文化背景、价值观、对待工作和生活的态度、忠诚度等因素的影响，上下级之间、成员之间的差异性越大，达成共识的难度就越大，能够实行有效控制的幅度也就越小。

二、集权与分权

在有些组织中，高层管理者制定所有的决策，低层管理人员只管执行高层管理者的指示。另一种极端情况是，组织把决策权下放到最基层管理人员手中。前者是高度集权式的组织，而后者则是高度分权式的组织。

（一）集权与分权的内涵及逻辑关系

集权是指决策权集中在组织高层的一种权力系统。与之相对应，分权是指决策权分散在组织各部门的权力系统。集权与分权并不是相互排斥、非此即彼的关系，而是程度的问题。也就是说，并不存在完全集权的组织或完全分权的组织。近年来，分权式决策的趋势比较突出，这与使组织更加灵活和主动地对环境变化作出反应的管理思想是一致的。在大公司中，基层管理人员更贴近生产实际，对有关问题的了解比高层管理者更翔实。

（二）影响分权程度的因素

（1）组织规模。组织规模越大，需要及时分权以分担管理人员的压力，提高决策的速度和质量。

（2）政策的统一性。如果组织内部结构相似、政策统一，则可以采取集权的方式进行层级整合。

（3）成员的自我管理能力。如果各级管理者、组织成员的自我管理能力强，就为分权提供了充分的条件。

（4）组织的可控性。集权应以不妨碍下属履行职责，有利于调动积极性为宜，而分权应以下级能够正常履行职责，上级对下级的管理不致失控为准。

（5）组织的发展阶段。组织在生成、成长阶段应当适度集权；在成熟阶段、衰退阶段则需要提高分权程度；当衰退不可避免，组织进入再生阶段时，需要通过强有力的领导来力挽狂澜，因此有必要提高集权程度。

第五节　组织文化

任何组织的良好运行和发展,都得益于一种无形的软力量的协调和凝聚作用,这种力量就是被称为"管理之魂"的组织文化。关于组织文化的系统研究始于 20 世纪 70 年代末 80 年代初,进入 21 世纪以来,全球化和信息化的快速发展进一步促进了组织文化理论日臻完善,组织文化在推进组织健康发展过程中发挥着越来越重要的作用。

一、组织文化的概念

组织文化指的是一个组织在长期实践活动中形成的具有本组织特征的文化现象,是组织中的全体成员共同接受和共同遵循的价值观念和行为准则。

二、组织文化的构成

如同文化一样,组织文化也由物质层(表层文化)、制度层(中层文化)和精神层(核心文化)三个基本层次构成。

(一) 物质层的组织文化

物质层的组织文化即以物质形态为存在方式的文化构件,包括组织实践活动等外在形式和组织设备等实体资源。它是一种以物质形态存在的可见的组织文化构成单位,既涵盖组织的整个物质和精神的活动过程、组织行为、工作流程、工作语言、做事风格等外在表现形式,也包括组织实体性的文化设备和设施等,如带有本组织特色的生产环境、雕塑、图书馆、俱乐部等。物质层的组织文化是精神层的组织文化和制度层的组织文化的载体。

(二) 制度层的组织文化

制度层的组织文化是组织文化的中间层次,组织的物质层文化和组织的精神层文化通过制度层的组织文化融合为一个有机的整体。制度层的组织文化主要是指组织文化中对组织及其成员的行为产生规范性、约束性影响的部分,包括具有组织特色的各种规章制度、道德规范和行为准则,以及组织中分工协作的组织结构。制度层的组织文化集中体现了物质层的组织文化和精神层的组织文化对组织及其成员的要求,是深层次的精神层组织文化(核心文化)向表层的物质层组织文化转化的中介。

(三) 精神层的组织文化

精神层的组织文化是组织在其长期历史发展中形成的组织成员群体心理定式和价值取向,是组织的价值观、道德观即组织哲学的综合体现,它涵盖了所有组织成员共同信守的基本信念、管理哲学、价值标准以及敬业精神和职业道德等。精神层的组织文化是组织价值观的核心,是组织文化的灵魂,因此是维系组织生存与发展的精神支柱。

三、组织文化的功能

组织文化的功能,指的是组织文化发生作用的能力。

(一)组织文化的正向功能

组织文化的正向功能有导向功能、凝聚功能、激励功能、约束功能、辐射功能、调适功能。导向功能指组织文化能够塑造组织成员的共同价值观,引导组织成员的实践行为,不断调节和控制组织成员的工作取向,使之与组织目标相一致。组织文化的凝聚功能,是指它能够以各种微妙的方式沟通组织成员的思想感情,融合人们的理想、信念和情操,培养和激发其群体意识。组织文化的激励功能,即通过组织文化的塑造和内在引导,每个组织成员能够从内心深处产生为组织愿意付出一切的奉献精神,从而最大限度地激发工作的积极性、主动性和创造性。组织文化的约束功能,是指组织文化对组织中的文化氛围、群体行为准则和道德规范等,这些形成一种软约束,对每一个组织成员的思想、心理和行为都具有很强的约束和规范作用。组织文化的辐射功能,是指组织文化一旦形成较固定的模式,不仅会在组织内发挥作用,对本组织成员产生影响,而且会通过各种渠道向社会辐射,对社会产生影响。组织文化的调适功能,是指组织文化可以帮助新加入组织的成员尽快适应组织,使其个人价值观更好地与组织需要相匹配。

(二)组织文化的负向功能

组织文化不是十全十美的,对组织的影响也并不一定完全是正面的。组织文化的负向功能对组织有害无益,不能忽视其潜在的负效应。组织文化的负向功能主要有以下三方向。一是组织文化作为一种软约束,相对于硬约束的规章制度,更加深入人心,使组织成员更易于形成思维定式,不利于组织开展变革;二是一个具有强势文化的组织会要求其多样化的组织成员的价值观与组织的价值观相一致;三是组织并购成功与否,在很大程度上取决于两个组织之间的文化能否有效融合。

思考与练习

一、名词解释

1. 组织设计

2. 管理幅度

3. 集权

二、判断题

1. 组织结构设计是组织设计的基础。　　　　　　　　　　　　　　　　　(　)

2. 当外部环境较为不稳定时,组织为了提高运行效率,往往需要制定明确的规章制度、工作程序和权力层级。　　　　　　　　　　　　　　　　　　　　(　)

3. 如果企业进行多元化经营,则多采用分权的事业部结构。　　　　　（　　　）

4. 组织结构是组织中正式确定的,使工作任务得以分解、组合和协调的框架体系。
　　　　　　　　　　　　　　　　　　　　　　　　　　　　　（　　　）

5. 矩阵制组织结构项目组人员来自同一个部门,任务完成后就解散。　（　　　）

6. 不鼓励各级管理者参与非正式组织的活动。　　　　　　　　　　（　　　）

7. 管理幅度越大,同样规模的组织所需要的组织层级越多。　　　　（　　　）

8. 组织需要充分认识非正式组织可能产生的消极影响,避免其破坏作用。（　　　）

9. 集权是指决策权集中在组织高层的一种权力系统。　　　　　　　（　　　）

10. 组织文化是组织中的全体成员共同接受和共同遵循的价值观念和行为准则。
　　　　　　　　　　　　　　　　　　　　　　　　　　　　　（　　　）

11. 组织文化可以做到十全十美。　　　　　　　　　　　　　　　（　　　）

12. 一个具有强势文化的组织会要求其个体多样化的组织成员的价值观与组织的价值观相一致。　　　　　　　　　　　　　　　　　　　　　　　　　（　　　）

三、单选题

1. 组织结构的设计不包括（　　　）。

A. 职能设计　　　　　B. 部门设计　　　　　C. 层级设计　　　　　D. 制度设计

2. 一般来说,小规模的组织结构简单,组织层级少,集权化程度高,复杂性低,协调比较容易,而大规模组织正好相反。说明组织设计时需要考虑（　　　）。

A. 环境　　　　　　　B. 战略　　　　　　　C. 组织规模　　　　　D. 发展阶段

3. 根据内外环境的变化及时对机构和人员作出调整,通过对层级与幅度、人员结构和部门工作流程的合理安排,提高组织管理的效率。以上体现了组织设计的（　　　）。

A. 目标一致的原则　　　　　　　　　B. 分工与协调的原则

C. 有效幅度的原则　　　　　　　　　D. 柔性经济原则

4. 以下不属于直线制组织结构缺点的是（　　　）。

A. 不利于统一指挥　　　　　　　　　B. 专业化水平低

C. 缺乏横向沟通　　　　　　　　　　D. 对管理人员的要求高

5. 初创型组织往往采用的组织结构是（　　　）。

A. 直线制　　　　　B. 直线职能制　　　　C. 职能制　　　　　D. 事业部制

6. 以下不属于直线职能制组织结构缺点的是（　　　）。

A. 增加了管理者负担　　　　　　　　B. 协调难度加大

C. 损害下属的自主性　　　　　　　　D. 降低决策效率

7. 适用于规模不大、产品种类不多、内外部环境比较稳定的中小型企业的组织结构形式是（　　　）。

A. 直线制　　　　　B. 直线职能制　　　　C. 职能制　　　　　D. 事业部制

8. 当衰退不可避免,组织进入再生阶段时,需要通过强有力的领导来力挽狂澜,因此有必要提高（　　　）程度。

A. 集权　　　　　　B. 分权　　　　　　　C. 指挥　　　　　　D. 授权

9.（　　）应以下级能够正常履行职责,上级对下级的管理不致失控为准。

A. 集权　　　　　B. 分权　　　　　C. 授权　　　　　D. 指挥

10. 组织文化并非十全十美,会带来的障碍不包括(　　　)。

A. 变革的障碍　　　　　　　　B. 激励的障碍

C. 多样化的障碍　　　　　　　D. 并购的障碍

11. 以各种微妙的方式沟通组织成员的思想感情,融合人们的理想、信念和情操,培养和激发其群体意识指的是组织文化的(　　　)。

A. 导向功能　　　B. 凝聚功能　　　C. 辐射功能　　　D. 调适功能

12. 潜在于组织中的文化氛围、群体行为准则和道德规范等,形成一种软约束,对每一个组织成员的思想、心理和行为都具有很强的约束和规范作用,这指的是组织文化的(　　　)。

A. 导向功能　　　B. 约束功能　　　C. 辐射功能　　　D. 调适功能

四、简答题

1. 简述组织设计的任务与逻辑。

2. 简述影响组织设计的因素有哪些。

3. 简述组织设计的原则。

4. 简述组织文化的负向功能。

5. 简述直线职能制组织结构的优缺点。

6. 简述影响集权与分权的因素。

7. 组织文化是由哪些层次构成的?

五、案例分析题

案例一　印染厂的管理问题

王宏发是宏远纺织品公司的总裁,一份刚送到他办公桌上的问题报告把他搞糊涂了。印染厂的经理张向荣抱怨,那位直接受总裁指挥的总公司的采购部经理赵腾飞买下了不合格的纺织品,并已运货到厂。

张向荣说:"我特别关照总公司采购部经理,从那个供应商买来的纺织品把我们的生产工序搞乱了,以后别买它了。"王宏发问:"那你为什么不来告诉我呢?"张向荣说:"我以为直接对赵腾飞讲了,就不用绕圈子做官样文章了。再说,我让印染车间主任打过电话给那家供应厂商,叫他们以后别再运这种货了。"王宏发说:"是吗?我们和那家供应商已签订了采购合同,他们对此会特别敏感,你这样做真让我们处境难堪。以后,让采购部经理来决定我们买哪家的,你直接给供应商打电话,那是采购部经理的责任。"张向荣说:"那个电话不是我打的,是印染车间主任打的。"

请根据案例所给的内容,用管理学的有关原理说明印染厂经理张向荣的认识和做法上有哪些不妥,为什么?

案例二　时代·华纳公司的组织文化碰撞

公司兼并的成功与失败,和公司文化的相容性密切相关。也许收购对象在财务状况和产品方面很有吸引力,但并购结果如何往往取决于这两个公司的文化是否相容,时代·华纳公司的例子正说明了这一点。

时代·华纳公司是世界上最大的大众传播媒介公司之一,每年总收入为145亿美元。该公司是在1989年时代公司收购了华纳通信公司的基础上建立的。时代公司当时拥有多家知名的宣传出版物,如《运动天地》《人物》《时代》《财富》等,这是他们兼并的资本。华纳公司当时主要经营电影、有线电视、音乐唱片等项目。时代与华纳两大巨头联手的目的,就是希望创造一个综合性的传播媒介企业集团。收购后的头5年中,管理人员和股民所期望的大好局面并没有出现。1990年,公司亏损2.27亿美元,1993年仍亏损1.64亿美元。当然,导致这种状况的原因很多,尤其是在收购产权时,时代公司付出了很大代价,支付债务利息成了一项沉重的负担。但主要问题是,两种差异很大的组织文化难以很快融合。

从亨利·路斯(Henry Luce)创建时代公司之日起,时代公司就把编辑出版事务同商业事务相分离。时代公司的文化保守、家长制作风浓重,与其新闻价值观相一致,公司培养了一种强烈的整体观念。公司给员工提供稳定的工作环境,提供一种家庭感,实行终身雇佣制,这在美国公司中是比较难得的。但华纳公司则相反,作为一个商业经营气氛很浓的公司,它的产品——音乐唱片、电视剧等在不断变化,这要求华纳公司不断地参与市场交易。好莱坞及其他一些娱乐行业的价值观影响了华纳公司的文化。华纳公司员工流动率很高,这里的环境中充满着"高风险—高报酬"的气氛。时代公司的老员工谈到华纳公司在好莱坞的交易商时,常不屑一顾地使用"品质低劣"这个词来描述他们。时代公司的员工在一个鼓励人们谨慎从事的环境中成长,而华纳公司的员工则生活在快节奏与冒险之中。这两种文化以后能够和谐共处吗?用句双关语来说,时间(Time,时代公司的英文原意)会告诉我们!

回答以下问题:

1. 结合案例,谈谈组织文化对企业的发展有什么样的作用?
2. 时代和华纳公司在组织文化方面有哪些显著差异?

学习任务

1. 掌握领导权力的来源和领导三要素,包括权力的五种来源、领导行为或者过程包含的三个要素(领导者、被领导者、情境)。

2. 了解领导者行为理论、领导与被领导者理论、领导与情境理论,包括领导者行为理论中独裁与民主、俄亥俄州立大学的研究、密歇根州立大学的研究及管理方格理论的核心观点,领导与被领导者理论中的情境领导模型的核心观点,领导与情境理论中费德勒的权变领导理论的核心观点。

3. 掌握行为基础理论,能够运用需要层次理论、双因素理论的核心观点来分析管理实践中的具体激励问题。

4. 掌握过程激励理论,能够运用公平理论、期望理论的主要观点来分析管理实践中的具体激励问题。能够区分行为强化理论中正强化、负强化、惩罚和自然消退。

5. 了解沟通的含义、过程和沟通类型中的言语沟通与非言语沟通,能够区分言语沟通与非言语沟通。

6. 掌握沟通障碍及克服的方法,包括有效沟通的标准、影响有效沟通的因素以及克服沟通障碍的方法。

 知识导图

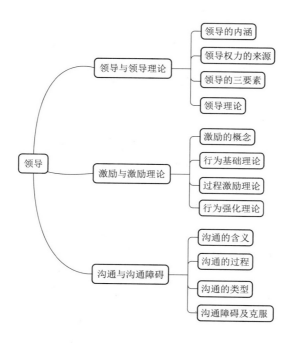

第一节 领导与领导理论

一、领导的内涵

在中文里,领导有两个含义:一个是名词,指的是领导者(leader),他们是从事领导活动的人;另一个是动词,即领导(leadership),指的是领导行为和过程。管理学中的领导理论主要研究的是后者。关于领导有很多定义,但它们都围绕着几个关键因素:人(领导者和被领导者)、影响及目标。赫塞和布兰查德认为,领导是一个在特定情境中,通过影响个体或群体的行为来努力实现目标的过程。

二、领导权力的来源

权力是影响他人的能力和下属对权威的接受,存在于任何社会组织之中。正如恩格斯所指出的:"一方面是一定的权威,不管它是怎样形成的,另一方面是一定的服从,这两者都是我们不得不接受的,而不管社会组织以及生产和产品流通赖以进行的物质条件是怎样的。"根据约翰·弗兰奇和伯特伦·瑞文的观点,权力有五种来源。

第一,奖赏性权力。这是一种能够对他人进行奖赏的权力,基于下属认为领导可以给予奖励或去除负面影响的能力。这些奖赏包括发奖金、提升职位等正式的奖励方式,也包括转换工作环境、表扬等非正式的奖励方式。最重要的是领导给予的奖赏要与下属的需求相一致。

第二,强制性权力。这是一种惩罚的权力。虽然强制权力也来自下属的预期,但与奖赏权力相反,假如下属工作无法达到要求,将会被领导处罚。组织中的处罚包括扣薪水、降职、分派不喜欢的工作,甚至解雇等。强制权力利用下属对可能遭受到的惩罚的在意和恐惧对其产生影响力,但往往会带来不满与对抗,需要谨慎使用。

第三,法定性权力。这种权力是指特定职位和角色被法定的、公认的正式权力。法定权力之所以存在,是因为下属内化的价值观,下属接受领导有一种合法的权力来影响他,而且认为他有义务去接受这一影响。文化价值观、接受社会结构和合法化的任命是法定权力的三种基础,对组织任命的部门主管,下属必须听从其安排与指挥。

以上三种权力是与领导者的职位相关的,其在组织中的职位赋予了他们奖赏、惩罚和指挥下属的权力,因此被统称为职位权力。

第四,参照权力。这种权力源于领导者个人的特征,包括行为方式、魅力、经历、背景等,其基础是下属对领导者这些特征的认同,或是一种对认同的渴望,此时下属会期望自己的行为、感觉或信仰能够像领导者一样。当领导者对下属非常有吸引力时,下属就会渴望与领导者有关联,有了关联又会希望关系更加密切并能够保持,此时领导者就对下属有影响力。领导者个人特征对下属的吸引力越大,下属的认同感越高,参照权力就越大。

第五,专家权力。这种权力产生于领导者个人的专业知识或技能。专家权力的大小取决于领导者知识的完备程度,或下属对于领导者具备特定的知识的知觉。下属可能以自我知识以及一个绝对标准评估领导者的专业知识,领导者需要能够运用自己的特定知识和技能对下属的工作加以指导,得到其尊敬和依赖。因此,当领导者是相关领域的专家,拥有更多的经验和知识时,下属会更为信服。

参照权力和专家权力与职位无关,而与领导者个人的魅力或专业知识有关,因此被称为个人权力。当个人权力发挥影响时,下属不是因为希望获得奖赏、害怕惩罚或是屈从于法定权威而不得不服从,而是出于发自内心的尊重与认同,产生归属感,自愿与领导者一起为组织工作,在面对风险和变革时,更能团结一心。因此,有效的领导者不仅要依靠职位权力,而且要具有一定的个人权力。

三、领导的三要素

领导行为或过程包含三个要素:领导者、被领导者和情境。系统论告诉我们,组织是一个开放的系统,任何生产经营活动都会受到内、外部环境的影响,领导行为也是如此。可以将领导行为看作领导者、被领导者和他们所处环境所构成的复合函数,表达公式如下:

领导 = f(领导者,被领导者,情境)

这三个要素决定了领导行为的有效性。首先领导者是这一行为的主体,也是权威和影响力产生的主要来源,领导者通过一定的方式对下属的行为产生影响,达到组织的目标,对领导者的研究主要集中于领导者的个人特质和行为特征。被领导者是这一行为的客体,但并非只是被动接受指令,他们也会对领导行为的效果产生影响,因为权威的真正确立在于被领导者的接受程度,因此被领导者的特征决定了实施何种领导行为最为有效。领导行为还应随着组织情境的变化而进行调整,这里的情境既包括任务结构、职位权力、工作特征等组织内部环境,也包括社会文化等组织外部环境。

四、领导理论

(一)领导者行为理论

1. 独裁与民主

独裁与民主是两种完全不同的领导行为。例如:法家强调"势者,胜众之资也",即要统治大众,必须凭借赏罚的权力;道家认为"法令滋彰,盗贼多有",越多的规章和刑罚,带来越多的反抗和动乱,应该顺其自然,无为而治。那么,哪一种更行之有效呢?库尔特·勒温及其助手们对团体的领导方式进行了研究,总结出了三种领导方式:独裁型、民主型和放任型。

独裁型的领导认为权力来源于职位,而人类本性懒散,因此需要采取集权管理,以命令的方式鞭策下属工作。民主型的领导认为权力来源于他所领导的群体,人们受到激励后可以自我领导,因此应该尽量采取授权管理,鼓励下属参与决策。放任型的领导认为权力来源于被领导者的信赖,人们能找到合适的方法完成工作,因此只需采取一种俱乐部式的领导方式,给下属充分的自由去作出决策。

勒温等人的研究结果显示,民主型的领导方式最为有效,不过在领导者参与并监督工作的情况下,独裁型的领导也很有效,但团队的情绪却很糟糕。在实际工作中,要么独裁、要么民主的极端领导风格并不多见,大多数是介于两者之间的。

2. 俄亥俄州立大学的研究

俄亥俄州立大学的一项研究确立了两个重要的领导行为的维度:定规维度和关怀维度。这两个维度本质的区别是:前者以工作为中心,更关心任务的完成;后者以人为中心,更关心下属的满意度。俄亥俄州立大学的领导研究是一个跨学科的研究项目,参与的研究者涉及心理学、经济学和教育学,他们从众多因素中归纳出定规维度和关怀维度。

定规维度是指领导者确定和构建自己和下属的角色,以实现组织的目标。高定规维度的领导者倾向于明确说明下属的工作分配和完成工作的具体方式,决定工作的最后期限,要求达到工作的绩效标准,关注任务的目标和结果。关怀维度是指领导者信任和尊重下属,期望与下属建立温暖、和谐的人际关系。高关怀维度的领导者公正而友善,关心下属,平易近人,欢迎下属对工作进行广泛的参与,关注员工的满意度。

这两个维度形成的二维矩阵包含了四种可能的领导行为组合:高定规—高关怀,高定规—低关怀,低定规—低关怀,低定规—高关怀。很多研究认为,高定规—高关怀模式最有效率,因为这种模式既关心生产又关心员工,可以带来高绩效和高满意度。但是,也有越来越多的研究对这一结论产生怀疑。例如,双高模式较为复杂,它是不是最简约的预测模型?管理中是否真正需要它?不同情况下它是否真的带来最好的绩效和满意度?有研究发现只考虑定规或只考虑关怀的一维简单模式在管理中更为有效,因此双高模式不一定总是最有效的,在一些情境中可能高定规—低关怀或低定规—高关怀的模式更好。

3. 密歇根州立大学的研究

密歇根州立大学的研究与俄亥俄州立大学的研究几乎同时开始,但采取了不同的方法,其目的是区分高产出和低产出的管理者。该研究同样将领导行为归纳为两个维度:以生产为中心和以员工为中心。以生产为中心的领导只关心工作的技术、日程的安排和任务的完成,员工是达到目标的手段。以员工为中心的领导关注下属面临问题的人性化方面,同时着力建设具有高绩效目标的有效工作群体。这种领导需要做的并不仅仅是"对其下属很好",他们还需要建立高绩效目标并为下属创造支持性的工作环境。这项研究对不同层次和不同行业的管理者进行了测量,其结果显示,以员工为中心的领导行为带来高产出,相反以生产为中心的领导行为无论在生产率还是在员工满意度方面都是低效的。

4. 管理方格理论

管理方格理论(management grid theory)致力于探讨什么样的领导方式可以使资源更有效地转变为结果,罗伯特·布莱克和简·莫顿在1964年出版的《管理方格》一书中指出以生产为中心和以人为中心的领导方式是可以同时存在的,它们不同程度的结合产生多种领导方式。为此,两位研究者设计了一张方格图,横轴代表对生产的关心,包括结果、绩效、利润、任务的完成等,纵轴代表对人的关心,包括上级、下级、同事、客户等。这两个维度都可以看作一种程度高低的尺度,分别被分为从1到9的9格,1表示关心程度很低,9表示很高程

度的关心,两者相结合,形成全图的81个小方格。在这些方格中最具代表性的领导方式有五种:

(1)(1,9)方格:乡村俱乐部管理。这类领导方式对生产较少关心,对人们高度关心,努力创造一种愉快、友好、让人满意的工作氛围。

(2)(9,1)方格:任务型管理。这类领导方式高度关心生产,很少关心人,为达到生产目的,常常会强制人们去完成必要的任务。

(3)(1,1)方格:贫乏型管理。这类领导方式对生产和人都极少关心,也并不觉得这两方面的需求之间有什么矛盾,管理者希望大家都不要互相妨碍,他们自己虽然在场却几乎不发挥领导作用。

(4)(9,9)方格:团队型管理。这类领导方式把对生产的高度关心和对人的高度关心结合起来,建立成员之间健全和成熟的关系,鼓励组织成员参与决策并努力工作,以实现组织的目标。

(5)(5,5)方格:中间型管理。这类领导方式对生产和对人的关心都是适度的,其基本假设认为,极端会引起矛盾,因此需要折中,用放弃某种东西的一半来换取另一种东西的一半,以寻求一种平衡。

布莱克和莫顿认为(9,9)方格的领导方式是最有效的,既能够提高员工的满意度,又能够带来高的生产效率。

(二)情境领导模型

1. 情境领导模型介绍

保罗·赫塞和肯尼斯·布兰查德开发了情境领导模型(Situation Leadership Model,SLM)。他们认为有效领导和无效领导的差异并不是领导者的行为本身,而是领导者行为和实施情境的匹配。

2. 两个维度

在情境领导模型中,领导者的行为首先被分为两个维度,任务行为和关系行为。任务行为是指在多大程度上领导者倾向于确定组织成员该做什么以及怎么做。高任务行为的特点是组织模式、沟通渠道和完成任务的具体方式被清晰定义。关系行为是指在多大程度上领导者倾向于通过开放的沟通,给予下属充分利用潜能的机会。高关系行为的特点是社会情绪的支持、友谊和相互信任。

3. 四个象限

赫塞和布兰查德认为任务行为和关系行为并不是一对非此即彼的单一维度关系,而是可以同时存在的,据此他们将领导风格由两个维度扩展为四种领导行为,如图8-1-1所示:

告知(S1,高任务/低关系行为):领导者下达命令,明确何时、何地、如何去做,并监督执行。

推销(S2,高任务/高关系行为):领导者向下属解释自己的决策,并提供支持行为。

参与(S3,低任务/高关系行为):领导者让下属参与决策,自己提供便利条件给予支持。

授权(S4,低任务/低关系行为):下属自己独立解决问题。

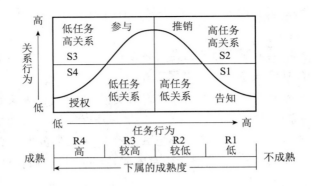

图 8-1-1　情境领导模型

4. 成熟度

情境领导模型中的"情境"关注的是下属成熟度。成熟度被定义为承担责任的愿望和能力,它与下属的心理年龄而非时间年龄相关。因此成熟度也被分为两个方面:心理成熟度和工作成熟度。前者指的是下属主动承担责任、获得成就的愿望,后者指的是下属的工作能力,包括与任务相关的受教育程度、经验技术等。

这两个方面将下属成熟度划分为四种情况,由低到高分别为:

R1:成熟度低。这些下属既不愿意,也没有能力承担分配的工作任务。

R2:成熟度较低。这些下属愿意从事分配的工作任务,但不具备完成工作的能力。

R3:成熟度较高。这些下属具有从事分配的工作任务的能力,但却不愿意去做。

R4:成熟度高。这些下属既愿意也有能力去完成分配的工作任务。

情境领导模型强调有效的领导应该根据下属的成熟度去匹配相应的领导者行为,而不存在一般意义上最好或最差的领导。如图 8-1-1,当下属既不愿意也没有能力承担某项任务时(R1),领导者应当提供直接而明确的指导,提高组织生产率(S1)。当下属虽然还不具备能力作出重要决策,但是有完成任务的意愿时(R2),领导者应当与其进行友好的互动,帮助下属明确自己的角色和任务完成标准,提高对他们的信任与支持(S2)。当下属有能力承担任务,却没有工作意愿时(R3),领导者应当减少直接指挥的行为,让下属提出自己解决问题的方案,以增加他们的成就感,并在需要时提供便利与支持(S3)。当下属既愿意又有能力去承担任务时(R4),领导者应当放手,只需授权并充分信任地让下属自己寻找方向,解决问题,而领导者自己不需要做太多工作(S4)。

5. 模型的作用

赫塞和布兰查德的情境领导模型提供了一种动态的视角,领导者的行为需要与情境相匹配,而情境,这里主要是指下属的成熟度,是在不断变化之中的。因此,领导者需要不断评估下属的工作能力和工作意愿,并调整自己的任务行为和关系行为与之相适应,以取得真正有效的领导。尽管这一领导模型的预测能力还没有得到更多研究证据的支持,但由于其实用性较强,仍然受到很多管理者的欢迎。

（三）费德勒的权变领导理论

权变理论又称情境理论,被看作是一个动态的过程。权变理论认为,领导的有效性不是取决于领导者不变的品质和行为,而是取决于领导者、被领导者和情境条件三者的配合关系,即领导有效性是领导者、被领导者和领导情境三个变量的函数。

弗雷德·费德勒提出的关于领导效率的权变理论是第一个综合的领导权变模型。费德勒的权变模型指出组织的效率取决于两个变量——领导者的风格和情境的有利性的相互作用。

1. 该理论的两个变量

领导者的风格分为两类:任务取向型和关系取向型。关系取向型领导者,即使对最难共事的同事,也愿意用一些正面的词语去描述,他们在工作中倾向于与下属建立良好的关系。相反,任务取向型领导者用非常贬义和含有敌意的词语形容最难共事者,在工作中更关心任务的完成。

情境的有利性指的是某一种情境能赋予领导者多大的权力和影响力。费德勒从三个维度对情境是否有利进行分析:一是领导者—成员关系,二是任务结构,三是职位权力。

领导者—成员关系是指下属对领导者尊敬和信任的程度。如果领导者和成员之间的关系好,则他们拥有更多的权力和影响力。也就是说,当领导者受到下属的喜爱、尊敬和信任时,就不需要采取更多任务取向的行为;相反,如果下属不信任,并消极地看待领导者,领导者就只有采取命令的方式才能完成任务。

任务结构是指需要完成的具体任务或工作的特点。高度结构化的、明确的、程序化的任务或工作,比模糊的、非结构化的任务或工作,给予领导者更多的影响力。当一个任务在标准的操作手册中被按步骤清晰描述时,领导的工作就相对变得容易。

职位权力是指与领导职位相联系的权力。如果领导者所处职位允许他们奖励和惩罚、雇用和解雇下属,则他们就拥有更多的权力和影响力。职位权力较强对领导者是有利的情境,反之则为不利。

三个维度分别有高低之分,将它们组合在一起形成了 8 组不同的组织情境,如图 8-1-2 中横轴所示,从最有利的情境(领导者—成员关系好,任务结构化,领导者职位权力强)到最不利的情境(领导者—成员关系差,任务非结构化,领导者职位权力弱)。在有利的情境中领导者能够进行控制和产生影响,在不利的情境中他们的控制能力和影响力减弱。

2. 两个变量的匹配

接下来需要考虑的就是领导者风格与情境的匹配。如图 8-1-2,在虚线以上表示关系取向型领导者的绩效高于任务取向型领导者,在虚线以下表示任务取向型领导者的绩效高于关系取向型领导者。可见任务取向型领导者在非常有利或相对不利的情境下表现更好。因为在非常有利的情境下,下属尊重并信任领导者,任务结构化和职位权力强这两种有利情境至少拥有其一,领导者只需发出命令就可以得到较好的执行。在最不利的情境下,领导者则必须采取任务取向的方式,定义任务结构,指导员工建立权威。关系取向型领导者则在中等有利的情境下绩效较好。这时领导者可能不太受欢迎,也可能面对的任务比较模糊,或是职位权力不高,但至少有一个情境维度是有利的。在此基础上,领导者采用关系取向型领导风格,努力改善人际关系,对下属产生影响。

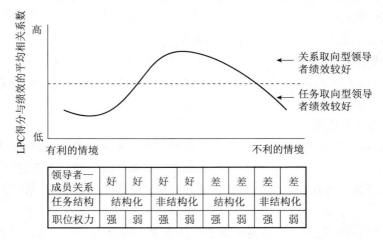

图 8-1-2　领导者风格与情境的匹配

资料来源：F. E. Fiedler. "The Effects of Leadership Training and Experience:

A Contingency Model Interpre-tation", Administrative Science Quarterly, 1972, 17, p. 455.

最后要说明的是,费德勒认为个体的领导风格与个性有关,很难改变,因此要更好地匹配领导者的风格和情境的有利性,以提高组织绩效,只有两种方法:一种是根据情境选择合适的领导者;另一种是改变情境,如清晰定义工作任务、提高职位权力,以适应领导者的风格。

第二节　激励与激励理论

一、激励的概念

"激励"从字面上看是激发、鼓励的意思。管理学研究中的激励是指为了特定目的而去影响人们的内在需要或动机,从而强化、引导或改变人们行为的持续过程。在管理实践中,激励工作从既定的组织目标出发,通过影响员工的内在需要或动机来调动员工的工作积极性,实现组织与个人在目标、行为上的内在一致性。

二、行为基础理论

(一) 需要层次理论

需要层次理论是行为科学的经典理论之一,由美国心理学家亚伯拉罕·马斯洛于 1943 年在其《人类激励理论》一文中首次提出,并于 1954 年在其专著《动机与人格》中进行了更全面的阐述。需要层次理论的主要观点如下:

（1）人类需要从低到高可分为五种，分别是生理需要、安全需要、社交需要、尊重需要和自我实现需要。生理需要是人类维持自身生存与发展的需要，如吃饭、穿衣、饮水、住房等需要。安全需要是人类保护自身免受伤害的需要，如职业安全、人身安全、社会保障、劳动保护等需要。社交需要是人类在社会交往方面的需要，如友谊、爱情、亲情、隶属关系等需要。尊重需要是人类自我尊重与希望受到他人尊重的需要，如成就、名声、地位、权力和晋升等需要。自我实现需要是人类追求至高人生境界的需要，如实现个人理想和抱负、发挥个人潜能等方面的需要。

（2）以上五种需要可以分为高、低两个层次。其中生理需要、安全需要和社交需要都属于低层次的需要，这些需要通过外部条件就可以满足；尊重需要和自我实现需要是高层次的需要，这些需要是通过内部因素才能满足的。

（3）人的需要有一个从低层次向高层次发展的过程，当较低层次的需要基本得到满足后，更高一层次的需要就会出现。

（4）任何一种需要并不由于高一层次需要的出现而消失，各层次需要之间是相互依赖并以重叠波浪形式演进的。高层次的需要出现后，低层次的需要仍然存在，只是对行为影响的程度大大降低。

（5）未满足的需要才具有激励作用，已基本得到满足的非优势需要对人不再具有激励作用。

马斯洛的需要层次理论在一定程度上反映了人类行为和心理活动的共同规律。该理论积极的一面在于：马斯洛从人的需要出发探索人的激励诱因，抓住了激励问题的关键；马斯洛指出人的需要有一个从低级向高级发展的过程，这基本上符合人类需要发展的一般规律。但该理论也有其局限性，具体体现在：首先，马斯洛调查的对象主要是中产以上阶层人们的需要，将其推广至全阶层缺乏普遍性；其次，马斯洛提出人的需要都是生来固有的，但实际上人的需要既有天生的，也有后天形成的；最后，马斯洛认为只有低层次需要基本得到满足后，高层次需要才会显现，这种需要的发展观带有明显的机械论色彩。

（二）双因素理论

20世纪50年代末，美国心理学家弗雷德里克·赫茨伯格在匹兹堡地区对11个工商机构的200多名会计师、工程师进行问卷调查，要求他们回答"什么时候你对工作特别满意？""什么时候你对工作特别不满意？""满意和不满意的原因是什么？"等问题。根据调查的结果，弗雷德里克·赫茨伯格提出了双因素理论。双因素理论又称"保健——激励理论"。该理论认为，影响人们行为的因素主要有两类：保健因素和激励因素。

弗雷德里克·赫茨伯格在双因素理论中提出了如下主要观点：

（1）满意和不满意并非单一的连续体，而是由保健因素和激励因素两个独立维度构成。因此引起人们对工作满意与不满意的因素不属于同一类别。

（2）使人们感到不满意的因素往往都是属于工作环境或外界因素方面的，被称为保健因素。典型的保健因素有企业政策、工资水平、工作环境、劳动保护、人际关系、安全等。

（3）使人们感到满意的因素往往都是属于工作本身或工作内容方面的，被称为激励因

素。典型的激励因素有工作表现的机会、工作带来的愉悦感、工作上的成就感、由于良好的工作成绩而得到的奖励、对未来发展的期望、职务上的责任感等。

（4）保健因素只能消除不满意，激励因素才是调动人们积极性的关键。当保健因素恶化到可以接受的水平以下时，就会使得人们对工作产生不满；当保健因素很好时，人们并不会因此而产生积极的工作态度。当激励因素不足时，人们并不会对工作产生不满；当激励因素上升到一定的水平时，人们会产生积极的工作态度和对工作的满意感。

双因素理论自提出以后，在管理实践中反响很大，它促使管理人员注意到工作重新设计（如工作丰富化、工作扩大化）的重要性。但与此同时，该理论曾受到许多非议：首先，赫茨伯格的调查样本只有 203 人，数量明显不够，而且对象是工程师、会计师等专业人士，缺乏普遍性；其次，弗雷德里克·赫茨伯格认为满意和工作绩效的提高有必然的联系，但实际上满意与工作绩效无直接相关性，人在不满意时也会因其他原因达到高绩效；最后，弗雷德里克·赫茨伯格将保健因素与激励因素截然分开，实际上保健因素与激励因素不是绝对的，而是相互联系并可以相互转化的。

三、过程激励理论

（一）公平理论

公平理论又称社会比较理论，是由美国心理学家约翰·亚当斯于 1965 年在《社会交换中的不公平》一文中提出的一种激励理论。该理论主要研究报酬分配的合理性、公平性对人们工作积极性的影响。公平理论认为：

（1）人们对报酬是否满意是一个社会比较过程，满意的程度不仅取决于绝对报酬，更取决于相对报酬。

$$相对报酬 = \frac{O}{I} = \frac{报酬（工资、奖金、津贴、晋升、表扬等）}{贡献（知识、经验、技能、资历、努力等）}$$

（2）人们对相对报酬的比较体现在横向比较和纵向比较两个方面。横向比较是人们将自己的相对报酬与他人的相对报酬进行比较。纵向比较是人们将自己当前的相对报酬与自己过去的相对报酬进行比较。

（3）相对报酬比较的结果会使人们产生公平感或不公平感。不公平感会造成人们心理紧张和不平衡感。

横向比较产生的不公平感有两种情况：第一种情况为 $OP/IP < OC/IC$。在这种情况下，当事人可能采取以下行为：通过减少投入或设法增加报酬来改变自己的相对报酬；通过让他人多付出或设法减少其所得来改变他人的相对报酬；更换比较对象，"比上不足，比下有余"，获得主观上的公平感；自我解释，自我安慰；发牢骚，泄怨气，造成人际矛盾；离开现有岗位，另谋职业。第二种情况为 $OP/IP > OC/IC$。在这种情况下，当事人可能采取以下行为：通过增加投入改变自己的相对报酬；设法让他人增加报酬改变其相对报酬。

纵向比较产生的不公平感也有两种情况：第一种情况为 $OP/IP < OH/IH$。在这种情况下，当事人会感觉到明显的不公平，其工作积极性下降，通过减少投入来改变自己的相对

报酬。第二种情况为 $OP/IP>OH/IH$。在这种情况下，当事人也会有不公平的感觉，但往往不会因为自己多拿了报酬而主动增加投入。

（4）公平感是一种主观心理感受，是人们公平需要得到满足的一种直接心理体验。制约公平感的因素主要有两个方面：一是分配政策是否公平及执行过程是否公开，即客观上是否公平；二是当事人的公平标准，即主观感受是否公平。不同当事人公平标准的不同决定了他们对同一种分配制度的看法的差异。

（5）在实际工作中，人们往往会过高地估计自己的投入和他人的收入，而过低地估计自己的收入和他人的投入，从而出现自己的相对报酬小于他人相对报酬的情况。

公平理论提出了相对报酬的概念，对组织管理有较大的启示意义。该理论使管理者认识到社会比较是人们普遍存在的心理现象，利用公平感来调动员工的积极性是一种重要的激励手段。该理论强调了管理者的管理行为必须遵循公正原则，以积极引导员工形成正确的公平感。但该理论也存在一定程度的局限性：首先，不完全信息往往使社会比较脱离客观实际；其次，主观评价易使社会比较失去客观标准；最后，"投入"和"产出"形式的多样性使得社会比较难以进行。

（二）期望理论

期望理论又称"效价—手段—期望理论"，是由美国心理学家维克托·弗鲁姆于 1964 年在《工作与激励》中提出的一种激励理论。该理论主要研究人们需要或动机的强弱和人们对实现需要/动机的信心强弱对自身行为选择的影响。期望理论的主要观点如下：

（1）人们在预期他们的行动会给个人带来既定的成果且该成果对个人具有吸引力时，才会被激励起来去做某些事情以达到组织设置的目标。因此，人们从事任何工作行为的激励程度将取决于经其努力后取得的成果的价值与他对实现目标的可能性的估计的乘积。用公式可表示为

$$M=V\times E$$

式中，M（motivation，激励力）是人们所感受到的激励程度；

V（value，效价）是人们对某一预期成果或目标的重视程度或偏好程度，反映了人们的需要/动机的强弱；

E（expectancy，期望值）是人们对通过特定的行为活动达到预期成果或目标的可能性的概率判断，反映了人们对实现需要/动机的信心强弱。

（2）依据期望公式，如果将激励力、效价与期望值作简单的高低切分，那么效价与期望值的乘积有如下四种结果。只有当效价高，期望值也高时，激励力才会高。

第一种结果：M（低）＝V（低）×E（低）。

第二种结果：M（低）＝V（低）×E（高）。

第三种结果：M（低）＝V（高）×E（低）。

第四种结果：M（高）＝V（高）×E（高）。

（3）激励的过程要处理好三方面的关系：第一，努力与绩效的关系。人们总是希望通过一定的努力达到预期的目标。如果人们主观认为通过自身努力达成预期目标的概率较高，

就会产生对该行为的信心;反之,就会失去工作的动力。第二,绩效与奖励的关系。人们总是希望在取得绩效后得到奖励。如果人们认为取得绩效后能获得合理的奖励,就会产生对该行为的热情;反之,就会丧失工作的积极性。第三,奖励与满足需要的关系。人们总是希望自己获得的奖励满足自己某方面的需要。然而由于人们在年龄、性别、资历、社会地位和经济条件等方面都存在差异,他们对各种需要得到满足的程度感觉就不同。因此采用同一种奖励办法能满足需要的程度不同,能激发出的工作动力也就不同。

期望理论在理论界被认为是激励理论的重要发展。期望理论通过对各种权变因素的分析,论证了人们会在多种可能性中作出对自身效用最大的选择,即人们的现实行为往往是其认为激励力量最大的行为选择。但遗憾的是,该理论的涵盖面太广,内涵比较笼统,且忽略了对个体行为意志的考虑,故其适用范围有一定的局限性。

四、行为强化理论

美国心理学家斯金纳在其《有机体的行为》《科学和人的行为》等书中,提出了操作性条件反射学说。行为强化激励理论是操作性条件反射学说的核心。该理论认为,人们出于某种动机,会采取一定的行为作用于环境,当这种行为的结果对人们有利时,这种行为就会在以后重复出现;反之,当这种行为的结果对人们不利时,这种行为就会减少或消失。因此,行为的结果会对人的动机产生很大影响,从而使行为在后续得以增加、减少或消失。

(一) 强化的含义

强化,在本质上讲是对某一行为的肯定或否定的结果,其在一定程度上会决定该行为在今后是否重复发生。

(二) 强化的分类

依据强化的目的,强化可分为四种类型:正强化、负强化、惩罚和自然消退。前两种可以增强或保持行为,后两种则会削弱或减少行为。正强化是指通过出现积极的、令人愉快的结果而使某种行为得到加强。负强化是指预先告知某种不符合要求的行为或不良绩效可能引起的后果,引导职工按要求行事,以此来回避令人不愉快的处境。惩罚是指对令人不快或不希望的行为给予处罚,以减少或削弱该行为。自然消退是指通过不提供个人所期望的结果来减少某行为的发生。

 案　例

好的激励措施

不少在硅谷工作的人就职于那些推动科技与信息发展的高科技公司。以他们当中的一员凯西小姐为例,她典型的一天是这样度过的:白天工作 12 个小时后,晚上 9 点锻炼身体,然后接着工作。这就是她一贯的作息安排,每周 6 天,并一直能坚持好几个月。凯西是娱乐产品部的项目经理,主管电脑游戏光盘的制作。她一般每周工作一百个小时左右。和她在硅谷的那些同事们一样,她并不需要遵守严格的时间规定,而只是在自己想工作的时候才工作,只不过她大多数时候都想工作而已。

什么可以激励人们过这样一种生活呢?在硅谷,很多特殊的机会层出不穷,这就为某些人提供了强大的激励机制。在这里,一种普遍的激励因素是金钱。在今天,硅谷有 1/3 以上的高科技公司给员工股权,而对于非高科技公司,这一比例不到 1/12。因此,在这一行业中,短时间内暴富是完全可能的。而且即使有人赚不到钱,他能得到的基本补偿金也非常诱人。例如,硅谷的软件、半导体工人每年平均可以得到 7 万美元的补偿金,而美国普通工人平均每年只能得到 2.7 万美元。

对于这个行业的人来说,对所从事工作的热爱是另一个重要的激励因素。虽说钱很重要,但很多人承认,如果只是为钱,他们是不会像现在这么努力的。事实上,很多人都认为自己的工作可以与音乐家的工作相媲美,因为工作给了他们发自内心的快乐,工作本身就是最吸引他们的地方。

第三个激励因素是,在硅谷的工作有很高的显示度,容易为人所认可。相对于其他行业的人来说,他们有更多的机会在顾客中闻名。比如说,娱乐产品部发行了凯西监制的游戏光盘。成千上万的顾客会来买此种光盘,并在他们的电脑上使用。她的名字就会出现在制作人员的名单中,就像电影制片人的名字出现在影院中一样。

来自同行的压力和认同也是非常重要的激励因素。这个行业中的人工作时间都很长,这也成了整个行业通行的一种"标准"。人们去上班时就知道自己必定要工作很长时间,这是既定的事实。他们这么做是因为每个人都这样,不这么做的人就会遭到同行的讥讽。

最后一个激励因素是这些工作所提供的自主性。事实上,现在流行的很多管理方式,比如说授权,就诞生于硅谷。诸如惠普和苹果一类的公司已经摈弃了传统组织机构中指令控制式的管理。公司从不对员工的工作时间安排、工作进度以及服装规范等方面加以规定。相反,员工可以来去自由,可以带宠物上班,也可以在家工作。简而言之,他们可以自主选择在何时、何地以及以什么方式开展工作。对于今天的很多员工来说,这种弹性是非常有吸引力的。

启示:硅谷的高科技公司通过满足员工不同层次的需要,实现了激励,充分激发了员工的主观能动性,让员工把工作当作一种生活方式。在案例中,硅谷公司用金钱来激励员工,满足的就是员工的生理需要;硅谷公司员工基于对所从事工作的热爱,努力地工作,体现了自我实现需要;硅谷的工作有很高的显示度和自主性,满足了员工的尊重和自我实现需要;为了得到同行的认同而工作,体现了员工的社交需要。另外,案例中硅谷公司的工作本身就是最吸引员工的地方,因为工作本身有挑战性、有高的显示度和自主性等,因此激励的效价(V)很高;因为做的是自己热爱和擅长的工作,员工对于实现预期成果或目标的信心很强,因此期望值(E)也很高。硅谷公司的激励方式,让员工的效价和期望值都比较高,因此激励力(M)就会比较高,让员工能够创造出较高的绩效。

第三节　沟通与沟通障碍

一、沟通的含义

沟通是信息的传递与理解的过程,是在两人或更多人之间进行的,在事实、思想、意见和情感等方面的交流。有效的沟通不仅包括信息的传递,还包括信息的被理解。

二、沟通的过程

从基本条件上看,任何沟通必须具备三个基本条件:必须涉及两个或两个以上的主体;必须有一定的沟通客体,即信息情报等;必须有传递信息情报的载体,如文件等。

从具体步骤上看,沟通的过程如下:

(1)信息发送者,即沟通的发起者,他出于某种原因产生需要与他人沟通的想法,将需要沟通的内容进行编码以传递给他所要沟通的对象。

(2)编码:将信息转换成传输的信号或符号的过程,如文字、数字、图画、声音或身体语言等。信息在编码的过程中将受到信息发送者的技能、态度、知识、文化背景等影响,如果编码的信号或符号不清楚,将会影响信息接收者对信息的理解。

(3)信息的传递:通过某种渠道将信息传递给信息接收者,由于选择编码的方式不同,传递的方式也不同,可以是书面的,也可以是口头的,甚至还可以通过形体动作来表示。

(4)信息接收者:是信息发送者传递信息的对象,他接收信息发送者传递来的信息,并将其解码,理解后形成自身的想法。

(5)解码:信息接收者将通过加密的信息翻译成他能够理解的形式,信息接收者在解码过程中,需要结合自身经验、知识和文化背景,以使获得的信号转换为正确的信息,如果解码错误,信息将会被误解或曲解。

(6)反馈:信息接收者将其理解的信息再返回给信息发送者,信息发送者对反馈信息加以核实和作出必要修正。反馈构成了信息的双向沟通。

(7)噪声:是指沟通过程中对信息传递和理解产生干扰的一切因素。噪声存在于沟通过程的各个环节,如难以辨认的字迹、沟通双方使用较难听懂的语言、固有的成见、身体的不适、对对方的反感等都可以成为沟通过程中的噪声。

三、沟通的类型

按照沟通的方式,沟通可以划分为言语沟通与非言语沟通。

(一)言语沟通

言语沟通是指使用正式语言符号的沟通,一般分为口头和书面沟通两种。

（1）口头沟通。口头沟通是借助口头语言进行的信息传递与交流,如演讲、讨论、电话联系等。

优点:简便易行、灵活迅速,可及时得到反馈;不同语音语调可弥补文字所不能表达的含义;可直接进行情感交流,增加亲切感,提高沟通效果。

缺点:受空间限制,往往只适用于面对面小范围的信息交流;具有即时性,不如书面沟通准备充分,可能遗漏或扭曲一些原本需要交流的内容;大多缺乏记录,事后难以查证,不利于信息传播和储存。

（2）书面沟通。书面沟通是指借助文字进行的信息传递与交流,如报告、通知、书信等。

优点:受时间与空间的限制较小,有利于长期保存、反复研究;在传递过程中不易被歪曲,具有一定的严肃性与规范性。

缺点:书面沟通耗时较长;不能得到及时的反馈;缺乏口头沟通时语音、语调、表情等元素的辅助;让人感觉比较生硬,不如口头沟通易让人接受。

（二）非言语沟通

非言语沟通是指借助非正式语言符号,即口头表达及文字以外的符号系统进行的沟通。身体语言和语调是日常沟通中使用最广泛的非言语沟通形式。

（1）身体语言。身体语言包括手势、面部表情和其他身体动作。比如:眼睛长时间平视对方,表示尊敬或重视;双眼突然睁大,可能表示疑惑或吃惊。

（2）语调。语调指人们对某些词或词组的强调。比如:嗓门突然提高,可能是惊讶、高兴、愤怒或失望;说话结巴,可能是紧张、胆怯或兴奋等。

四、沟通障碍及克服

（一）有效沟通的标准

有效沟通是指组织能够克服各种因素干扰,保证信息交流的可靠准确。要做到有效沟通,必须做到以下三点。

第一,保证沟通的"量"。有效沟通要保证传达足够的信息量。如果信息内容缺失,即使其他方面做得再好,接收方也无法全面、完整、准确地理解。

第二,保证沟通的"质"。沟通不仅仅是信息的传递,更重要的是信息需要被准确地表述和理解,这就是指沟通的"质"。

第三,保证沟通的"时"。沟通的有效性很大程度上依赖于信息的及时性。一条过时的信息,即使是完整而准确的,其价值可能也会大打折扣。

（二）影响有效沟通的因素

1. 人际障碍

人际障碍可能来源于信息发送者,也可能来源于信息接收者,通常是由个体认知、能力、性格等方面的差异所造成的。人际障碍主要表现为以下几种:

（1）表达能力。有的沟通者表达能力欠佳，如用词不当、口齿不清、逻辑混乱、自相矛盾、模棱两可等，这些都会使信息接收者难以准确理解信息发送者的真实意图。

（2）知识和经验差异。当信息发送者将自身观点编译成信号或符号时，他只是在自身知识和经验范围内进行编码。同样，信息接收者也只是在他们的自身知识和经验基础上译解对方传送的信息含义。双方共有的知识和经验越多，沟通越顺利；共有的知识和经验越少，在信息发送者看来很简单的问题，信息接收者可能也无法理解，从而导致沟通失败。

（3）个性和关系。一个诚实正直、人际关系好的人，发出的信息容易使人相信；反之，一个虚伪狡诈、人际关系差的人，发出的信息即便属实，也未必能让人轻易相信。

（4）情绪。在接收信息时，信息接收者的感觉会影响他对信息的解释。不同的情绪状态会使个体对同一信息的解释截然不同。极端情绪很可能阻碍有效沟通，因为在极端情绪状态下，人们经常忽视理性和客观的思维活动而以情绪判断代替它。

（5）选择性知觉。在沟通过程中，信息接收者会根据自身需要、动机、经验、背景及其他个性特征有选择地去看或去听信息。解码的时候，还会把自己的兴趣和期望带到所接收的信息中。符合自己观点和需要的，就容易听进去；不符合自己观点和需要的，就不大容易听进去。

（6）信息过滤。信息过滤是指信息发送者为了投信息接收者所好，故意操纵信息传递，造成信息歪曲。例如，员工常因害怕传达坏消息或想取悦上级而向上级"报喜不报忧"。信息过滤的主要决定因素是组织结构中的层级数目，组织纵向层级越多，过滤的机会也就越多。

（7）信息过载。信息不足会影响沟通的效果，但是信息过量同样也会阻碍有效沟通。现代社会，电子邮件、电话、会议、专业阅读资料等带来的大量信息令人应接不暇。当加工和消化大量的信息变得不可能时，人们就会忽视、不注意或者忘记信息，这也将导致信息流失，降低沟通效率。

2. 组织障碍

组织障碍的根源存在于组织的等级结构之中。无论组织的复杂程度如何，它们都有专门的职责和多层职权，这种专业化分工为沟通困难的产生提供了合适的土壤。组织障碍主要表现为以下几种：

（1）组织结构不合理。组织层级过多，信息在层层传递的过程中不仅容易失真，还会浪费大量时间，影响沟通的效果与效率。另外，若组织结构臃肿，各部门之间分工不明，机构重叠或条块分割，也会给沟通双方造成一定心理压力，引起传递信息的歪曲，从而降低信息沟通的有效性。

（2）组织氛围不和谐。信息发自一个成员相互高度信赖和开诚布公的组织，它被接收的可能性要比来自那些气氛不正、成员相互猜忌和提防的组织大得多。另外，命令和请示是否拘泥于形式的氛围也会影响沟通有效性。如果组织任何工作都必须由正式命令来完成，那么不是正式传达的信息则较难被接收。

3. 文化障碍

人类的沟通要在一定的文化背景下发生，而文化也不能离开沟通而存在，沟通与文化密切相关,文化会促进或阻碍沟通。信息发送者和信息接收者之间的文化相似性有助于成功的沟通,文化的差异会造成人际沟通的障碍。不同文化的差异通过自我意识、语言、穿着、饮食、时间意识、价值观、信仰、思维方式等方面表现出来。一般来说,西方社会比较注重个人发展及成就,权力距离较小,因此他们的沟通方式比较直接。而东方社会比较重视团队和谐,权力距离较大,在工作时,人们不希望过分突出自己,更不愿意和同事或上级发生任何明显的冲突。

(三)克服沟通障碍的方法

为了克服沟通障碍,管理者必须掌握或培养一定的沟通技巧。有些沟通技巧对于管理者发送信息特别重要,另一些则对管理者接收信息至关重要。这些技巧能帮助管理者获得决策和行动所需的信息,与其他成员达成共识。

1. 学会倾听

相对于语言表达能力而言,倾听的能力更为关键。积极倾听要求集中全部注意力,以便听明白全部意思,且不急于作事前判断或解释。积极倾听要做到以下步骤:目光接触;展现赞许性的点头和恰当的面部表情;避免分心的举动或表示厌倦的动作;提问,用自己的语言复述;避免打断讲话者,先让讲话者讲完自己的想法,再作出反应;不要说得太多;不仅要乐于表达自己,更要乐于聆听他人说话;顺利转换倾听者与讲话者的角色。

2. 重视反馈

反馈,是指信息接收者给信息发送者一个信息,告知原信息已收到,以及对原信息的理解程度。反馈既可以是言语的,也可以是非言语的。其作为沟通过程中的最后一环,往往是决定沟通目标可否实现的关键。正确使用信息反馈系统,能够极大地减少沟通中出现的误解或信息不准确等障碍。

3. 克服认知差异

为了克服认知差异,信息发送者应该使信息清晰明了,尽可能使具有不同观点和经验的信息接收者都能够理解。只要有可能,就应该尽力了解沟通对象的背景,尽可能设身处地地从别人的角度看待问题,使用信息接收者容易理解的方式选择用词和组织信息,这样有助于提高沟通的有效性。

4. 抑制情绪化反应

情绪化反应,如愤怒、失望、戒备、爱、恐惧、嫉妒等,会使信息的传递严重受阻或失真。处理情绪因素最简单的方法就是暂停沟通直到完全恢复平静。管理者应该尽力预期员工的情绪化反应,并作好加以处理的准备。管理者也需要关注自己情绪的变化,以及这种变化如何影响他人。

 案 例

沟通障碍导致的危害

1990 年 1 月 25 日晚上 7:40,阿维安卡 52 航班飞行在南新泽西海岸上空 11278 米的高空。机上的油量可以维持近两个小时的航程,在正常情况下飞机降落至纽约肯尼迪机场仅需不到半小时的时间,这一缓冲保护措施可以说十分安全;然而,此后发生了一系列耽搁。首先,晚上8:00,肯尼迪机场航空交通管理员通知52航班的飞行员由于严重的交通问题他们必须在机场上空盘旋待命。8:45,52航班的副驾驶员向肯尼迪机场报告他们的燃料快用完了。

管理员收到了这一信息,但在9:24之前,飞机没有被批准降落。在此之前,阿维安卡机组成员再没有向肯尼迪机场传递任何情况十分危急的信息,但飞机座舱中的机组成员却相互紧张地通知他们的燃料供给出现了危机。9:24,52航班第一次试降失败。由于飞行高度太低及能见度太差,因而无法保证安全着陆。当肯尼迪机场指示52航班进行第二次试降时,机组乘员再次提到他们的燃料将要用尽,但飞行员却告诉管理员新分配的飞行跑道可行。9:32,飞机的两个引擎失灵,1分钟后,另外两个也停止了工作,耗尽燃料的飞机于9:34坠毁于长岛,机上73名人员全部遇难。

当调查人员调查了飞机座舱中的磁带并与当事的管理员讨论之后,他们发现导致这场悲剧的原因是沟通障碍。为什么一个简单的信息既未被清楚地传递又未被充分地接受呢?下面我们对这一事件进行进一步的分析。首先,飞行员一直说他们"油量不足",交通管理员告诉调查者这是飞行员们经常使用的一句话。当被延误时,管理员认为每架飞机都存在燃料问题。但是,如果飞行员发出"燃料危急"的呼声,管理员有义务优先为其导航,并尽可能迅速地允许其着陆。

一位管理员指出:"如果飞行员表明情况十分危急,那么所有的规则程序都可以不顾,我们会尽可能以最快的速度引导其降落的。"遗憾的是,52航班的飞行员从未说过"情况紧急",所以肯尼迪机场的管理员一直未能理解到飞行员所面对的真正困难。

其次,52航班飞行员的语调也并未向管理员传递有关燃料紧急的严重信息。许多管理员接受过专门训练,可以在这种情境下捕捉到飞行员声音中极细微的语调变化。尽管52航班的机组成员表现出对燃料问题的极大忧虑,但他们向肯尼迪机场传达信息的语调却是冷静而职业化的。

最后,飞行员的文化和传统以及机场的职权也使得52航班的飞行员不愿意声明情况紧急。当对紧急情况作出正式报告之后,飞行员需要写出大量的书面汇报。另外,如果发现飞行员在计算飞行中需要多少油量方面疏忽大意,联邦飞行管理局就会吊销其驾驶执照。这些消极的强化因素极大阻碍了飞行员作出紧急呼救的决定。在这种情况下,飞行员的专业技能和荣誉感却变成了赌注。

启示:这个令人惋惜的案例告诉我们,沟通障碍是导致沟通失败的一个重要的因素。而沟通在我们组织管理当中的重要性不言而喻,可以毫不夸张地说,一场沟通的失败,小到可以让沟通双方的工作效率下降,大到可以导致一个组织的"灭亡"。

思考与练习

一、名词解释

1. 领导

2. 正强化

3. 沟通

二、判断题

1. 密歇根州立大学的研究认为,以员工为中心的领导只关心工作的技术、日程的安排和任务的完成,员工是达到目标的手段。 （   ）

2. 勒温等人的研究结果显示,民主型领导方式一般要比独裁型领导方式来得更有效。 （   ）

3. 赫塞和布兰查德情境领导模型中的"情境"关注的是下属成熟度。 （   ）

4. 当下属有能力承担任务,却没有工作意愿时,领导者应当增加直接指挥的行为。 （   ）

5. 领导者—成员关系是指下属对领导者尊敬和信任的程度。 （   ）

6. 马斯洛认为,已经得到满足的需要不再发挥激励作用。 （   ）

7. 弗雷德里克·赫茨伯格的双因素理论认为使人们感到不满意的因素往往都属于工作因素。 （   ）

8. 公平理论认为,人们对报酬是否满意是一个社会比较过程,满意的程度不仅取决于相对报酬,更取决于绝对报酬。 （   ）

9. 期望理论的涵盖面太广,内涵比较笼统,且忽略了对个体行为意志的考虑,故其适用范围有一定的局限性。 （   ）

10. 弗雷德里克·赫茨伯格在双因素理论中提出激励因素能消除不满意,并且激励因素是调动人们积极性的关键。 （   ）

11. 编码是信息接收者将通道中加载的信息翻译成他能理解的形式。 （   ）

12. 身体语言和微表情是日常沟通中使用最广泛的非言语沟通形式。 （   ）

13. 组织障碍主要表现在组织结构不合理和组织氛围不和谐两方面。 （   ）

14. 在沟通中,相较于倾听能力而言,语言表达的能力更为关键。 （   ）

三、单选题

1. （   ）源于领导者个人的特征,包括行为方式、魅力、经历、背景等,其基础是下属对领导者这些特征的认同。

A. 奖赏权力　　　　B. 强制权力　　　　C. 法定权力　　　　D. 参照权力

2. 管理方格图中,(9,9)型对应的是（   ）领导方式。

A. 任务型　　　　　　　　　B. 乡村俱乐部型

C. 中庸之道型　　　　　　　D. 团队型

3. 很多研究认为,(　　)模式最有效率,因为这种模式既关心生产又关心员工。

A. 高定规—低关怀　　　　　　　　B. 低定规—低关怀

C. 低定规—高关怀　　　　　　　　D. 高定规—高关怀

4. 在费德勒模型中,下列哪种情况属于较好的领导环境?(　　)

A. 人际关系差,工作结构复杂,职位权力强

B. 人际关系差,工作结构简单,职位权力强

C. 人际关系好,工作结构复杂,职位权力弱

D. 人际关系好,工作结构简单,职位权力强

5. 根据管理方格理论,(　　)领导方式对生产较少关心,对人们高度关心,努力创造一种愉快、友好、让人满意的工作氛围。

A. 贫乏型　　　　　B. 乡村俱乐部型　　　　　C. 任务型　　　　　D. 中庸之道型

6. 下属具有从事分配的工作任务的能力,但却不愿意去做,说明下属(　　)。

A. 成熟度低　　　　B. 成熟度较低　　　　C. 成熟度较高　　　　D. 成熟度高

7. 根据弗雷德里克·赫茨伯格的双因素理论,企业政策、工资水平、工作环境、劳动保护、人际关系、安全等属于(　　)。

A. 激励因素　　　　B. 保健因素　　　　C. 环境因素　　　　D. 工作因素

8. 期望理论是由心理学家(　　)中提出来的一种激励理论。

A. 约翰·亚当斯　　　　　　　　　B. 维克托·弗鲁姆

C. 斯金纳　　　　　　　　　　　　D. 弗雷德里克·赫茨伯格

9. 从期望理论中,我们得到的最重要的启示是(　　)。

A. 目标效价的高低是激励是否有效的关键

B. 期望概率的高低是激励是否有效的关键

C. 存在着负效价,应引起领导者注意

D. 应把目标效价和期望概率进行优化组合

10. 下列关于强化理论的说法正确的是(　　)。

A. 强化理论是美国心理学家马斯洛首先提出的

B. 所谓正强化就是惩罚那些不符合组织目标的行为,以使这些行为削弱直至消失

C. 连续的、固定的正强化能够使每一次强化都起到较大的效果

D. 该理论过于强调对人的行为的限制和控制,而忽视了人的内在心理过程和状态

11. 某企业对生产车间的工作条件进行了改善,这是为了更好地满足职工的(　　)。

A. 生理需要　　　　B. 安全需要　　　　C. 社交需要　　　　D. 尊重需要

12. 根据双因素理论,以下(　　)因素将对员工的行为起到激励作用。

A. 与上级有良好的关系　　　　　　B. 办公环境

C. 劳动保护　　　　　　　　　　　D. 工作的成就感

13. 下列不属于沟通功能的是(　　)。

A. 降低管理模糊性　　　　　　　　B. 增强组织凝聚力

C. 建立外部联系桥梁　　　　　　　D. 促进社会发展

14. 借助文字进行的信息传递与交流属于(　　)。

A. 书面沟通　　　　B. 口头沟通　　　　C. 身体语言　　　　D. 语调

15. 员工在对上级汇报时,采取"报喜不报忧"的行为属于(　　)。

A. 信息过载　　　　　　　　　　B. 知识差异

C. 选择性知觉　　　　　　　　　D. 信息过滤

四、简答题

1. 简述领导权力的来源。

2. 简述管理方格理论。

3. 情境领导模型认为领导方式与下属成熟度应如何匹配?

4. 简述费德勒的权变领导理论。

5. 简述马斯洛需要层次理论中的五种需求。

6. 简述弗雷德里克·赫茨伯格的双因素理论。

7. 简述公平理论。

8. 简述期望理论。

9. 简述强化理论。

10. 沟通中的人际障碍有哪些?

五、案例分析题

案例一

ABC 公司是一家中等规模的汽车配件生产集团。最近,对该公司的三个重要部门经理进行了一次有关领导类型的调查。

(1) 安西尔

安西尔对他本部门的产出感到自豪。他总是强调对生产过程、产出产量控制的必要性,坚持下属人员必须很好地理解生产指令以得到迅速、完整、准确的反馈。安西尔遇到小问题时,会放手交给下级去处理,当问题很严重时,他则委派几个有能力的下属人员去解决。通常情况下,他只是大致规定下属人员的工作方针、完成怎样的报告及完成期限。安西尔认为只有这样才能实现更好的合作,避免重复工作。安西尔认为对下属人员采取敬而远之的态度对一个经理来说是最好的行为方式,所谓的"亲密无间"会松懈纪律。他不主张公开谴责或表扬某个员工,相信他的每一个下属人员都有自知之明。

据安西尔说,在管理中的最大问题是下级不愿意接受责任。他讲道,他的下属人员可以有机会做许多事情,但他们并不是很努力地去做。他表示不能理解在以前他的下属人员如何能与一个毫无能力的前任经理相处。他说,他的上司对他们现在的工作运转情况非常满意。

(2) 鲍勃

鲍勃认为每个员工都有人权,他偏重管理者有义务和责任去满足员工需要的学说。他说,他常为他的员工做一些小事,如给员工两张下月在伽利略城举行的艺术展览的入场券。他认为,每张门票才 15 美元,但这价值对员工和他的妻子来说却远远超过 15 美元,这种方式也是对员工过去几个月工作的肯定。鲍勃说，他每天都要到工厂去一趟，与至少25%的员工交谈。鲍勃不愿意为难别人，他认为安西尔的管理方式过于死板，安西尔的员工也许并不那么满意，但除了忍耐别无他法。鲍勃说，他已经意识到在管理中有不利因素，但大都是由生产压力造成的。他的想法是以一个友好、粗线条的管理方式对待员工，他承认尽管在生产率上不如其他单位，但他相信他的雇员有高度的忠诚与士气，并坚信他们会因他的开明领导而努力工作。

请回答以下问题：

1. 你认为这两个部门经理各采取什么领导方式？

2. 是否每一种领导方式在特定的环境下都有效？为什么？

案例二

台湾裕隆汽车集团董事长吴舜文创造出了吴氏"目标管理"法，其具体内容是：每年的年度计划由员工自己提出，经可行性论证后，再分解为每月的目标。员工的工作积极性被最大限度地调动起来，上级的督促检查也会有的放矢，赏罚得当。这种管理机制实施起来深得人心，也卓有成效。

与此同时，她还特别关心员工生活，改善员工福利待遇。"集团激励"就是她在分配问题上的一个大胆的创新。"集团激励"是把企业的收入公开，定期结算利润，年终再加总计算。计算时请员工本人参与，让每个人都了解企业投下多少成本，应收回多少利润，哪些应归企业，哪些应按"目标管理"的达标情况分给员工。

吴舜文对员工的关心不仅表现在薪酬高，还表现在居住条件和福利待遇上。企业的厂房里有空调，工作环境好。员工们上下班有专车接送，有全日供应餐点的福利社，有供阅览进修的图书馆，还有电影院、篮球场、美容室及医疗所等服务设施。此外，已婚员工如欲购买住宅，可享受无息贷款或免息分期付款；员工有公费旅行；资助员工通过业余进修读高中、上大学或出国留学；设立子女奖学金；建立休假及退休等各种制度等。这些措施都深得人心。

吴舜文的这种严格的"目标管理"和"集团激励"等高福利政策，吸引了人才，留住了人才。员工们热爱自己的企业，热爱自己的工作，都以自己能成为裕隆的一员而骄傲。一次，某企业想挖墙脚，在裕隆门前贴了一张大红广告，上面醒目地写着"高薪征求熟练技术工"，但上下班的员工们都不屑一顾，无一人因其充满诱惑性的条件而要离开裕隆。

请回答以下问题：

1. 请用双因素理论分析吴舜文的管理。

2. 请用公平理论分析员工为什么无一人离开裕隆。

第九章 控制

 学习任务

1. 了解控制的内涵与原则。
2. 理解控制进程分类，能够区分前馈控制、现场控制和反馈控制。
3. 掌握控制的过程，能够从控制过程的角度对管理出现的偏差问题进行分析。

知识导图

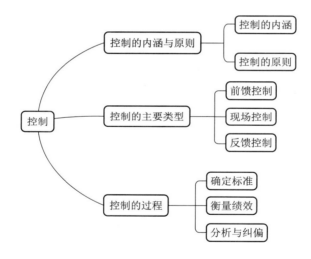

第一节　控制的内涵与原则

在许多情况下,人们制定了良好的计划,也有了适当的组织,但由于没有把握住控制这一环节,最后还是达不到预期的目的。控制是一项重要的管理职能,也是常常出现问题的职能。所以,我们必须认真思考和研究如何有效地进行控制工作。有效的控制必须具备一定的条件并遵循科学的控制原则。

一、控制的内涵

控制是指对组织内部的管理活动及其效果进行衡量和矫正,以确保组织的目标以及为此而拟定的计划得以实现。可以从以下几个方面理解控制的内涵:

(1)控制具有目的性。管理中的控制工作表现形式多种多样,但都是为了保证组织中的各项活动按计划和标准进行,以有效达成组织的特定目标。

(2)控制具有整体性。其表现在三个方面:第一,管理控制工作要以系统理论为指导,将整个组织的活动作为一个整体来看待,使各方面的控制工作能够协调进行以取得整体的优化效益;第二,管理控制工作应覆盖组织活动的各方面,组织中的各层次、各部门、各单位,以及生产经营的各个阶段,都要实施管理控制;第三,管理控制工作应成为组织全体成员的职责,而非仅是管理人员的职责。

(3)控制是通过监督和纠偏来实现的。通过组织中的控制系统,可以对组织活动及其效果进行监控,以预警或发现组织偏差的出现,分析偏差产生的原因,并采取相应的行动进行纠偏,从而保证组织目标的实现。

(四)控制是一个过程

管理控制工作不是一次行为,而是一个过程。它通过检查、监督并确定组织活动的进展情况,对实际工作与计划之间所出现的偏差加以纠正,从而确保组织目标及计划得以顺利实现。

二、控制的原则

组织要想开展有效的控制工作,应该遵循以下原则。

(一)有效标准原则

制定的控制标准必须与组织的理念与目标相一致,对员工的工作行为具有指引和导向作用,并便于对各项工作及其成果进行检查和评价。有效的控制标准应该满足简明性、适用性、一致性、可行性、可操作性、相对稳定性和前瞻性的要求。

（二）控制关键点原则

一般而言，管理者在控制过程中所面临的内外环境是复杂多变的，影响组织绩效的因素也是多种多样的，这就需要管理者善于把握问题的关键，将注意力集中于计划执行中的一些主要影响因素上。事实上，控制住了关键点，也就控制住了全局。

（三）控制趋势原则

由于管理控制中往往存在时间滞后的问题，所以面向未来的控制趋势就至关重要。对控制全局的管理者来说，重要的通常不是现状本身，而是现状所预示的趋势。控制趋势的关键在于从现状中揭示趋势，特别是在趋势显露苗头时就明察秋毫。

（四）直接控制原则

直接控制是相对于间接控制而言的。间接控制是指根据计划和标准考核工作的实际结果，分析出现偏差的原因，并追究责任者的个人责任以使其改进未来工作的一种控制方法，多见于上级管理者对下级人员工作过程的控制。间接控制是在出现了偏差、造成损失之后才采取措施，代价较大；而直接控制着眼于培养更好的主管人员，使他们能熟练地应用管理的概念、技术和原理，能以系统的观点来进行和改善他们的管理工作。通常，管理者及其下属的素质越高，对所担负的职务越能胜任，也就越能事先察觉偏差，及时采取预防措施，于是就越不需要进行间接控制，进而会减少偏差的发生以及降低进行间接控制的费用。

（五）例外原则

管理者越是集中精力对例外情况进行控制，控制的效果就会越好。该原则认为，管理者不可能控制所有活动，而应把控制的主要精力集中于一些重要的例外偏差上，以取得更高的控制效能和效率。实际中，例外原则应与控制关键点原则相结合，集中精力于关键点的例外情况控制。

第二节　控制的主要类型

按照控制的进程不同，可分为前馈控制、现场控制和反馈控制三种类型，如图 9-2-1。

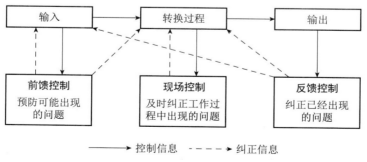

图 9-2-1　前馈、现场和反馈控制示意图

一、前馈控制

前馈控制又称事前控制或预先控制,是指组织在工作活动正式开始前对工作中可能产生的偏差进行预测和估计并采取防范措施,将可能的偏差消除于产生之前。前馈控制是一种面向未来的控制,强调防患于未然。例如,组织通常制定一系列规章制度让员工遵守,通过这种事前对基本行为的规范来保证相应工作的顺利进行。

前馈控制的优点:首先,前馈控制是在工作开始之前进行的,可以防患于未然,以避免事后控制对已铸成的差错无能为力的弊端;其次,前馈控制是在工作开始之前针对某项计划行动所依赖的条件进行控制,并不针对具体人员,因而不易造成面对面的冲突,易于被员工接受并付诸实施。

前馈控制的缺点:前馈控制需要及时和准确的信息,并要求管理人员能充分了解前馈控制因素与计划工作的影响关系,同时必须注意各种干扰因素(如一些意外的或无法预计的因素,这往往难以做到)。

二、现场控制

现场控制也称为同步控制或同期控制,是指在某项工作或活动正在进行过程中所实施的控制。现场控制是一种面对面的领导,目的是及时处理例外情况、矫正工作中发生的偏差。现场控制主要有监督和指导两项职能。监督是按照预定的标准检查正在进行的工作,以保证目标的实现;指导是管理者亲临现场,针对工作中出现的问题,根据自己的经验指导下属改进或与下属共同商讨矫正偏差的措施,促进规定任务的顺利完成。

现场控制的优点:首先,现场控制一般在工作现场进行,容易发现问题并及时予以处理,从而避免更大差错的出现;其次,现场控制具有指导职能,有助于提高工作人员的工作能力和自我控制能力。

现场控制也有很多弊端:首先,这种控制方式容易受到管理者的时间、精力和业务水平的制约,且管理者的工作作风和领导方式对控制效果有很大影响。同时,管理者也不能时时事事都进行现场控制,只能偶尔或在关键项目上使用这种控制方式。其次,现场控制的应用范围较窄。一般来说,对便于计量的工作较易进行现场控制,而对一些难以计量的工作就很难进行现场控制。最后,现场控制容易催生控制者与被控制者之间的对立情绪,容易挫伤被控制者的工作积极性。

三、反馈控制

反馈控制又称为事后控制,是指在工作结束或行为发生之后进行的控制。反馈控制把注意力主要集中于工作或行为的结果上,通过对已形成的结果进行测量、比较和分析,发现偏差情况,并据此采取相应措施,防止在今后的活动中再度发生偏差。

反馈控制的优点:一是在周期性重复活动中,可以避免下一次活动发生类似问题;二是可以消除偏差对后续活动过程的影响;三是人们可以总结经验教训,了解工作失误的原因,为下一轮工作的正确开展提供依据;四是可以提供员工奖惩的依据。

反馈控制的主要弊端:在矫正措施实施之前,偏差或损失已产生,此时只能亡羊补牢。

案　例

扁鹊的医术

魏文王问名医扁鹊说:"你们家兄弟三人,都精于医术,到底哪一位最好呢?"

扁鹊答说:"大哥最好,二哥次之,我最差。"

文王再问:"那么为什么你最出名呢?"

扁鹊答说:"我大哥治病,是治病于病情发作之前。由于一般人不知道他事先能铲除病因,所以他的名气无法传出去,只有我们家的人才知道。我二哥治病,是治病于病情初起之时。一般人以为他只能治轻微的小病,所以他的名气只及于本乡里。而我扁鹊治病,是治病于病情严重之时。一般人都看到我在经脉上穿插针管来放血、在皮肤上敷药等大手术,所以以为我的医术高明,名气因此响遍全国。"

启示:事后控制不如事中控制,事中控制不如事前控制。

第三节　控制的过程

一、确定标准

确定控制标准是进行控制工作的起点。标准是评定成效的尺度,是用来衡量组织中各项工作或行为符合组织要求程度的标尺。通过将实际工作情况与标准相比较,管理者无须亲历工作全过程就可以了解工作的进展情况。管理工作中的控制标准实际上是一系列目标,它可以用来对实际工作进行相应度量,是通过计划职能而产生的。

具体来看,在确定标准的过程中,管理者应该明确控制对象、关键控制点和控制标准。

(一)选择控制对象

对组织工作和活动进行控制的目的是实现组织目标,取得相应成果,因此,组织活动的成果应该优先作为管理控制工作的重点对象。基于此,管理者需要明确分析组织活动想要实现的目标,并提出详细规定了组织中各层次、各部门人员应取得何种工作成果的完整目标体系。按照该目标体系的要求,管理者就可以对有关成果的完成情况进行考核和控制。一般地,影响实现组织目标成果的主要因素有环境特点及其发展趋势、资源投入和活动过程。

(二)选择关键控制点

组织不可能也没必要对所有工作活动进行控制,只需要在影响组织成果的众多因素中选择若干关键环节作为重点控制对象。而对关键控制点的选择,一般应统筹考虑以下三个因素:影响整个工作运行过程的重要操作与事项,能在重大损失出现之前显示出差异的事项,能反映组织主要绩效水平的时间与空间分布均衡的控制点。

案　例

逃离高笼的袋鼠

有一天动物园的管理员们发现袋鼠从笼子里跑出来了,于是开会讨论,一致认为是笼子的高度过低,从而导致袋鼠从笼子里跳了出来。所以他们决定将笼子的高度由原来的十米加高到二十米。谁知第二天,他们发现袋鼠依旧能够跑到外面来,所以,他们又决定再将高度加高到三十米。

然而,没料到第三天居然又看到袋鼠全跑到外面来了,于是管理员们大为紧张,决定一不做二不休,索性将笼子的高度加高到一百米:"嘿嘿,这下子看你还能不能跳出如来佛的神掌?"

第四天,神了,袋鼠还是从笼子里跑了出来,而且,还在与它们的好朋友长颈鹿聊天呢。"你们看,这些人会不会再继续加高你们的笼子呢?"长颈鹿问。

"很难说,"袋鼠说:"如果他们再继续忘记关门的话!"

启示:管理者如果能准确抓住问题的关键点,那问题就会变得简单起来,从而容易控制和评价。

(三)确定控制标准

组织在选择了关键控制点后,就可以依据关键控制点确定明确的控制标准。

1. 确定控制标准的方法

一般而言,组织使用确定控制标准的方法有三种:其一,统计计算法,即根据企业的历史资料或者对比同类企业的水平,运用统计学方法来确定企业经营各方面工作的标准;其二,经验估计法,即根据管理人员的知识经验和主观判断来确定标准,这种使用经验估计法建立的标准称为经验标准;其三,工程方法,即通过对工作情况进行客观的分析,并以准确的技术参数和实测的数据为基础而制定工作标准。

2. 控制标准的类型

控制标准的类型有很多,通常可分为定量标准和定性标准两大类。

定量标准便于度量和比较,是控制标准的主要表现形式。它可以分为实物标准(如产品产量、废品数量等)、价值标准(如成本、利润、销售收入等)和时间标准(如工时定额、工期、交货期等)。

定性标准主要是指有关服务质量、组织形象等方面的标准,一般难以定量化。但在使用时仍需要尽量将定性标准客观化,以便于度量和判断。例如,对于面向顾客的服务质量,可以用有无书面投诉或顾客满意度为标准进行要求和检查。

总之,组织制定的控制标准必须与其理念和目标相一致,对员工的工作行为具有指引和导向作用,并便于对各项工作及其成果进行检查和评价。具体而言,科学的控制标准应该满足简明性、适用性、一致性、可行性、可操作性、相对稳定性和前瞻性等基本要求。

二、衡量绩效

制定控制标准是为了衡量实际业绩,取得控制对象的相关信息,把实际工作情况和标准进行比较,据此对实际工作作出评估。如果没有精确的衡量,就不可能实现有效的控制。为此,在衡量实际工作成果的过程中,管理者应该对由谁来衡量、衡量什么、如何衡量以及间隔多久进行衡量等方面作出合理安排。

(一)衡量的主体

衡量的主体强调由谁来衡量。衡量实际业绩的主体不一样,控制工作的类型也就形成差别,也会对控制效果和控制方式产生影响。例如,目标管理之所以被称为一种自我控制方法,就是因为工作的执行者同时成了工作成果的衡量者和控制者。相比之下,由上级主管或职能人员进行的衡量和控制则是一种强加的、非自主的控制。

(二)衡量的项目

衡量什么是衡量工作中最重要的方面。需要衡量的是实际工作中与已制定的标准相对应的要素。值得关注的是,由于不同的衡量项目还存在一个衡量的难易问题,所以要注意保证衡量内容的全面性和客观性,防止衡量中的畏难倾向。

(三)衡量的方法

衡量的方法强调管理者如何开展衡量。管理者可通过亲自观察、利用报表和报告、抽样调查等几种方法来获得实际工作绩效方面的资料和信息。

(四)衡量的频度

衡量的频度指的是间隔多久衡量一次实绩。对不同的衡量项目,衡量的频度可能不一样。有效控制要求确定适宜的衡量频度。

三、分析与纠偏

对实际工作加以衡量后,下一步就应该将衡量结果与标准进行对比。实际绩效可能高于、低于或等于目标要求,只有将实际绩效与标准相比较,才能确定两者之间有无偏差。在认定标准水平合适的情况下,可以将其作为成功经验予以分析总结并用于指导今后的或其他方面的工作;如果有偏差,则首先要分析偏差是否在允许的范围之内。如果偏差在允许的范围之内,则工作可以继续,但也要分析偏差产生的原因,并据此改善工作,避免偏差扩大。如果偏差较大并超出了允许范围,就应深入分析偏差产生的原因,并采取矫正措施。

(一)分析偏差

偏差就是工作的实际绩效与标准值之间的差异,实际绩效超过了设定标准的为正偏差,实际绩效低于设定标准的则为负偏差。现实中,工作活动出现偏差有时在所难免,而且并非所有偏差都会影响组织的最终业绩。因此,组织首先需要对偏差的性质进行分析和确认,以抓住问题的实质和重点。另外,组织还要对造成偏差的原因进行深入分析,切忌"头痛医头,脚痛医脚",以找出偏差的真正原因,为对症下药制订纠偏措施提供保证。

一般而言,造成偏差的原因主要有三类:一是计划指标或工作标准制定得不科学,脱离实际,本身存在偏差;二是组织外部环境中发生了没有预料到的变化,导致实际业绩偏离预期,出现偏差;三是组织内部因素的变化,如工作方法不当、组织不力、领导无方等,导致业绩偏离预期。

(二) 实施纠偏

从管理角度而言,在发现组织活动出现偏差后,只有采取必要的纠偏行动,控制才是有效的。故在深入分析并找出偏差产生的原因后,组织就应该有针对性地采取措施,对偏差进行处理和矫正。结合上述导致偏差的原因,组织相应的纠偏措施包括修订标准和改善工作。

对计划和标准的调整并不是任意的,而是要有利于组织总目标的实现。只有当事实表明计划和标准确实不合理,或环境的变化使得原有计划和标准的基础不复存在时,对计划和标准的修改才是合适的。

如果经过分析发现,计划和标准没有问题,偏差的出现是由工作本身造成的,管理者就应该采取措施来纠正行动,以改善工作绩效。纠偏行动可能涉及管理的各个方面,如管理策略、组织结构、领导方式、员工培训、人员调整等。值得关注的是,只有对问题作了彻底分析后,管理人员才能采取适当的纠偏行动。

思考与练习

一、名词解释

1. 控制

2. 前馈控制

3. 现场控制

二、判断题

1. 控制工作只需要覆盖生产过程即可。　　　　　　　　　　　　　　　　(　　)

2. 控制工作不是一次行为,而是一个过程。　　　　　　　　　　　　　　(　　)

3. 管理者越是集中精力对例外情况进行控制,控制效果就会越好。　　　　(　　)

4. 对于一些难以计量的工作可以实现现场控制。　　　　　　　　　　　　(　　)

5. 定性控制标准一般难以量化,如时间标准、服务质量标准等。　　　　　(　　)

6. 并非所有偏差都会影响组织的最终业绩。　　　　　　　　　　　　　　(　　)

7. 控制工作仅是管理人员的职责而非全体组织成员的职责。　　　　　　　(　　)

8. 前馈控制是一种面向未来的控制,强调防患于未然。　　　　　　　　　(　　)

9. 组织有必要对所有工作活动进行控制。　　　　　　　　　　　　　　　(　　)

三、单选题

1. 下列不属于有效控制基本要求的是（　　）。

A. 复杂性　　　　B. 可行性　　　　C. 一致性　　　　D. 前瞻性

2. 未雨绸缪反映要加强（　　）。

A. 直接控制　　　B. 间接控制　　　C. 现场控制　　　D. 前馈控制

3. 下列不属于根据控制进程分类的是（　　）。

A. 前馈控制　　　B. 现场控制　　　C. 直接控制　　　D. 反馈控制

4. 下列不属于反馈控制局限性的是（　　）。

A. 偏差已发生　　　　　　　　　B. 损失已存在

C. 存在时滞性　　　　　　　　　D. 管理者能力短板

5. 在某项工作或活动正在进行过程中所实施的控制称为（　　）。

A. 前馈控制　　　B. 现场控制　　　C. 直接控制　　　D. 反馈控制

6. 根据计划和标准考核工作的实际结果，分析出现偏差的原因，并追究责任者的个人责任以改进未来工作的一种控制方法属于（　　）。

A. 直接控制　　　B. 间接控制　　　C. 现场控制　　　D. 前馈控制

7. 组织在工作活动正式开始前对工作中可能产生的偏差进行预测和估计并采取防范措施的控制方法属于（　　）。

A. 前馈控制　　　B. 现场控制　　　C. 同步控制　　　D. 反馈控制

8. 进行控制工作的起点是（　　）。

A. 确定标准　　　B. 衡量绩效　　　C. 分析偏差　　　D. 纠正偏差

四、简答题

1. 简述开展有效控制工作应该遵循哪些原则。
2. 简述前馈控制的特征及优缺点。
3. 简述现场控制的特征及优缺点。
4. 简述反馈控制的特征及优缺点。
5. 简述控制的基本过程。

五、案例分析题

电子商务时代的管理者必须应对什么样的管理问题呢？

调查发现，企业员工在电子商务环境下工作时特别容易精神涣散，尤其是在他们的工作没有趣味或他们承受着特别大的压力时。一方面，由于电子计算机是所有电子商务的核心，所以员工必须在电子计算机前工作并接受在线信息。因此，员工在为工作而上网时就不可避免会有网上冲浪、网上聊天、玩在线游戏或其他类型的在线娱乐之类的分散精力行为，更严重的是有的员工会利用工作时间在网上进行个人商务活动，如炒股票、买卖基金等行为。另一方面，许多电子商务企业的员工是虚拟员工，他们在城市的各个地方，或者世界各地。他们与公司经理仅仅通过计算机进行联系。针对这类员工，管理者根本没有机会进行日常的走动式管理，更无法控制员工的一些有害的工作行为如骚扰、偏见、歧视等。

请你利用控制工作的相关内容对上述两种现象进行分析并提出对策建议。

 **学习任务**

1. 理解管理创新的内涵，能够简单描述管理创新的丰富内涵。

2. 掌握管理工作中的维持与创新之间的关系，能够比较准确地归纳维持活动与创新活动的逻辑关系。

3. 了解不同方式的管理创新，能够从创新程度、变革方式和组织化程度对管理创新类型进行区分。

 知识导图

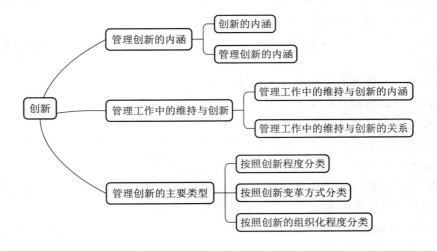

第一节　管理创新的内涵

一、创新的内涵

创新从广义上来讲,是指产生新的思想和行为的活动。德鲁克认为,任何改变现存物质财富、创造潜力的方式都可以称为创新;创新是新思想的运行,是付诸行动的一切新的想法。

二、管理创新的内涵

熊彼特从经济学视角提出,管理创新是一种建立新的生产组合的过程。它包括五种基本形式:一是引入一种新产品或者某产品的一种新的特性;二是引入一种新的生产方式,这里的生产方式并不是技术层面的,而是商业层面的;三是开辟新市场,即组织以前不曾进入过这个市场;四是获得原材料或半成品的一种新的供应来源;五是建立任何一种新的组织形式。

从管理学的一般角度来看,管理创新活动是相对于维持活动的另一类管理活动,它是在探究人类创新活动规律的基础上,对管理活动进行改变的过程,是一种产生新的管理思想和新的管理行为的过程。对于企业而言,管理创新是指企业把新的管理要素(如新的管理方法、管理手段、管理模式等)或要素组合引入企业管理系统,创造一种新的更有效的资源整合范式,以更有效地实现组织目标的活动。管理创新概念具有丰富的内涵。

(一)管理活动由维持活动与创新活动构成

维持活动是对组织系统目标、结构和运行规则的设计、启动和监视;创新活动则是面对组织系统与环境不协调情况,对组织系统调整与改变的过程。一方面,创新活动有别于维持活动,管理创新活动是面对新的环境变化而产生新的思想和新的行为的活动;另一方面,创新活动是通过设计、启动和监视等维持活动来落实的。组织系统的任何管理工作无不包含在维持或创新中。

(二)管理创新是一定管理思想和行动的结果

不管组织管理系统设计、启动和监视,还是组织管理调整与变化,它们都是一定管理思想和行动的结果。即管理创新不仅包括对管理职能活动的变革与创新(流创新),更包括这些职能活动背后的思维创新(源创新)。

(三)管理创新中的"管理",既是名词,也是动词

作为名词的管理创新是指管理工作的创新活动,而作为动词的管理创新是指对于人类创新活动的积极管理过程。为了更清晰地区分两层含义,我们将这种过程称为创新管理。

第二节　管理工作中的维持与创新

一、管理工作中的维持与创新的内涵

维持是保证系统活动顺利进行的基本手段,也是组织中最常见的工作。管理的维持职能便是严格地按照预定的规划来监视和修正系统的运行,尽力避免各子系统之间的摩擦,或减少摩擦而产生的内耗,以保证系统的有效性,确保系统的稳定运行和持续发展。

创新是维持基础上的发展,是任何组织发展的基础,是组织获取经济增长的源泉。创新是创造性思维与组织效益之间具有直接的正相关性,是组织摆脱发展危机的途径。创新是管理系统不断适应内外环境变化,进行局部和全部调整的过程,以新的方式作出新的贡献,实现组织的持续发展和竞争优势。

二、管理工作中的维持与创新的关系

作为管理的两个基本环节,维持与创新对系统的生存发展都是非常重要的,它们是相互联系、不可或缺的:创新是维持基础上的发展,而维持则是创新的逻辑延续;维持是实现创新的成果,而创新则为更高层次的维持提供了依托和框架;任何管理工作都应围绕着系统运转的维持和创新而展开,只有创新没有维持,系统时时刻刻会呈现无所不变的无序的混乱状态,而只有维持没有创新,系统则缺乏活力,适应不了任何外界变化,最终会被环境淘汰;创新管理与维持管理在逻辑上表现为相互连接、互为延续的链条。组织的管理总是从创新到维持、再到创新和再到维持这样循环反复的过程。

总之,有效管理是实现维持与创新最优组合的管理。维持与创新逻辑上的相互连接、互为延续的关系并不意味着两者在空间和时间上的分离。事实上,组织管理活动是维持和创新的相互融合。有效管理就是要根据组织的结构维度和关联维度来确定维持和创新的组合。

第三节　管理创新的主要类型

一、按照创新程度分类

管理创新按照创新程度分为渐进式创新与破坏性创新。渐进式创新是对现有的管理理念和管理方法进行局部性改进而产生的一种新的管理活动。破坏性创新则是对于现有管理理论、手段和方法的根本性突破。

二、按照创新变革方式分类

管理创新按照创新变革方式分为局部创新、整体创新、要素创新和结构创新。局部创新是指在系统性质和目标不变的前提下,系统活动的某些内容、某些要素的性质或其相互组合的方式,系统的社会贡献的形式或方式等发生变动。整体创新则往往改变系统的目标和使命,涉及系统的目标和运行方式,影响系统的社会贡献的性质。要素创新是指对于构成整个管理活动的基本要素进行的创新。结构创新是在管理投入要素的核心概念不变的情况下,对于要素组合方式进行的创新。

三、按照创新的组织化程度分类

按照创新的组织化程度分为自发创新和有组织创新。自发创新是指系统内部与外部直接联系的各子系统接收到环境变化的信号以后,必然会在其工作内容、工作方式、工作目标等方面进行积极或消极的调整,以应对变化或适应变化的要求。自发创新的结果是不确定的。有组织的创新包含两层意思:一是系统的管理人员根据创新的客观要求和创新活动本身的客观规律制度化地检查外部环境状况和内部工作,寻求和利用创新机会,计划和组织创新活动。二是系统的管理人员要积极地引导和利用各要素的自发创新,使之相互协调并与系统有计划的创新活动相配合,使整个系统内的创新活动有计划、有组织地展开。只有有组织的创新,才能给系统带来预期的、积极的、比较确定的结果。

 案 例

数字浪潮下的创新典范[①]

在数字浪潮澎湃的今天,"新质生产力"和"新型工业化"成为时代经济转型升级和高质量发展的核心支柱,驱动着信息技术与实体经济深度融合,重塑产业格局,构建起一个数实融合、创新驱动的繁荣生态。随着"数字强国"信号的持续释放,第七届数字中国建设峰会再次落地福州。其间,以"数智赋能产业创新升级 共筑美好"为主题的2024华为产业数智创新生态大会于5月23日同步举办。为了深入探索产业发展的机遇与路径,华为携手汽车、医疗、工业互联网等产业各方,以新质生产力为媒,谱写数字时代下华为与产业共进共赢的新篇章。

◆ 工业软件创新实践,依柯力联合华为云构建新能源汽车数字化智慧工厂解决方案

在汽车工业领域,随着智能化、网联化趋势的持续深化,产业链企业正积极依托人工智能、云计算、物联网和大数据等前沿科技,革新传统制造模式,加速产业升级步伐。依柯力信息科技(上海)股份有限公司(以下简称"依柯力")作为新能源工业软件领域的领先企业,是某头部主机厂汽车信息化战略合作伙伴,同时也是华为云工业软件体系的重要生态伙伴。在我国"双碳"战略的号召下,依柯力与华为云积极展开合作,共同为构建新一代汽车数字化

---

① 案例资料来源:https://baijiahao.baidu.com/s? id＝18001991177964131403&wfr＝spider&for＝pc

工厂联合提供解决方案。

截至目前,这一联合解决方案已在多个顶级汽车整车制造厂商的建设项目中成功实施并投入使用,不仅助力企业显著提升效能、优化供应链协同,加速了企业数字化进程,同时也强化了华为云在汽车行业的生态布局,为行业数智化发展树立了典范。

◆ 狄耐克深耕"AI+医疗",基于 OpenHarmony 助力智慧康养产业发展

在"AI+医疗"的深度融合趋势下,医疗领域正经历一场前所未有的数字化变革,智慧病房、智能问诊、个性化健康管理等创新应用场景层出不穷,标志着我国数字医疗产业进入了高速发展期,向着"健康中国"目标加速前进。以医疗产业数智升级为背景,厦门狄耐克物联智慧科技有限公司(以下简称"狄耐克")先试先行,联合华为发布智慧医护空间联合解决方案、鸿蒙智慧病房解决方案等,成为医护对讲行业首个加入鸿蒙系统的场景化解决方案综合服务商。

目前,该解决方案已在上海杨浦区中心医院和四川大学华西厦门医院成功落地。从万物互联到万物"护"联,狄耐克与华为携手同行,全面提升医疗服务质量与效率、优化医疗资源配置,推动医疗行业数字化发展走深向实。未来,双方将以智慧社区为发力点,以智慧康养为牵引线,以大健康产业为发展面,点线面全要素发力,以新质生产力助力产业升级,构建美好健康新生活。

◆ 科大讯飞锻造大模型能力,多领域成果沉淀赋能生产生活

当前,通用人工智能逐渐成为推动新型工业化进程的关键力量。无论是大模型 GPT-4o、文生视频大模型 Sora,还是多模态 AI 模型 Gemini 等,认知大模型实现了技术阶跃和快速进化,正在全球掀起 AI 热潮。认知大模型百花齐放,将为人类带来怎样的新机遇?解决哪些实际问题?科大讯飞星火军团副总经理王子竹对此总结了通用人工智能所具备的七大核心能力,即文本生成、语言理解、知识问答、逻辑推理、数学能力、代码能力及多模态能力。也正是基于这些能力,讯飞星火认知大模型在华为算力的支持下,经过持续迭代,目前的V3.5 版本已经实现七大能力的全面提升,并成为首个基于全国产算力训练的全民开放大模型。目前已在医疗、健康、教育、工业等领域广泛应用。

在探索更多大模型能力的过程中,华为助力科大讯飞基于生成式 AI 基础软硬件和深色的模型框架,以及持续的高性能 AI 芯片和算子库进行调优。在多卡高速互联和分布式存储方面,构建了国内首个支持万亿级浮点参数训练的国产化算力集群——"飞星一号",成为"昇腾+星火"联合突破算力底座的重要成果。此外,科大讯飞基于大模型能力,在供应链采购、企业服务、智能客服、生物医药等领域均沉淀了创新成果,取得了全场景、全渠道、全流程的业务成效。

启示:企业要适应外部环境的变化,需不断创新才能更好地实现可持续发展。在数字中国建设的宏伟蓝图下,华为云正与产业伙伴强强联合,为千行万业树立了技术创新与行业应用深度融合的典范。展望未来,随着更多如依柯力、狄耐克、科大讯飞等创新企业的不断涌现,华为云的伙伴生态将更加枝繁叶茂,能够携手为全球产业创新增长贡献智慧与力量。

思考与练习

一、名词解释

1. 管理创新

2. 渐进式创新

3. 自发创新

二、判断题

1. 从狭义来讲,创新是指产生新的思想和行为的活动。　　　　　　　　　（　　）

2. 创新思维是以肯定为前提,是收敛性思维与发散性思维的有机统一。　　（　　）

3. 组织系统的任何管理工作都包含在维持或创新中。　　　　　　　　　（　　）

4. 有效管理是实现维持与创新最优组合的管理。　　　　　　　　　　　（　　）

5. 自发创新的结果是确定的。　　　　　　　　　　　　　　　　　　　（　　）

6. 一种新知识的出现,对企业创新活动没有影响。　　　　　　　　　　（　　）

三、单选题

1. 下列不属于管理创新基本形式的是(　　)。

A. 引入新产品　　　　　　　　　　　B. 维持原产品

C. 开辟新市场　　　　　　　　　　　D. 建立新组织形式

2. 下列关于管理创新内涵说法,错误的是(　　)。

A. 管理活动是由维持活动与创新活动构成的

B. 创新活动有别于维持活动

C. 管理创新包括流创新和源创新

D. 管理创新中的"管理"是名词,强调管理工作中的创新活动

3. 下列关于维持与创新说法,错误的是(　　)。

A. 创新是维持基础上的发展　　　　　B. 创新是维持的逻辑延续

C. 维持是实现创新的成果　　　　　　D. 创新为更高层次的维持提供依托

4. 在系统性质和目标不变的前提下,对于系统活动的某些内容、某些要素的性质或相互组合方式等进行的创新属于(　　)。

A. 局部创新　　　B. 整体创新　　　C. 要素创新　　　D. 结构创新

5. 下列不属于不同职能领域管理创新的是(　　)。

A. 战略创新　　　B. 组织创新　　　C. 领导创新　　　D. 自发创新

6. 下列不属于不同要素水平管理创新的是(　　)。

A. 管理思维创新　　　　　　　　　　B. 管理组织创新

C. 管理环境创新　　　　　　　　　　D. 管理技术与方法创新

四、简答题

1. 简述管理工作中创新和维持间的关系。

2. 简述管理创新的丰富内涵。

五、案例分析题

一家公司投入多少研发经费并不重要，因为真正重要的是在颠覆性创意上的花费，那跟维护老的想法并非一回事。经常出现的情况是，公司将大部分研发经费用于改进原有产品，以使其更便宜、更易操控、速度更快或者拥有更多功能，而不是用来寻找或开发一种能够带来更高回报率的颠覆性技术。如今人们对创新的呼声非常大，不幸的是，尽管公司在这方面投入巨资，可大多数"创新"却名不副实，这也是那些公司无法发展的原因所在。

柯达公司就是一个例子。柯达发明了业余摄影技术，其廉价的相机、胶卷以及相纸产品改变了人们的摄影观念，公司也因此实现了数十年的收益增长。随着业余摄影迈向数码技术，胶卷不再被需要，照片冲印也变少了，甚至连相机热卖的景象也消失了。但大多数人不知道的是，数码摄影技术也是柯达发明的！柯达首创了这项技术，并首次将之投入使用，但没有真正将它推向市场，他们担心这会和胶卷业务自相残杀。为了维护和扩大原有业务，柯达将数码摄影技术授权给相机厂商，放弃了相关研发投入，将重点放回到公司的核心业务上。柯达继续让胶卷技术变得更好、更快以及更便宜，直到没人再关心。

结合案例，讨论在当今环境下，组织需要什么样的创新战略。

附录一 模拟试卷

模拟试卷一

一、单项选择题(本大题共 20 小题,每小题 2 分,共 40 分)

1. 资源的稀缺性是指(　　)。

A. 资源的绝对有限性　　　　　　　　B. 资源的充足性

C. 资源的稀少性　　　　　　　　　　D. 资源的相对有限性

2. 居民户在某一特定时期内,在每一价格水平下愿意而且能够购买的商品量是(　　)。

A. 供给量　　　　B. 交易量　　　　C. 需求　　　　D. 购买量

3. 如果 A 物品价格上升引起 B 物品需求曲线向左方移动,那么(　　)。

A. 两者是互补品　　B. 两者是替代品　　C. B 是低档品　　D. A 是正常品

4. 效用是(　　)。

A. 某商品需求曲线的下降比率

B. 某商品的相对稀缺性

C. 消费者从某种商品或劳务的消费中获得的满足

D. 某商品的用途

5. 随着消费量的增加,消费者从连续增加的消费单位中所得到的边际效用是(　　)。

A. 递增的　　　　B. 递减的　　　　C. 不变的　　　　D. 不确定

6. 生产函数表示(　　)。

A. 一定数量的投入,至少能生产多少产品

B. 投入与产出的关系

C. 生产一定数量的产品,最多要投入多少生产要素

D. 以上都对

7. 在经济学中,短期是指(　　)。

A. 一年或一年以内的时期

B. 在这一时期内所有投入要素均是固定不变的

C. 在这一时期内所有投入要素均是可以变动的

D. 在这一时期内生产者来不及调整全部生产要素的数量,至少有一种生产要素的数量是固定不变的

8. 在垄断竞争中,(　　　)。

A. 只有为数很少几个厂商生产有差异的产品

B. 有许多厂商生产同质产品

C. 只有为数很少几个厂商生产同质产品

D. 有许多厂商生产有差异的产品

9. (　　　)第一个全面系统地提出管理的计划、组织、指挥、协调与控制五项职能。

A. 韦伯　　　　　　B. 法约尔　　　　　　C. 泰勒　　　　　　D. 罗伯特·欧文

10. 用正确的方法做正确的事,这体现的是(　　　)。

A. 人本原理　　　　B. 系统原理　　　　C. 效益原理　　　　D. 适度原理

11. 往往只能凭决策者的经验、主观判断以及风险偏好作出的决策是(　　　)。

A. 确定型决策　　　B. 风险型决策　　　C. 不确定型决策　　D. 程序化决策

12. 采用 SWOT 分析方法对企业内外部环境进行综合分析。其中,S 表示(　　　)。

A. 优势　　　　　　B. 劣势　　　　　　C. 机会　　　　　　D. 威胁

13. 根据计划的履行时间的长短,可以把计划分类为(　　　)。

A. 长期计划、中期计划和短期计划　　　B. 程序性计划和非程序性计划

C. 正式计划和非正式计划　　　　　　　D. 战略计划、战术计划和作业计划

14. 矩阵制组织的主要缺点是(　　　)。

A. 分权不充分　　　　　　　　　　　B. 组织稳定性差

C. 对项目经理要求高　　　　　　　　D. 协调难度大

15. 某公司销售部经理被批评为"控制得太多,而领导得太少",据此你认为该经理在工作中存在的主要问题可能是(　　　)。

A. 对下属销售人员的疾苦没有给予足够的关心

B. 对销售任务的完成没有给予充分的关注

C. 事无巨细,过分亲力亲为

D. 没有为下属销售人员制定明确的奋斗目标

16. 非正式组织的积极作用不包括(　　　)。

A. 满足组织成员的需要　　　　　　　B. 滋生小道消息

C. 增加组织成员间的默契　　　　　　D. 利于组织活动的有序开展

17. 关于目标管理,以下说法错误的是(　　　)。

A. 目标管理鼓励组织成员积极参加工作目标的制订

B. 目标管理工作中实行员工自我控制、自觉完成工作任务

C. 目标管理的重点是让组织中的各层管理人员都与下属围绕工作目标和如何完成目标进行充分沟通

D. 目标管理中的目标是由组织的最高管理者设定

18. 领导权力的来源不包括(   )。

A. 奖赏权力　　　　B. 强制权力　　　　C. 法定权力　　　　D. 分权

19. 费德勒对情境是否有利进行分析的维度不包括(   )。

A. 组织规模　　　　　　　　　　B. 领导者—成员关系

C. 任务结构　　　　　　　　　　E. 职位权力

20.(   )忽视市场的竞争和技术的变化,导致组织反应能力的下降,使得组织失去发展的机会。

A. 错误领导　　　　B. 过度创新　　　　C. 事中控制　　　　D. 过度维持

二、判断题(本大题共 20 小题,每小题 1 分,共 20 分)

1. 基数效用论的分析方法包括边际效用分析和无差异曲线分析方法。　(   )

2. 如果一个人选择了上学而不是工作,那他的机会成本等于他在学习期间的学费。　(   )

3. 在完全竞争市场上,各生产者和各消费者都是市场价格的接受者。　(   )

4. 垄断企业可以任意制定价格。　(   )

5. 只要商品价格高于平均变动成本,企业就应继续生产。　(   )

6. 边际成本曲线在达到一定产量水平后趋于上升是由边际产量递减规律造成的。　(   )

7. 在边际产量发生递减时,如果要增加同样数量的产品,应该同比例增加变动生产要素的投入量。　(   )

8. 用商品 X 代替商品 y 的边际替代率等于 3,意味着 1 单位商品 X 和 3 单位商品 y 具有同样的总效用。　(   )

9. 根据系统论的观点,管理活动所要处理的每一个问题都是系统中的问题。　(   )

10. 目标管理是德鲁克 1954 年在《管理的实践》一书中提出来的。　(   )

11. 波特五力模型分析法是最常用的外部宏观环境分析技术。　(   )

12. 决策过程中,问题的识别是决策的首要步骤,为其他环节提供了行动展开的基础。　(   )

13. 随着组织规模的扩大,人员增多未必带来高效率。　(   )

14. 直线职能制组织结构的特点是组织中所有职位都实行从上到下的垂直领导,下级部门只接受一个上级的指令,各级负责人对其下属的一切问题负责。　(   )

15. 有效的沟通不仅包括信息的传递,还包括信息的被理解。　(   )

16. 事前控制是一种面向未来的控制,强调防患于未然。　(   )

17. 所有的偏差都会影响组织的最终业绩。　(   )

18. 任何管理工作都应围绕着系统运转的维持和创新而展开,只有创新没有维持,系统时时刻刻会呈现无所不变的无序的混乱状态,而只有维持没有创新,系统则缺乏活力,适应不了任何外界变化,最终会被环境淘汰。　(   )

19. 公平理论主要研究报酬分配的合理性、公平性对人们工作积极性的影响。　(   )

20. 物质层的组织文化是组织价值观的核心,是组织文化的灵魂。　(   )

三、名词解释(本大题共 5 小题,每小题 4 分,共 20 分)

1. 需求
2. 效用
3. 机会成本
4. 计划
5. 正强化

四、简答题(本大题共 5 小题,每小题 8 分,共 40 分)

1. 总产量、平均产量和边际产量之间的关系如何?
2. 简述消费者偏好的四个假设。
3. 简述决定市场结构类型划分的主要因素。
4. 简述目标管理的过程。
5. 简述双因素理论的主要观点。

五、案例分析题(本大题共 2 大题,每个案例 15 分,共 30 分)

案例一

马主任供职于一家国有大型电力企业,是该企业重要生产部门——运行部的主任。2020 年,企业进行机构设置优化以及奖金制度改革。原脱硫、化学两个分部的运行人员被整体划入马主任所在部门。同时,公司提高奖金基数以及员工的奖金系数,每月按照"基数×系数"的标准发放员工月度奖金,并另外划拨一定数额款项至部门,由部门根据员工工作表现进行再次分配。管辖范围变大了,员工人数增多了,部门自主权增加了,马主任的烦恼也来了。

为用好公司另外划拨的奖金,真正激发员工的工作积极性,做到奖勤罚懒,马主任主持起草了《部门绩效奖励办法(试行)》,突出业绩优先、不搞平均、动态激励以及公平公正的原则,并且对奖励事项、奖励力度等作了详细规定。可这份精心编制的绩效奖励办法却遭到了很多员工的质疑与反对,迟迟不能正式推行。马主任深感不解,一气之下决定召开职工代表大会,强行通过该办法。但投票结果显然没能让马主任满意,这份绩效奖励办法只能暂时搁置。办法通不过,奖金分配不下去,来自公司的压力以及部门员工的压力让马主任如坐针毡。偏偏这时,其他部门领导都表示对办法的具体内容不知情,这更将马主任推上了这场风波的风口浪尖。

马主任很无奈也很委屈:在制定绩效奖励办法的过程中,自己充分考虑了各工种的工作性质及劳动强度,并在分配系数上有所体现,应该是考虑到了公平这个因素,但员工们反映最多的居然是"不公平";其他领导班子成员在这个时候没有人声援和支持自己,纷纷表示"不知情"。这到底是哪里出了错误?

综合材料回答下列问题:

(1)从沟通角度来看,为什么其他领导都对办法不知情?(8 分)

(2)如何解决马主任的沟通问题?(7 分)

案例二

助理工程师赵一，一个名牌大学高才生，毕业后已工作8年，于4年前应聘调到一家大厂工程部，负责技术工作。他工作勤恳负责，技术能力强，很快就成为厂里有口皆碑的"四大金刚"之一，名字仅排在厂技术部主管陈工之后。然而，其工资却同仓管人员不相上下，夫妻小孩三口尚住在来时住的那间平房。对此，他心中时常感到有些不平。

厂长张二，一个有名的识才的老厂长，"人能尽其才，物能尽其用，货能畅其流"的孙中山先生名言，在各种公开场合不知被他引述了多少遍，实际上他也是这样做的。4年前，赵一来报到时，门口用红纸写的"热烈欢迎赵一工程师到我厂工作"几个颜体大字，是张厂长亲自吩咐人秘部主任落实的，并且交代要把"助理工程师"的"助理"两字去掉。这确实使赵一当时工作更卖劲。

两年前，厂里有指标申报工程师，赵一属于有条件申报之列，但名额却让给一个没有文凭、工作能力平平的若同志。他想问一下厂长，谁知，他未去找厂长，厂长却先来找他了："赵工，你年轻，机会有的是。"去年，他想反映一下工资问题，这问题确实重要，来这里的其中一个目的不就是想得高一点工资、提高一下生活质量吗？但是几次想开口，都没有勇气讲出来。因为厂长不仅在生产会上大夸他的成绩，而且，曾记得，有几次外地人来取经，张厂长当着客人的面赞扬他："赵工是我们厂的技术骨干，是一个有创新的……"哪怕厂长再忙，路上相见时，总会拍拍赵工的肩膀说两句，诸如"赵工，干得不错""赵工，你很有前途"……这的确让赵一兴奋，觉得"张厂长确实是一个伯乐"。此言不假，前段时间，厂长还把一项开发新产品的重任交给他呢，大胆起用年轻人，然而……

最近，厂里新建好了一批职工宿舍，听说数量比较多，赵一决心要反映一下住房问题，谁知这次张厂长又先找他，还是像以前一样，笑着拍拍他的肩膀说："赵工，厂里有意培养你入党，我当你的介绍人。"他又不好开口了，结果家没有搬成。

深夜，赵一对着一张报纸的招聘栏出神。第二天一早，张厂长办公台面上放着一张小纸条："张厂长：您是一个懂得使用人才的好领导，我十分敬佩您，但我决定走了。"

综合材料回答下列问题：

1. 赵一为什么会选择离开？（8分）

2. 该案例有什么启示？（7分）

模拟试卷二

一、单项选择题(本大题共 20 小题,每小题 2 分,共 40 分)

1. 需求是指某种物品需求量与其(　　)之间的整个关系。

A. 成本   B. 利润   C. 价格   D. 支付能力

2. 需求定理意味着,其他条件不变的条件下,(　　)。

A. 随着汽车价格的上升,汽车的需求量将增加

B. 随着汽车价格的上升,汽车的需求量将减少

C. 随着收入的增加,汽车的需求量将增加

D. 随着对汽车需求的增加,价格将上升

3. 需求变动与需求量变动最本质的区别在于(　　)。

A. 没有什么区别   B. 是不是由商品本身价格变动所引起

C. 价格是否变动   D. 交易量是否变动

4. 市场价格低于均衡价格的现象,说明(　　)。

A. 市场需求旺盛   B. 市场过于疲软

C. 市场供不应求   D. 市场供过于求

5. 消费者想要一单位 X 的心情甚于想要一单位的 Y,原因是(　　)。

A. X 有更多的效用   B. X 的价格比较低

C. X 是紧缺商品   D. X 能满足精神需要

6. 在同一条无差异曲线上,消费者所达到的效用水平是(　　)。

A. 相等的   B. 不相等的

C. 不确定的   D. 由收入决定的

7. 同一条无差异曲线上的不同点表示(　　)。

A. 效用水平不同,但所消费的两种商品组合比例相同

B. 效用水平相同,但所消费的两种商品组合比例不同

C. 效用水平不同,两种商品的组合比例也不相同

D. 效用水平相同,两种商品的组合比例也相同

8. 等产量曲线是指在这条曲线上的各点代表(　　)。

A. 为生产同等产量投入要素的各种组合比例是不能变化的

B. 为生产同等产量投入要素的价格是不变的

C. 不管投入各种要素量如何,产量总是相等的

D. 投入要素的各种组合所能生产的产量都是相等的

9. 某企业在管理实践中注重把爱员工、爱客户和爱社会作为企业核心准则,说明这家企业依循的是(　　)。

A. 人本原理   B. 系统原理   C. 效益原理   D. 适度原理

10. 企业中管理干部的管理幅度，是指（　　）。

A. 直接管理的下属数量　　　　　　　　B. 所管理的部门数量

C. 所管理的全部下属数量　　　　　　　D. B 和 C

11. 从对组织影响程度来看，下列哪个计划对组织影响最深远（　　）。

A. 战略计划　　　B. 战术计划　　　C. 正式计划　　　D. 非正式计划

12. 如果一个组织刚刚开始成立，那么适合的组织结构是（　　）。

A. 矩阵制组织结构　　　　　　　　　　B. 职能制组织结构

C. 直线制组织结构　　　　　　　　　　D. 事业部制组织结构

13. 当组织规模一定时，管理幅度和管理层次的关系呈现为（　　）。

A. 没有关系　　　B. 正比　　　C. 反比　　　D. 不一定

14. 戴立在改革开放初期创立了一家小型私营食品企业。由于产品口味好、价格面向一般大众，很快就树立了消费者认可的品牌，销路非常好。在此情况下，戴立企业的员工人数也随之增加，由原来的 6 名家族成员增加到现有的 120 名，工厂规模也扩大了很多。在感受成功喜悦的同时，戴立也意识到前所未有的困扰——他越来越感觉工作力不从心。每天疲于奔命处理各种各样的琐事。尽管如此，但是，工厂的管理还是给人以很混乱的感觉。为此，戴立请教了许多人，具有代表性的建议有以下 4 种，以下哪种方法你认为最有效？（　　）。

A. 戴立应抽出时间去某著名商学院接受管理方面的培训

B. 应聘请一位顾问，帮他出谋划策

C. 对于企业的组织结构进行改组，在戴立和一线工人之间增加一个管理层

D. 应招聘一位能干的助理，帮助他处理各种琐事

15. 双因素理论中的双因素指的是（　　）。

A. 人和物的因素　　　　　　　　　　　B. 信息与环境

C. 自然因素和社会因素　　　　　　　　D. 保健因素与激励因素

16. 在整个组织文化中处于核心地位，为组织文化灵魂的是（　　）。

A. 物质层　　　B. 行为层　　　C. 制度层　　　D. 精神层

17. 赫塞和布兰查德情境领导模型中的"情境"关注的是（　　）。

A. 下属的需要　　　B. 下属成熟度　　　C. 下属工作任务　　　D. 与下属的关系

18. 由于管理控制中往往存在时间滞后的问题，所以管理者要注意（　　）。

A. 直接控制原则　　　　　　　　　　　B. 控制趋势原则

C. 例外原则　　　　　　　　　　　　　D. 有效标准原则

19. 采用 SWOT 分析方法对企业内外部环境进行综合分析。其中，W 表示（　　）。

A. 优势　　　B. 劣势　　　C. 机会　　　D. 威胁

20.（　　）是对现有的管理理念和管理方法进行局部性改进而产生的一种新的管理活动。

A. 渐进式创新　　　B. 破坏性创新　　　C. 整体创新　　　D. 战略创新

二、判断题（本大题共 20 小题，每小题 1 分，共 20 分）

1. 边际成本低于平均成本时，平均可变成本可能上升也可能下降。（　　）

2. 随着产量增加,短期平均可变成本先增加后减少。 （　　）

3. 只要边际产量减少,总产量一定也减少。 （　　）

4. 在总量、平均产量和边际产量的变化过程中,边际产量下降首先发生。 （　　）

5. 边际产量递减时,平均产量不可能递增。 （　　）

6. 当劳动的总产量下降时,MP_L 为零。 （　　）

7. 对于一种商品,消费者想要有的数量都已有了,这时边际效用为零。 （　　）

8. 其他条件不变,货币收入增加会使消费者的消费预算约束线向左移。 （　　）

9. 管理的本质是对个体及其行为的管理。 （　　）

10. 韦伯认为,只有法理型权力才能成为科层组织的基础。 （　　）

11. 美国学者德鲁克是目标管理的创始人。 （　　）

12. 从决策主体人数来看,决策可以分为程序化决策和非程序化决策两种类型。

（　　）

13. 计划就是面向未来的,因此在计划编制过程中,人们就必须对各种变化进行合理预期。 （　　）

14. 事业部制组织结构适用于一些临时性的、需要多个部门密切配合的项目。 （　　）

15. 非正式组织对正式组织的影响既有积极的一面,也有消极的一面。 （　　）

16. 组织文化作为组织集体的共有价值观,引导组织成员日常行为,被组织成员所普遍认可。 （　　）

17. 一般来说,集权或分权的程度,常常根据各管理层次拥有的决策权的情况来衡量。

（　　）

18. 组织有必要对所有工作活动进行控制。 （　　）

19. 现场控制是一种面对面的领导,目的是及时处理例外情况、矫正工作中发生的偏差。

（　　）

20. 创新即管理者根据内外部环境变化,判断未来发展趋势,及时更新资源配置、技术手段等内容的过程。 （　　）

三、名词解释(本大题共 5 小题,每小题 4 分,共 20 分)

1. 供给

2. 效用

3. 价格歧视

4. 管理

5. 决策

四、简答题(本大题共 5 小题,每小题 8 分,共 40 分)

1. 简述影响需求的其他因素。

2. 什么是边际替代率? 边际替代率为什么呈现递减趋势?

3. 简述边际效用与总效用的关系。

4. 简述 PEST 分析方法。

5. 简述前馈控制及其优缺点。

五、案例分析题(本大题共 2 大题,每个案例 15 分,共 30 分)

案例一

一家电器公司决定在整个公司内实行目标管理。事实上之前他们在为销售部门设计奖金系统时已经用了这个方法。公司通过对比实际销售额与目标销售额,支付给销售人员相应的奖金,这样销售人员的实际薪资就包括基本工资和一定比例的个人销售奖金两部分。销售量大幅度提升了,但苦了生产部门,他们很难完成交货计划,销售部抱怨生产部不能按时交货。公司领导班子决定为所有部门和个人建立一个目标设定流程,为了实施这个新的方法,他们需要用绩效评估系统。生产部门的目标包括按时交货和库存成本两个部分,他们请了一家咨询公司指导管理人员设计新的绩效评估系统,并就现有的薪资结构提出改进的建议。他们付给咨询顾问高昂的费用用于修改基本薪资结构,包括岗位分析和工作描述,还请咨询顾问参与设计奖金系统,该系统与年度目标的实现程度有着密切联系。咨询顾问指导经理们如何设定组织目标和制定绩效评估流程。总经理期待着很快能提高业绩,然而不幸的是,公司业绩不但没有上升,反而下滑了。部门间的矛盾加剧,尤其是销售部和生产部,生产部埋怨销售部预测准确性太差,而销售部埋怨生产部无法按时交货,每个部门都指责其他部门的问题,客户满意度下降,利润也在下滑。

综合材料回答下列问题:

1. 为什么该公司推行目标管理但没有取得预期效果?(7 分)
2. 该电器公司应该如何推行目标管理?请根据你所学管理学知识提供建议。(8 分)

案例二

有一次,某家航空公司的主管发现,一位女性地勤人员经常受到旅客的投诉,由于事态越来越严重,这位主管不得不请那位地勤人员到办公室面谈。主管问道:"一切还好吗?我们接到一些顾客的投诉信,对你的服务似乎不像以前那么肯定。"主管刚说完这句话,那位女性地勤人员就伤心地开始哭泣,接着开始说出她目前所面临的困境与遭遇。最近她正在办理离婚,为了争取三岁儿子的监护权,正在打官司,她因此欠了一笔不小的诉讼费。这些事情困扰着她,让她感到身心疲惫,所以在对待顾客的服务上经常出现问题。主管终于了解了事件背后的原因,安慰她要撑过这个难关,并将设法为她寻求帮助。几小时后,这位女性地勤人员收到一个装有现金的信封,这些钱完全是主管个人的心意,信封内没有附带说明或纸条,只有这名员工的姓名。后来,这位地勤人员一直是这家航空公司中最为忠诚和努力的员工之一,更令人欣慰的是,她已经知道如何担当更多的责任。她说:"我想不出还有哪些企业可以让员工时时感到关爱,并且愿意倾听他们更多的苦楚。"

综合材料回答下列问题:

1. 根据马斯洛的需要层次理论,那位地勤人员处于怎样的需要层次?如果主管对她进行严厉批评和惩罚,有可能出现什么样的情况?(8 分)
2. 从激励的角度来看,该航空公司主管的做法对于有效激励员工有哪些启示?(7 分)

模拟试卷三

一、单项选择题（本大题共 20 小题，每小题 2 分，共 40 分）

1. 消费者均衡的条件是（　　）。

   A. $P_X/P_Y = MU_X/MU_Y$　　　　　　　B. $P_X/P_Y = MU_Y/MU_X$

   C. $P_X \cdot X = P_Y \cdot Y$　　　　　　　　D. 以上三者都不是

2. 随着消费量的增加，消费者从连续增加的消费单位中所得到的边际效用是（　　）。

   A. 递增的　　　　　B. 递减的　　　　　C. 不变的　　　　　D. 不确定

3. 基数效用论采用的是（　　）。

   A. 边际效用分析法　　　　　　　　B. 无差异曲线分析法

   C. 动态均衡分析法　　　　　　　　D. 总量分析法

4. 预算约束线的位置和斜率取决于（　　）。

   A. 消费者的收入　　　　　　　　　B. 消费者的收入和商品的价格

   C. 消费者的偏好　　　　　　　　　D. 消费者的效用

5. 下列行业中哪一个最接近完全竞争模式？（　　）

   A. 飞机　　　　　B. 卷烟　　　　　C. 大米　　　　　D. 汽车

6. 垄断竞争厂商在短期均衡时，（　　）。

   A. 一定能获得超额利润

   B. 一定不能获得超额利润

   C. 只能得到正常利润

   D. 取得超额利润、发生亏损及获得正常利润这三种情况都可能发生

7. 在垄断竞争中，（　　）。

   A. 只有为数很少几个厂商生产有差异的产品

   B. 有许多厂商生产同质产品

   C. 只有为数很少几个厂商生产同质产品

   D. 有许多厂商生产有差异的产品

8. 在同一条无差异曲线上，消费者所达到的效用水平是（　　）。

   A. 相等的　　　　　B. 不相等的　　　　　C. 不确定的　　　　　D. 由收入决定的

9. 管理者在组织管理活动的实践中必须依循的基本规律不包括（　　）。

   A. 人本原理　　　　B. 系统原理　　　　C. 效益原理　　　　D. 强度原理

10. 提出科学管理理论的是（　　）。

    A. 泰勒　　　　　B. 法约尔　　　　　C. 韦伯　　　　　D. 梅奥

11. "运筹帷幄之中，决胜千里之外"，这里的"运筹帷幄"反映了管理哪一个工作？（　　）

    A. 组织　　　　　B. 领导　　　　　C. 计划　　　　　D. 控制

12. 组织设计的影响因素不包括（　　）。

    A. 战略　　　　　B. 环境　　　　　C. 技术　　　　　D. 员工

13. 下列不属于直线制组织结构的优点是（　　）。

A. 设置简单
B. 权责关系明确
C. 有利于组织的运行
D. 不会发生较多失误

14. 对于一个完整的决策过程来说,第一步是（　　）。

A. 明确目标
B. 筛选方案
C. 发现问题（识别机会）
D. 集思广益

15. 在每年新生入学时,学校都会发给新生每人一本入学手册,要求学生认真学习学校的各种规章制度,懂得哪些是学校禁止的行为。学校的这种对学生行为的强化属于（　　）。

A. 正强化
B. 负强化
C. 惩罚
D. 自然消退

16. 南方某厂订立有严格的上下班制度并一直遵照执行。一天深夜突降大雪,给交通带来极大不便,次日早晨便有许多同志上班迟到了,厂长决定对此日的迟到者免于惩罚。对此,企业内部职工议论纷纷。在下列议论中,你认为哪种说法最有道理?（　　）。

A. 厂长滥用职权
B. 厂长执行管理制度应征询大部分职工的意见
C. 治厂制度又不是厂长一人决定的,厂长无权随便变动
D. 规章制度应有一定的灵活性,特殊情况可以特殊处理

17. 管理人员能够及时对出现的偏差有所察觉并及时采取某些纠正措施,这种控制是（　　）。

A. 前馈控制
B. 现场控制
C. 直接控制
D. 间接控制

18. （　　）忽视市场的竞争和技术的变化,导致组织反应能力的下降,使得组织失去发展的机会。

A. 错误领导
B. 过度创新
C. 事中控制
D. 过度维持

19. 有效沟通的标准不包括（　　）。

A. 保证沟通的"量"
B. 保证沟通的"质"
C. 保证沟通的"时"
D. 保证沟通的"效"

20. 下列关于维持与创新说法,错误的是（　　）。

A. 创新是维持基础上的发展
B. 维持是创新的逻辑延续
C. 维持是实现创新的成果
D. 在管理活动中创新比维持更重要

二、判断题(本大题共 20 小题,每小题 1 分,共 20 分)

1. 完全竞争厂商在短期的利润最大化有三种可能,可能获得超额利润,可能只有正常利润,可能亏损。　　　　　　　　　　　　　　　　　　　　　　（　　）

2. 在完全竞争市场上,所有的生产者都是价格的制定者,所有的消费者都是价格的接受者。　　　　　　　　　　　　　　　　　　　　　　　　　　　　（　　）

3. 闲暇没有收入,闲暇以放弃工作为代价,因此工资收入是闲暇的机会成本。　　（　　）

4. 如果边际产量递减,那么平均产量一定也是递减的。 （　　）

5. 在同一条无差异曲线上,消费者得到的效用水平是无差异的。 （　　）

6. 在相同的价格水平下,消费者对某商品的偏好越强烈,其对该商品的需求量就越大。

（　　）

7. 消费者均衡就是消费者获得了最大边际效用。 （　　）

8. 如果 $MU_X/P_X > MU_Y/P_Y$,一个理性的消费者则会要求增加购买 X 商品,减少购买 Y 商品。 （　　）

9. 管理的科学性是以感性分析为基础的。 （　　）

10. 管理的本质就是对人的行为的协调。 （　　）

11. 简单来说,计划是实现目标的方案途径。 （　　）

12. 管理者在计划制订出来之后就可以依据计划进行指挥了。 （　　）

13. 泰勒的科学管理理论的中心问题在于提高劳动生产率。 （　　）

14. 组织文化的约束功能,是指组织文化可以帮助新加入组织的成员尽快适应组织。

（　　）

15. 组织结构是组织中正式确定的,使工作任务得以分解、组合和协调的框架体系。

（　　）

16. 管理的适度原理认为管理工作都应该力图以最小的投入和消耗,获取最大的收益。

（　　）

17. 组织层级过多,信息在层层传递的过程中不仅容易失真,还会浪费大量时间,影响沟通的效果与效率。 （　　）

18. 公平理论认为人们对报酬是否满意是一个社会比较过程,满意的程度不仅取决于绝对报酬,更取决于相对报酬。 （　　）

19. 组织文化可以做到十全十美。 （　　）

20. 管理控制工作不是一次行为,而是一个过程。 （　　）

三、名词解释（本大题共 5 小题,每小题 4 分,共 20 分）

1. 偏好

2. 需求

3. 弹性

4. 目标管理

5. 控制

四、简答题（本大题共 5 小题,每小题 8 分,共 40 分）

1. 简述无差异曲线的特点。

2. 简述产生寡头垄断市场的主要原因。

3. 简述影响商品供给数量的因素。

4. 什么是非正式组织？它对正式组织有什么影响？

5. 简述影响管理幅度的因素有哪些。

五、案例分析题(本大题共 2 小题,每小题 15 分,共 30 分)

案例 大学生阿东的选择

阿东是某高校某专业二年级的学生,大学一年级的时候因手里刚好有笔闲钱就与朋友阿西合伙在校外的"垃圾街"(学校门口的小吃街)盘了一个小吃店,店面大约有 20 平方米。阿东和阿西请了两个帮手经营小吃店。除去人工和各项成本后,小吃店利润可观,这让他有了点创业成功的感觉。进入二年级以后,小吃店的经营环境发生了变化:一是在垃圾街里面又新开了两家同类型的小吃店,产品和价格都非常有竞争力,分去了不少客源;二是垃圾街的卫生状况让人担心,环境卫生管理部门对垃圾街小吃店的监管越来越严格,小吃店在卫生方面上要投入更多的成本。

上星期,合伙人阿西告诉阿东,因私人原因不愿再继续经营垃圾街小店了,他提出了两个方案,要么把自己所占小吃店的股份转给阿东,由阿东独自经营,要么和阿东一起直接把小店转让出去。这让阿东犯了难,独自经营在时间和经费上都有一定困难:首先在时间上,阿东感觉到二年级明显比一年级的学习压力大,自己也从来都没有要为全身心投入创业而暂停学业的打算;其次阿西的股份比自己的多,全部买下来可能超过 10 万元,筹集这笔钱以及相应的风险自己也没把握应对。但是如果就这样放弃,阿东觉得心有不甘,自己还有创业梦呢。

看到阿东犯了难,阿西心里有点过意不去,于是告诉了阿东一个好消息:把垃圾街的小店转让出去以后,如果阿东有兴趣,他有办法让阿东马上接手一个位置在学校超市旁边的小吃店,且垃圾街小店的转让费足以让阿东顺利接手这个小店。由于这个小吃店在学校里面,客源稳定,竞争也不会像在垃圾街那样激烈,而且房租、水电等成本费用也比垃圾街便宜三分之一,这让阿东有点心动。另外,据阿东所知,这个小店的具体位置在学生生活区,目前主要经营的是包子、粽子、茶叶蛋、豆浆、关东煮等小吃,但是由于没有什么特色,客流量目前不是很理想,而且在经营时间上,小店不是很自由,必须和学校超市保持一致。阿东面对着几种选择犹豫不决。

请根据案例,回答以下问题:

1. 请用 SWOT 矩阵分析阿东目前所处的状况,给出一个合理的选择建议。(15 分)

2. 如果阿东决定接手校内小吃店,对小吃店的经营应如何定位?请至少拟订三种可行方案供阿东选择并指出各方案的优缺点。(15 分)

附录二	参考答案

第一部分　思考与练习参考答案

第一章　需求、供给和均衡价格

一、名词解释

1. 需求规律：即需求定律，是经济学中的一项核心原理。它揭示了在其他条件保持恒定的前提下，商品或服务的价格与其需求量之间所呈现的反向变动关系。具体而言，当商品或服务的价格上升时，其需求量将相应减少；反之，价格下降时，需求量则会有所增加。

2. 市场均衡价格：只有当某一市场价格恰好使得该商品的市场需求量等于市场供给量时，市场处于均衡状态，这一价格被称为该商品的市场均衡价格。

3. 弹性：经济学中的弹性概念是由英国近代经济学家、新古典学派创始人阿尔弗雷德·马歇尔提出的。它指的是一个变量相对于另一个变量发生的一定比例改变的属性，即一个变量对另一个变量变化的反应程度。

二、判断

1. √　2. √　3. ×　4. √　5. ×

三、单项选择题

1. B　2. C　3. C　4. B　5. C　6. D　7. A　8. A

四、简答题

1. 简述影响商品需求数量的因素。

(1) 商品本身的价格；(2) 消费者的收入水平；(3) 相关商品的价格；(4) 消费者的偏好；(5) 消费者预期的未来商品的价格；(6) 政府的政策。

2. 简述影响商品供给数量的因素。

(1) 商品本身的价格；(2) 生产者的目标；(3) 生产技术水平；(4) 生产成本；(5) 生产者可生产的其他相关商品的价格；(6) 生产者对未来的预期；(7) 政府的政策。

第二章　消费者选择

一、名词解释

1. 效用：消费者拥有或消费商品对欲望的满足程度称为商品的效用。

2. 无差异曲线：无差异曲线为在既定偏好条件下，把可以给消费者带来相同满足程度的商品的不同数量组合描绘出来的曲线。

3. 边际替代率：一种商品对另外一种商品的边际替代率定义为在效用满足程度保持不变的条件下，消费者增加一单位 A 商品的消费可以代替的 B 商品的消费数量，简称为边际替代率。

4. 预算约束线：消费者的预算约束线，表示在收入和商品价格既定的条件下，消费者用全部收入所能购买到的各种商品的不同数量的组合。

二、判断题

1. √　2. ×　3. ×　4. ×　5. ×　6. ×

三、单项选择题

1. D　2. D　3. B　4. A　5. B　6. B　7. D　8. B　9. C　10. A　11. A
12. C　13. A　14. B　15. A

四、简答题

1. 根据基数效用理论，边际效用与总效用的关系是怎样的？

（1）根据基数效用理论，边际效用与总效用的关系是密切相关的。当边际效用大于零时，总效用上升。这意味着，随着消费量的增加，如果每一额外单位的消费所带来的满足感（即边际效用）是正的，那么总体的满足感（总效用）也会相应增加。

（2）当边际效用等于零时，总效用达到最大。这表明，当消费者从消费某一商品或服务中获得的额外满足感不再增加时，他们的总满足感达到了一个峰值。

（3）当边际效用小于零时，总效用下降。这表示，如果消费者继续消费某一商品或服务，但每增加一单位的消费会削弱满足感，那么他们的总满足感实际上会下降。

（4）此外，总效用可以被视为前面每一单位商品的边际效用的总和。由于边际效用通常是递减的，因此总效用的增加速度也是递减的。这种关系体现了基数效用理论中边际效用对总效用的决定性影响。

2. 试述基数效用论和序数效用论有何不同点。

（1）为了分析消费者的选择行为，需要选择一种度量效用的办法。基数效用论和序数效用论是基于效用分析而建立起来的理论。

（2）基数效用论是指用一个具体的数值来表示对物品或事件的满足程度，即效用值。基数效用论假设人们能够有效地衡量和比较不同物品或事件的效用值，从而可以作出理性的选择和决策。

（3）序数效用论则是指将物品或事件按照满足程度进行顺序排列，而不涉及具体的数值。序数效用论假设人们只能判断物品或事件相对于其他物品或事件的满足程度，而无法精确地表示其具体效用值。

（4）因此，基数效用论和序数效用论的主要区别在于对效用的度量方式的不同。基数效用论强调量化效用值，而序数效用论强调比较满足程度。

3. 什么是边际替代率？边际替代率为什么呈现递减趋势？

（1）一种商品对另外一种商品的边际替代率定义为在效用满足程度保持不变的条件

下,消费者增加一单位 A 商品的消费可以代替的 B 商品的消费数量,简称为边际替代率。

（2）商品的边际替代率递减规律是指在保持效用水平不变的条件下,随着一种商品消费数量的增加,消费者为增加一单位该商品的消费而愿意放弃的另外一种商品的消费数量会逐渐减少,即随着一种商品数量的增加,它对另外一种商品的边际替代率递减。

4. 简述消费者偏好的四个假设。

为了更好地运用偏好的排序功能说明消费者的选择,西方经济学通常对偏好的性质给出一些基本的假设。

（1）消费者对任意两个商品组合都能进行排序。即对于任意两个商品组合 A 和 B 消费者可以根据自身的偏好作出断定:A 至少与 B 一样好或者 B 至少与 A 一样好,二者之一必须成立。如果消费者认为上述两个判断均成立,就称 A 和 B 无差异。

（2）消费者偏好满足传递性。即对于任何三个商品组合 A、B 和 C,如果消费者对 A 的偏好不低于 B,对 B 的偏好又不低于 C,那么,该消费者对 A 的偏好一定不低于 C。

（3）在其他商品数量相同的条件下,消费者更偏好于数量大的商品组合。

（4）消费者偏好多样性的产品组合。

第三章　企业的生产和成本

一、名词解释

1. 边际报酬递减规律:生产技术不变的条件下,若其他投入不变(通常指短期规模不能改变)而只是不断增加某一种投入,则这一种投入的边际产出量最终会逐渐减少。

2. 隐性成本:隐性成本是指企业使用自己所拥有的生产要素的机会成本。

3. 边际产量:边际产量是指增加一单位生产要素所增加的产量。

4. 机会成本:使用一项资源或作出一项选择放弃掉的机会。

5. 生产函数:在技术水平保持稳定的条件下,描述企业在特定时期内所使用的各种生产要素数量与它们所能实现的最大产出量之间关系的数学表达。

二、判断题

1. √　2. ×　3. √　4. ×　5. ×

三、单选题

1. D　2. D　3. D　4. B　5. C　6. A　7. A　8. B　9. B

四、简答题

1. 总产量、平均产量和边际产量之间的关系如何?

（1）总产量与边际产量的关系:当边际产量大于零时,总产量是递增的;当边际产量为零时,总产量达到最大;当边际产量为负时,总产量开始递减。

（2）边际产量与平均产量的关系:边际产量曲线和平均产量曲线相交于平均产量曲线的最高点。在相交前,边际产量大于平均产量,平均产量曲线是上升的;相交后,边际产量小于平均产量,平均产量曲线是下降的;相交时,边际产量等于平均产量。

（3）总产量与平均产量的关系:总产量曲线上任何一点与原点连线的斜率即是该点对应的平均产量值;总产量曲线的点与原点的连线和总产量曲线相切时,则该点对应的要素的平均产量最大。

（4）这些关系反映了生产过程中的一些基本规律，包括边际报酬递减规律，即在保持生产技术水平不变、其他生产要素不变的情况下，随着一种生产要素的增加，总产量、平均产量和边际产量都是先上升而后下降。

2. 如何理解边际报酬递减规律？

（1）边际报酬递减规律是指在生产技术和其他要素的数量保持不变的条件下，如果等额地连续增加一种变动要素，产出的增加额一开始可能会上升，但超过一定点后，等量增加该种变动要素带来的产出增加额就会下降，甚至变为负数。这一规律揭示了变动比例的生产中，通过改变变动要素而改变变动要素与固定要素的比例，从而影响产出的变化。

（2）边际报酬递减规律的原因在于，在固定投入得到充分利用后，继续扩大可变投入量，单位变动要素只能利用越来越少的固定要素。这意味着，随着可变要素投入量的增加，可变要素投入量与固定要素投入量之间的比例在发生变化。在可变要素投入量增加的最初阶段，相对于固定要素来说，可变要素投入过少，因此，随着可变要素投入量的增加，其边际产量递增。当可变要素与固定要素的配合比例恰当时，边际产量达到最大。如果再继续增加可变要素投入量，由于其他要素的数量是固定的，可变要素就相对过多，于是边际产量就必然递减。

第四章　市场结构

一、名词解释

1. 垄断竞争市场：在垄断竞争市场中，众多企业共存，其中任何一家企业在整个市场中的份额均微不足道，且它们所生产的产品呈现出一定程度的差异性。这种差异不仅体现在商品的质量、规格、品牌上，还延伸至购物环境及售后服务等多个方面。

2. 寡头市场：在寡头市场中，数个大型企业主导着全部或绝大部分产品的生产和销售活动。寡头市场的形成与垄断市场的形成在原因上有诸多相似之处，其中包括对资源的掌控、政府的特许授权、专利技术的持有以及规模经济等因素的共同作用。

3. 一级价格歧视：一级价格歧视，亦称作完全价格歧视。其核心在于，垄断企业针对每一单位产品，均按照消费者所愿意支付的最高价格进行销售，即价格设定完全贴合消费者的支付意愿。

二、判断题

1. ×　2. ×　3. ×　4. ×　5. √

三、单项选择题

1. B　2. D　3. A　4. A　5. B　6. A　7. C　8. C　9. D　10. C　11. B
12. B　13. B　14. D　15. C

四、简答题

1. 在经济分析中，根据不同的市场结构的特征，可以将市场分为哪几种类型？

（1）所谓市场结构，是指一个行业内部买方和卖方的数量及其规模分布、产品差别的程度和新企业进入该行业的难易程度的综合状态。

（2）市场结构的类型有完全竞争市场、垄断竞争市场、寡头垄断市场、完全垄断市场。

2. 决定市场类型划分的主要因素是什么？

通常可以根据以下标准来划分市场结构：

（1）市场上厂商的数目，即该产品是由一家厂商提供，还是由多家厂商提供。一般来说，厂商数目越多，竞争程度越高，反之，竞争程度越低。

（2）厂商所生产产品的差别程度，即产品是否具有同质性，如果产品之间存在差异，消费者在进行选择的时候就会有所偏好，从而引起企业之间的激烈竞争。

（3）单个厂商对市场价格的控制程度。如果控制程度较高，则会给其他厂商带来较大的进入障碍或生存压力，则该市场的垄断程度高。

（4）厂商进入或退出一个产业的难易程度，即市场壁垒的高低。如果进入或退出壁垒低，则该市场的竞争程度高，反之，该市场的垄断程度高。

3. 什么是价格歧视？价格歧视有哪几种情况？

（1）价格歧视，本质上是指同一成本的产品以差异化的价格进行销售。此概念亦可拓展至产品特性非完全一致的情境：若不同产品间的价格差异显著超出其成本差异，亦可视为价格歧视的存在。

（2）价格歧视可以分为：一级价格歧视，亦称作完全价格歧视。其核心在于，垄断企业针对每一单位产品，均按照消费者所愿意支付的最高价格进行销售，即价格设定完全贴合消费者的支付意愿。二级价格歧视，它并非针对每一单位产品单独定价，而是将全部产品划分为若干批次或组别，并针对每一批次或组别按照消费者的边际支付意愿来设定价格。三级价格歧视，其核心理念在于，针对不同需求价格弹性的消费群体，实施差异化的定价策略。

第五章　管理与管理理论

一、名词解释

1. 管理：管理就是为了有效地实现组织目标，由管理者利用相关知识、技术和方法对组织活动进行决策、组织、领导、控制并不断创新的过程。

2. 例外管理：例外管理是指企业的上级主管把一般的日常事务授权给下级管理人员去处理，而自己保留对例外事项或重要问题的决策与监督权。

3. 统一指挥：无论什么时候，在任何活动中，一个人只能接受一个上级的命令。

二、判断题

1. √　2. √　3. ×　4. √　5. √　6. ×　7. √　8. √　9. √　10. √

三、单选题

1. D　2. D　3. C　4. D　5. D　6. D　7. B　8. D　9. D　10. C

四、简答题

1. 简述管理的基本特征是什么。

（1）管理的目的是有效地实现组织预定的目标。管理本身不是目的，管理是为组织目标的有效实现服务的。

（2）管理的主体是具有专门知识、利用专门技术和方法来进行专门活动的管理者。

（3）管理的客体是组织活动及其参与要素。

（4）管理是一个包括多阶段、多项工作的综合过程,是一个包括决策、组织、领导、控制以及创新等一系列工作的综合过程。

2. 简述管理工作的内容。

管理是一个包括决策、组织、领导、控制以及创新等一系列工作的综合过程。

（1）为了提高组织可支配资源的利用效率,管理者首先需要为组织利用资源的活动选择正确的方向（决策）。

（2）然后根据目标活动的要求设计合理的职位系统,招募合适的人员（组织）。

（3）把招募到的人员安排在恰当的岗位后,要尽力让他们持续地表现出积极的行为（领导）。

（4）不同成员的行为不一定都符合组织的预定要求,所以要进行及时的追踪和检查（控制）。

（5）资源利用的效率在很大程度上取决于活动方法或技术是否合理,随着人们对客观世界认识能力的提升,活动方法需要不断改进,实际上,不仅仅是活动方法,组织活动的方向、从事具体活动的人的安排也应随着活动环境与条件的变化而及时调整或创新（创新）。

因此,组织要通过管理努力保证始终让正确的人用正确的方法在正确的岗位上从事正确的工作。

3. 简述管理的四个基本原理。

管理的基本原理是管理者在组织管理活动的实践中必须依循的基本规律。这些规律主要有人本原理、系统原理、效益原理以及适度原理。

（1）人本原理即以人为主体的管理思想。强调企业的主体是职工,管理要为人服务;职工参与是有效管理的关键;管理的目标之一是促进人的全面发展。

（2）系统原理是指在管理实践活动中,运用系统论的基本思想和方法指导实践,解决和处理问题。

（3）效益原理指现代管理的基本目标在于获得最佳管理效益,即创造出更多的经济效益,实现更好的社会效益。这就要求各项管理活动都要始终围绕系统的整体优化目标,通过不断提高效益,使投入的人力、财力、物力、信息、时间等资源得以充分、合理、有效的利用,从而产出最佳的管理效益。

（4）适度原理是指良好的管理要求管理者在处理组织内部的矛盾、协调各种关系时要把握好度。管理活动中存在许多矛盾的选择,在这些相互对立的选择中,管理者必须在两个极端之间找到最恰当的点,进行适度管理,实现适度组合。

4. 简述管理的本质。

管理强调以人为本,本质上就是在工作任务中协调组织成员行为的过程。

（1）管理是对个体及其行为的管理。管理者通过对人的管理来达成对事的管理,其主要工作是用对的人做对的事,并努力使这些人在做事时表现出符合组织需要的行为。

（2）管理的本质是协调组织个体行为。管理者要努力引导组织成员的行为,并使之与组织的目标要求相一致。

（3）管理具有科学性与艺术性。管理过程需要科学合理地运用管理理论和管理工具，而管理实践过程体现出艺术性的特征。

5. 简述韦伯归纳的权力类型。

韦伯将权力归纳为三种基本形态：

（1）传统型权力，是指建立在对习惯和古老传统的神圣不可侵犯要求之上。

（2）个人魅力型权力，是指建立在对某个英雄人物或某个具有神赋天授品质的人的个人崇拜基础之上的权力。

（3）法理型权力，是指对标准规则模式的合法化的信念，或对那些按照标准规则被提升到指挥地位的人的权力的信念。这是一种对由法律确定的职位或地位的权力的服从。韦伯认为，只有法理型权力才能成为科层组织的基础。

6. 简述泰勒科学管理的基本思想。

泰勒科学管理理论的实质是要提高劳动生产率。要提高劳动生产率，增加企业盈利，泰勒认为必须从以下三个方面入手：

（1）改进工作方法，并根据工作的要求挑选和培训工人。一是改进操作方法，以提高工效、合理利用工时。二是作业环境与作业条件的标准化。三是根据工作要求，挑选和培训工人。

（2）改进分配方法，实行差别计件工资制。泰勒认为，要想工人有更多的产量，工资不仅应当稳定，而且应该随着产量的增加而增加；实行差别计件工资制，即在工资计算时，通过采取不同的工资率，付给未完成和完成定额的工人以不同工资。

（3）改进组织生产，加强企业管理。一是将计划和执行相分离，设置专门的计划部门。二是强调工作细分，实行职能工长制，把管理工作细化。三是适当授权。管理者主要进行例外管理，对重大事项进行管理。

7. 简述法约尔的一般管理理论的主要思想。

（1）法约尔认为，经营和管理是两个不同的概念，管理只是经营的一部分，而经营的范围更为广泛，包括商业、会计、技术等多个领域。

（2）法约尔提出管理的 14 条原则，包括劳动分工、权力和责任、纪律、统一指挥、统一领导、个人利益服从整体利益、合理的报酬、集权和分权、等级链与跳板原则、秩序、公平、人员稳定、创新精神、人员的团结。

（3）管理职能包括计划、组织、指挥、协调、控制等五个要素。计划：通过预期目标和预测未来结果进行组织活动的选择和安排。组织：根据所制定的行动方案，选择并实施分配人、财、物等组织活动。指挥：管理者通过发挥其自身职权，确保组织活动的开展。协调：平衡各种关系，确保组织目标和组织成员行为相一致。控制：检查各项工作是否都与已定计划相符，是否与下达的指标和已定原则相符。

8. 简述韦伯理想的科层组织体系。

科层组织是指借助职位来实施管理的一种组织制度，该种形式并不强调管理者的个人魅力或世袭的权利。科层组织建立和运行的规则如下：

（1）根据行政控制模式的要求，分配正式的职责。

（2）强调授予正式的职责权力，严格、强制限制权力的使用范围并加以控制。

（3）明确规定各种权力和职责，并根据工作岗位的性质，设置必要的条件要求，严格按照规章制度来进行人员的招聘和选拔。

五、案例分析题

1. 这种"铁血管理"反映了什么管理理论的观点？

这种军事化或准军事化的"铁血管理"实质上来源于泰勒的科学管理理论的观点。这种通过频繁的流水线作业和超额的加班，虽然能够提高员工的劳动生产率，降低企业的成本，但会导致员工情绪低落，也会给企业带来较严重的负面影响。

2. 从富士康的"管理"中能得到什么启示？

一是实施人本管理。即将员工看作是企业的核心宝贵资源，通过改善工作条件、提高工资待遇等方法来提高员工工作的积极性和工作热情，发挥其聪明才智。人本管理的思想是依靠人、尊重人、发展人、服务人，而不是一味地剥削人、压榨人。二是重视员工情绪管理。有的情绪就像细菌一样，是可以传染的。富士康员工的每一跳，都给其他员工带来很大的心理压力和心理暗示，其负面情绪上的感染力非常强大。管理者要特别重视员工的心理辅导工作，加强情绪管理。

第六章　决策

一、名词解释

1. 决策：决策是指为实现一定的目标，在多个备选方案中选择一个方案的分析判断过程。

2. 计划：计划是关于组织未来的蓝图，是对组织在未来一段时间内的目标和实现目标途径的策划与安排。

3. 目标管理：目标管理是一种鼓励组织成员积极参加工作目标的制订，并在工作中实行自我控制、自觉完成工作任务的管理方法或管理制度。

二、判断题

1.√　2.√　3.×　4.×　5.×　6.√　7.×　8.√　9.√　10.×
11.×　12.√　13.√　14.√　15.√　16.×

三、单选题

1.B　2.C　3.C　4.A　5.D　6.D　7.A　8.A　9.D　10.C　11.D　12.C

四、简答题

1. 简述群体决策的优缺点。

（1）群体决策具有以下明显优点：第一，有利于集中不同领域专家的智慧，应付日益复杂的决策问题。第二，能够形成更多的可行性方案。第三，有利于提高决策时考虑问题的全面性。第四，容易得到普遍的认同，有助于决策的顺利实施。第五，有利于使人们勇于承担风险。

（2）群体决策也存在一定的缺点：一方面是速度、效率可能低下；另一方面是有可能为个人或子群体所左右。

2. 简述确定型决策、风险型决策与不确定型决策。

（1）确定型决策，是指决策环境条件是稳定的或在可控条件下进行的准确决策。决策者掌握准确、可靠、可衡量的信息，能够确切地知道决策的目标以及每一备选方案的结果，常常可以很容易地迅速对各个方案进行合理的判断。

（2）风险型决策，也称随机决策，是指决策者面临可能出现的两种或两种以上的自然状态，发生的概率（可能性）为已知（或能够预测出来）条件下的决策。

（3）不确定型决策，是指在不稳定条件下进行的决策。因面对不可预测的外部条件或缺少所需信息而对备选方案或其可能结果难以确切估计，大多数工商企业面临的决策问题都是这种类型。

3. 简述程序化决策与非程序化决策的区别和联系。

（1）程序化决策与非程序化决策的区别：程序化决策是指可以通过某种例行方法来作出的重复性决策；非程序化决策是独特的、非重复的、涉及量身定制的解决方案。一般高层管理者制定非程序化决策，中、基层管理者制定程序化决策。

（2）程序化决策与非程序化决策的联系：在现实世界中，程序化决策与非程序化决策是相辅相成的。几乎没有管理决策是完全程序化的或完全非程序化的，这是两种极端情况，绝大多数决策落在这两个极端之间。

4. 简述决策的过程。

决策的制定过程通常包括以下六个阶段的工作：

（1）识别问题。决策过程需要根据实际情况和预期目标之间的偏离程度，找寻并确定现存问题。

（2）诊断原因。在识别问题后，决策者应该针对现存问题，通过问询或鱼骨图等科学分析工具来分析其产生问题的原因。

（3）确定目标。在识别问题并确定成因后，决策者应明确此次决策过程所期待达成的预期结果。

（4）制订备选方案，形成多个可供参考的备选方案。

（5）评价、选择方案。决策者要基于行动方案的可行性、有效性和满意程度、预期结果等维度对已形成的备选方案进行评估，选择最终决策执行的行动方案。

（6）实施和监督。确定最终方案后要予以实施，组织应该对行动方案的落地进行监督。

5. 简要说明为什么计划是降低未来不确定性的手段。

（1）未来的情况是不断变化的。尤其是在当今信息时代，世界正处在急剧的变化之中，社会在变革，技术在进步，观念在更新，一切都处在变化之中。

（2）计划就是面向未来的，因此在计划编制过程中，人们就必须对各种变化进行合理预期，并预测各种变化对组织带来的影响。计划编制者在编制计划时，通常要依据历史和现状信息对未来的变化作出预测与推断，并根据这些预测与推断制定出符合未来发展变化的计划。计划编制中的这些工作能够大大地降低未来不确定性所带来的风险。

6. 简述 PEST 分析法。

（1）PEST 分析是指从政治与法律环境、经济环境、社会与文化环境、技术环境四个方面来探察、认识影响组织发展的重要因素。

（2）政策与法律环境，包括产业政策、规章制度等政策性和法律性要素。经济环境，包括通货膨胀率、利率等经济指标要素。社会与文化环境，包括价值观、生活态度等社会性要素。科学技术环境，包括基础研究、新兴技术等技术性要素。

7. 简述目标管理的过程。

（1）目标制订与展开是目标管理的第一阶段。这一阶段的中心任务是上下协调，制订好各级组织的目标。制订目标应当采取协商的方式，应当鼓励下级主管人员根据基本方针拟订自己的目标，然后由上级批准。

（2）目标确定之后，组织的各部门都会进入一个新的阶段：各自围绕自己的目标因地制宜、因时制宜采取措施，以保证目标顺利实现。

（3）成果评价，这是目标管理的最后阶段，根据目标评价完成的成果，并进行奖惩。

五、案例分析题

案例一

1. 决策过程包括哪些基本内容？

决策是指管理者识别并解决问题的过程，或者管理者利用机会的过程，具体的决策过程包括：识别问题；诊断原因；确定目标；制订备选方案；评价、选择方案；实施和监督。

2. 结合上述案例分析决策过程的关键步骤是什么。

（1）决策的关键步骤是确定目标和选择备选方案。

（2）案例中，在A建筑卫生陶瓷厂资金不充裕且规模跟不上市场的情形下，郑厂长明确节省资金与提高生产力两个目标，没有选择新建生产线来显示新班子的政绩，而是决定进行老窑改造，这样不仅花费少而且生产能力得到了显著提高。

3. 本案例中两家企业形成鲜明对比的原因是什么？

答：本案例中，两家企业形成鲜明对比的原因是双方领导者决策的差异。

（1）A建筑卫生陶瓷厂郑厂长认真分析工厂的现状，果断决策，从人事制度改革入手，积极采纳职工代表大会的建议，果断决定技术改造。同时，不盲目决策，冷静分析市场行情，并在经过认真调查论证和市场考察后作出正确决策。

（2）B陶瓷公司领导盲目追赶潮流，在决策过程中缺少对市场行情、公司现状的分析，导致企业出现重大决策失误。为追赶市场潮流，不经论证就盲目决策，导致债台高筑。

案例二

1. 根据目标管理实施的过程，你认为张总经理的做法存在哪些问题？

（1）目标制订与展开是目标管理的第一阶段。这一阶段的中心任务是上下协调，制订好各级组织的目标。这个过程开始于组织的最高层，但这不代表总经理一人可以独断专行，为所有员工设置目标，尤其是像张总经理这样设置不切实际的目标，会打击员工的积极性，目标管理没有员工的参与也无法得到贯彻落实，最终导致该方法无效。

（2）目标管理中的成果考核工作是企业管理的重要一环，其形式应该具备严谨性和正式性。案例中，张总经理不仅草率决定公司所有员工的绩效目标，甚至还以口头的方式约定了相应的奖惩方式，缺乏应具备的严谨性和正式性，更加难以服众。

2. 张总经理应该如何更好地实施目标管理?

答:为了更好地实施目标管理,案例中,张总经理在制订目标时应使中下层管理者与员工都参与进来,明确组织中每个人的目标及任务,引导员工形成责任感。在制订目标的同时,也要完善绩效考评制度以及激励制度,依据目标完成情况进行奖惩。

第七章 组织

一、名词解释

1. 组织设计:组织设计是对组织系统的整体设计,即按照组织目标在对管理活动进行横向和纵向分工的基础上,通过部门化形成组织框架并进行整合。

2. 管理幅度:管理幅度又称管理跨度或控制幅度,是指一个管理人员直接有效地领导下属人员的数量。

3. 集权:指决策权集中在组织高层的一种权力系统。

二、判断题

1. √ 2. × 3. √ 4. √ 5. × 6. × 7. × 8. √ 9. √ 10. √
11. × 12. √

三、单选题

1. D 2. C 3. D 4. A 5. A 6. A 7. B 8. A 9. B 10. B 11. B 12. B

四、简答题

1. 简述组织设计的任务与逻辑。

(1) 组织结构设计是组织设计的基础,一个完整的组织结构设计至少包括职能设计、部门设计和层级设计三方面内容。职能设计是对组织完成目标所需的职能、职务的整体安排。组织的部门设计是指按照职能的相似性、活动的关联性、联系的紧密性将各个职位整合为部门的过程。层级设计是对部门之间关系的安排。

(2) 与此同时,组织运行需要制度和人员的保障,而这些是通过运行制度设计来实现的。组织运行制度设计是指为了保证组织的高效运行而进行的制度和人员方面的安排,包括沟通系统设计、管理规范设计和激励设计。

2. 简述影响组织设计的因素有哪些。

(1) 环境,环境是管理活动开展的客观条件,根据组织中的环境特征,可具体分为一般环境和任务环境。

(2) 战略。战略通常表明了企业为实现组织目标所制订的发展方向和业务模式。基于战略发展阶段可分为数量扩大阶段、地区开拓阶段、纵向联合开拓阶段和产品多样化阶段。

(3) 技术。技术体现了企业的生产能力,表明了将资源转化为产品或服务的效率水平。伍德沃德根据生产技术的复杂程度将生产技术分为三类:单件小批量生产技术、大批量生产技术、流程生产技术。

(4) 规模。组织规模反映了企业的组织结构特征、组织层级数量、集权和分权程度等内容。

（5）发展阶段。企业同样存在生命周期,经历生成、成长、成熟、衰退和再生五个阶段,不同阶段组织结构特征不一样。

3. 简述组织设计的原则。

组织设计的原则可以归纳为目标一致原则、分工与协作原则、有效管理幅度原则、权责对等原则和柔性经济原则。

4. 简述组织文化的负向功能。

组织文化不是十全十美的,它对组织的影响并不一定完全是正向的。组织文化的负向功能对组织有害无益,包括组织文化带来的变革的障碍、多样化的障碍、并购的障碍等。

（1）组织文化作为一种软约束,相对于硬约束的规章制度,更加深入人心,更易于形成思维定式,不利于组织开展变革。

（2）一个具有强势文化的组织会要求其个体多样化的组织成员的价值观与组织的价值观相一致。

（3）组织并购成功与否,在很大程度上取决于两个组织之间的文化能否有效融合。

5. 简述直线职能制组织结构的优缺点。

（1）直线职能制组织结构的优点:一是统一指挥与专业化管理相结合,二是能够有效减轻管理者负担。

（2）直线职能制组织结构的缺点:一是协调难度加大,二是损害下属的自主性,三是降低对环境的适应能力,四是降低决策效率,五是增加管理成本。

6. 简述影响集权与分权的因素。

（1）组织规模。组织规模越大,需要及时分权以分担管理人员的压力,提高决策的速度和质量。

（2）政策的统一性。如果组织内部结构相似、政策统一,则可以采取集权的方式进行层级整合。

（3）成员的自我管理能力。如果各级管理者、组织成员的自我管理能力强,就为分权提供了充分的条件。

（4）组织的可控性。集权应以不妨碍下属履行职责,有利于调动积极性为宜,而分权应以下级能够正常履行职责,上级对下级的管理不致失控为准。

（5）组织的发展阶段。组织在生成、成长阶段应当适度集权;在成熟阶段、衰退阶段则需要提高分权程度;当衰退不可避免,组织进入再生阶段时,需要通过强有力的领导来力挽狂澜,因此有必要提高集权程度。

7. 组织文化是由哪些层次构成的?

组织文化由物质层（表层文化）、制度层（中层文化）和精神层（核心文化）三个基本层次构成。

（1）物质层的组织文化即以物质形态为存在方式的文化构件,包括组织实践活动等外在形式和组织设备等实体资源。位于物质层的组织文化为制度层和精神层奠定了物质载体和基础。

（2）制度层的组织文化主要是指组织文化中对组织及其成员的行为产生规范性、约束性影响的部分，包括具有组织特色的各种规章制度、道德规范和行为准则，以及组织中分工协作的组织结构。

（3）精神层的组织文化是组织在其长期历史发展中形成的组织成员群体心理定式和价值取向，是组织的价值观、道德观即组织哲学的综合体现。

五、案例分析题

案例一

请根据案例所给的内容，用管理学的有关原理说明印染厂经理张向荣的认识和做法上有哪些不妥，为什么？

对张向荣的认识和做法的不妥之处分析如下：

（1）违背目标一致的原则，出现了越级汇报问题。在发现问题之后，下属有责任根据组织的指挥线和组织的工作程序要求直接向总裁汇报情况，并且要及时、准确、清晰。而张向荣没有向其上级领导王宏发报告，采取了直接向采购部经理赵腾飞说明，采用横向协调的方法去处理，越级汇报违反了该组织的结构框架，导致了采购问题的发生。

（2）违背权责对等的原则，出现了推卸责任的问题。张向荣应对自己下属的行为负领导责任，当下属行为影响企业整体形象时，应该勇于承担责任并及时采取纠正措施。在总裁告诉张向荣印染车间主任向采购商打电话不符合逻辑使公司处境难堪时，张向荣非但没有意识到自己应负有的领导责任，还把问题全部推到了下属身上，没有充分履行领导责任。

案例二

1. 结合案例，谈谈组织文化对企业的发展有什么样的作用？

结合案例，组织文化的作用包括以下三个方面：

（1）导向功能。组织文化通过外显的环境和内隐的一些精神传达，潜移默化地影响着组织成员的思维和行为方式，使员工对组织产生认同感和归属感，例如时代公司文化保守、家长制作风浓重，培育了一种强烈的整体观念，给员工提供了一种家庭感。

（2）调适功能。组织文化能帮助员工建立起新的价值观念，使组织成员适应外部变化，个人价值观与组织需要相匹配。当组织文件与市场需求不一致时，企业要尽可能调整自己，以便适应公众的情绪，满足顾客不断变化的需要。如一方面，华纳公司的组织文化会受到好莱坞以及其他娱乐公司价值观的影响；另一方面，员工们在冒险、快节奏的文化气氛中，调整产品不断适应商业需求的变化。

（3）约束功能。组织文化是一种软性的约束，通过外显的环境和内隐的工作方式、风格等不断影响着组织成员的价值取向、行为取向。如在时代公司，员工谨慎从事，与新闻行业的价值观和目标一致；而华纳公司的员工敢于冒险创新，与其追求新颖的商业目标相符。

2. 时代和华纳公司在组织文化方面有哪些显著差异？

体现在组织价值观的不同。组织价值观是指导组织内管理经营等活动的基本原则和观点，价值观的指导性作用使其在组织文化中占领核心地位，它代表了企业认同什么样的价值、什么样的工作方式等。时代公司的文化保守、家长制作风浓重，而华纳公司的文化趋向变革和创新;在公司业务处理上,时代公司把编辑出版事务同商业事务相分离,而华纳公司要求不断参与市场交易。

第八章　领导

一、名词解释

1. 领导:领导是一个在特定情境中,通过影响个体或群体的行为来努力实现目标的过程。

2. 正强化:正强化是指通过出现积极的、令人愉快的结果而使某种行为得到加强。

3. 沟通:沟通是信息的传递与理解的过程,是在两人或更多人之间进行的,在事实、思想、意见和情感等方面的交流。

二、判断题

1. ×　2. √　3. √　4. ×　5. √　6. √　7. ×　8. √　9. ×　10. √
11. ×　12. √　13. √　14. ×

三、单选题

1. D　2. D　3. D　4. D　5. B　6. C　7. B　8. B　9. D　10. D　11. B
12. D　13. D　14. A　15. D

四、简答题

1. 简述领导权力的来源。

根据约翰·弗兰奇和伯特伦·瑞文的观点,权力有五种来源。

(1) 奖赏性权力。这是一种能够对他人进行奖赏的权力,基于下属认为领导可以给予奖励或去除负面影响的能力。

(2) 强制性权力。这是一种惩罚的权力。

(3) 法定性权力。这种权力是指特定职位和角色被法定的、公认的正式权力。

(4) 参照权力。这种权力源于领导者个人的特征,包括行为方式、魅力、经历、背景等,其基础是下属对领导者这些特征的认同,或是一种对认同的渴望,此时下属会期望自己的行为、感觉或信仰能够像领导者一样。

(5) 专家权力。这种权力产生于领导者个人的专业知识或技能。

2. 简述管理方格理论。

(1) 管理方格理论是评估领导行为类型、研究企业的领导方式及其有效性的理论,管理方格运用了行为维度“关心员工”(方格的纵坐标)和“关心生产”(方格的横坐标),并利用从1(低)到9(高)的量表来评估领导群做出这些行为的程度。

(2) 虽然该方格有81种领导行为风格的潜在分类,但研究者们只选取了其中的五种风格加以命名:① 贫乏型管理(1,1),即低度关心生产,低度关心员工。② 任务型管理(9,1),即高度关心生产,低度关心员工。③ 中庸型管理(5,5),即中度关心生产,中度关心员工。④ 乡村俱乐部型管理(1,9),即低度关心生产,高度关心员工。⑤团队型管理(9,9),即高度关心生产,高度关心员工。

(3) 在这五种风格中,研究者们断定运用团队型管理时,管理者们的绩效最好。

3. 情境领导模型认为领导方式与下属成熟度应如何匹配？

下属成熟度的四个水平阶段及应采取的领导风格：

(1) R1 阶段：下属无能力且不愿意完成任务。领导者应采用告知型领导行为。

(2) R2 阶段：下属无能力但愿意完成任务。领导者应采用推销型领导行为。

(3) R3 阶段：下属有能力但不愿意完成任务。领导者应采用参与型领导行为。

(4) R4 阶段：下属既有能力又愿意完成任务。领导者采用授权型领导行为。

4. 简述费德勒的权变领导理论。

(1) 费德勒的实验揭示了三大权变维度（领导者—成员关系、任务结构、职位权力），它们结合起来构成了对领导者有利或不利的八类可能的情境。情境Ⅰ、Ⅱ、Ⅲ被划分为对领导者高度有利，情境Ⅳ、Ⅴ、Ⅵ被划分为对领导者适度有利，情境Ⅶ、Ⅷ被划分为对领导者高度不利。

(2) 研究发现，任务取向型的领导者在非常有利和非常不利的情境中有较好的表现，而关系取向型的领导者在适度有利的情境中表现较好。个人领导风格是固定不变的，仅有两个途径可以提升领导效率：找到一个能与情境更好地匹配的新领导者；改变环境以适应领导者。

5. 简述马斯洛需要层次理论中的五种需求。

马斯洛需要层次理论认为人类需要从低到高可分为五种，分别是生理需要、安全需要、社交需要、尊重需要和自我实现需要。

(1) 生理需要是人类维持自身生存与发展的需要，如吃饭、穿衣、饮水、住房等需要。

(2) 安全需要是人类保护自身免受伤害的需要，如职业安全、人身安全、社会保障、劳动保护等需要。

(3) 社交需要是人类在社会交往方面的需要，如友谊、爱情、亲情、隶属关系等需要。

(4) 尊重需要是人类自我尊重与希望受到他人尊重的需要，如成就、名声、地位、权力和晋升等需要。

(5) 自我实现需要是人类追求至高人生境界的需要，如实现个人理想和抱负、发挥个人潜能等方面的需要。

6. 简述弗雷德里克·赫茨伯格的双因素理论。

(1) 双因素理论又称"保健—激励理论"，是美国心理学家弗雷德里克·赫茨伯格于20世纪50年代末提出的。该理论认为，影响人们行为的因素主要有两类：保健因素和激励因素。两类因素彼此之间是独立的，但能够以不同的方式影响人们的行为。

(2) 保健因素是指导致工作不满意的因素，来源于工作情境的外在因素，如公司政策与管理、监督管理、人际关系和工作条件。

(3) 激励因素是指增加员工满意度的因素，来源于工作本身的内在因素，如工作成就、认可和责任。

7. 简述公平理论。

(1) 公平理论是约翰·亚当斯提出的。该理论认为员工首先将自己从工作中得到的（所得）和付出的（投入）进行比较，然后将自己的付出—所得比与其他相关人员的付出—所得比进行比较。

(2) 如果比率相同，员工能够感受到公平；如果比率不同，员工会产生不公平感，结果则可能出现生产率的上升或下降、产品质量的提高或降低、缺勤率的上升或自愿离职。

8. 简述期望理论。

（1）期望理论由美国心理学家弗鲁姆于1964年提出，该理论认为人们在预期他们的行动将会有助于达成某个目标的情况下才会被激励着去做某些事情以达成这个目标。

（2）期望理论的基础是自我利益，即每一个员工都在追求最大的自我满足。期望理论的核心是双向期望，即管理者期望员工有效的工作付出，员工也期望自己的努力工作换来应有的回报。

（3）期望理论的假设是管理者了解员工的期望，明白什么可以使员工更努力地付出。期望理论以员工的个人感觉为主要判断依据，而非实际情况。不论实际情况如何，当员工认为可以通过努力达到绩效要求并且得到相应的、有吸引力的奖赏时，就会努力工作。

9. 简述强化理论。

（1）强化理论是由美国心理学家斯金纳提出的。该理论认为，行为是结果的函数。

（2）强化理论不考虑如目标、期望和需求这样的因素，而只关注个体做某些事情时产生的结果。当行为的结果对他有利时，这种行为就会重复出现；当行为结果对他不利时，这种行为就会减弱或消失。这就是环境对行为强化的结果。

（3）管理者要采取各种强化方式，以使人们的行为符合组织的目标。强化分为正强化、负强化、自然消退、惩罚等几种类型。

10. 沟通中的人际障碍有哪些？

（1）表达能力。沟通发起者或者信息发起者如果表达能力有限，信息的接收和理解可能会受到阻碍。

（2）知识和经验差异。沟通双方的经验与知识相当，双方就可以实现相互理解，沟通也就越顺利，反之沟通难度会加大。

（3）个性和关系。沟通双方的性格与关系会影响信息的传递和理解。

（4）情绪。不同情绪状态会导致接收者对同一信息的理解差异。

（5）选择性知觉。个体选择性听取某类信息，可能会漏掉某些关键性信息。

（6）信息过滤。有选择性地告知他人某类信息，可能会导致关键信息或重要信息被过滤掉。

（7）信息过载。社交软件、电子邮件信息过多，不便于阅读者提取关键信息、把握问题关键。

五、案例分析题

案例一

1. 你认为这两个部门经理各采取什么领导方式？

（1）安西尔的领导是专制和放任相结合的领导方式，规定工作方法、独立决策并限制员工参与的领导风格。既不是用命令的方式采取单边决策，也不是放任下属按照自己的意愿去做。但是他绝对不属于民主型的领导，因为他认为和下属"亲密无间"会松懈纪律。

（2）鲍勃的领导方式属于民主型，属于向员工授权，鼓励群体决策并给予积极反馈的领导风格。领导者发动下属讨论，共同商量，集思广益，然后决策，要求上下融洽、相互合作地工作。鲍勃的职权仅仅是为下属提供信息并与企业外部进行联系，以此有利于下属的工作。

2.是否每一种领导方式在特定的环境下都有效?为什么?

每一种领导方式都有其发挥作用的特定环境,其适用的环境及原因如下:

(1)专制型的领导倾向于集权管理,采用命令方式告知下属使用什么样的工作方法,采取单边决策方式,限制员工参与。若组织处于一个稳定的内外部环境中,对于进行重复性和程序性工作的员工,只要他们遵守工作纪律,按照工作要求就可以有效地完成工作。在这种情境下,不需要下属参与决策,专制型领导会是一种有效的领导方式。在组织受到外部环境的强大威胁、内部组织结构发生重大变革等情境下,专制型的领导方式也很适用。

(2)民主型的领导充分向员工授权,鼓励群体决策并给予积极反馈。研究结果表明,这种领导风格更有利于提高工作质量。在提高员工的忠诚度和士气方面,该种领导方式可以拉近和员工之间的距离,增强员工的归属感。

案例二

1.请用双因素理论分析吴舜文的管理。

弗雷德里克·赫茨伯格的双因素理论指出,内部因素与工作满意相关,外部因素与工作不满意有关。而吴舜文的管理方法,一方面建立了良好的工作环境,从外部因素来减少员工的工作不满意度,另一方面又积极采纳员工意见来建立公司的年度计划和薪酬标准,从内部因素来提高员工的工作满意度。

2.请用公平理论分析员工为什么无一人离开裕隆。

员工无一人离开裕隆的原因如下:

公平理论由亚当斯发展起来,认为员工首先把自己在工作情境中得到的结果(所得)与自己的努力(付出)进行比较,然后再将自己的所得与付出之比和其他相关人员的所得与付出之比进行比较。如果员工感觉到自己的比率与他人的比率是等同的,则为公平状态,即他觉得自己处在公平的环境中。如果感到两者的比率不相同,则会产生不公平感,他将认为自己的报酬过低或过高。不公平感出现后,员工会试图采取行动来改变它。

案例中,吴舜文运用"集团激励"的方法,把企业的收入公开,定期结算利润,年终再加总计算,计算时请员工本人参与,让每个人都了解企业投下多少成本,应收回多少利润,哪些应归企业,哪些应按"目标管理"的达标情况分给员工。这些严格的"目标管理"和"集团激励"等高福利政策增强了员工的公平感,让员工感受到公司在待遇问题上对每个人都是公平的,付出与所得成正比,极大地调动了员工的积极性。因此,员工都不愿离开裕隆。

第九章　控制

一、名词解释

1.控制:控制是指对组织内部的管理活动及其效果进行衡量和矫正,以确保组织的目标以及为此而拟定的计划得以实现。

2.前馈控制:前馈控制又称事前控制或预先控制,是指组织在工作活动正式开始前对工作中可能产生的偏差进行预测和估计并采取防范措施,将可能的偏差消除于产生之前。

3.现场控制:现场控制也称为同步控制或同期控制,是指在某项工作或活动正在进行过程中所实施的控制。

二、判断题

1. × 2. √ 3. √ 4. × 5. × 6. √ 7. × 8. √ 9. ×

三、单选题

1. A 2. D 3. C 4. D 5. B 6. B 7. A 8. A

四、简答题

1. 简述开展有效控制工作应该遵循哪些原则。

(1) 有效标准原则。制定的控制标准必须与组织的理念与目标相一致,对员工的工作行为具有指引和导向作用,并便于对各项工作及其成果进行检查和评价。

(2) 控制关键点原则。管理者善于把握问题的关键,将注意力集中于计划执行中的一些主要影响因素上。

(3) 控制趋势原则。由于管理控制中往往存在时间滞后的问题,所以面向未来的控制趋势就至关重要。

(4) 直接控制原则。直接控制着眼于培养更好的主管人员,使他们能熟练地应用管理的概念、技术和原理,能以系统的观点来进行和改善他们的管理工作。

(5) 例外原则。管理者越是集中精力对例外情况进行控制,控制的效果就会越好。

2. 简述前馈控制的特征及优缺点。

(1) 前馈控制是指在工作开始之前对工作中可能产生的偏差进行预测和估计,并采取防范措施,将工作中的偏差消除于产生之前。

(2) 它的优点包括:防患于未然;不针对个人,员工易于接受。

(3) 它的不足在于:要求及时和准确的信息;管理人员充分了解前馈控制因素与计划工作的影响关系;往往难以做到。

3. 简述现场控制的特征及优缺点。

(1) 现场控制是在工作正在进行的过程中进行的控制,主要有监督和指导两项职能。

(2) 它的优点包括:具有指导功能,有助于提高工作人员的工作和自我控制能力。

(3) 它的不足在于:受管理者时间、精力、业务水平限制;应用范围较窄;容易形成控制者与被控制者间的对立局面。

4. 简述反馈控制的特征及优缺点。

(1) 反馈控制是在工作结束之后进行的控制,注意力集中于工作结果上,通过对已形成的结果进行测量、比较和分析,发现偏差情况,并据此采取相应措施,防止在今后的活动中再度发生偏差。

(2) 它的优点包括:避免下次工作周期发生类似的问题;消除偏差对后续活动的影响。

(3) 它的不足在于:偏差、损失已经产生;有时滞问题。

5. 简述控制的基本过程。

(1) 确定控制的标准。在确定标准的过程中,管理者应该明确控制对象、关键控制点和控制标准。

(2) 衡量绩效。在衡量实际工作成果的过程中,管理者应该对由谁来衡量、衡量什么、如何衡量以及间隔多久进行衡量等方面作出合理安排。

（3）分析与纠偏。将衡量结果与标准进行对比，如果有偏差且在允许的范围之内，则工作可以继续，但也要分析偏差产生的原因，并据此改善工作，避免偏差扩大。如果偏差较大并超出了允许范围，就应深入分析偏差产生的原因，并采取矫正措施。

五、案例分析题

请你利用控制工作的相关内容对上述两种现象进行分析并提出对策建议。

（1）现象分析。在电子商务环境下的员工工作时容易精神涣散，于是他们就会进行网上冲浪、网上聊天、玩在线游戏或其他类型的在线娱乐活动，或者进行网上个人商务活动如炒股票、买卖基金等来消磨时间。员工出现这种工作涣散的状态主要是由于公司监管控制体系不到位，使得员工在无聊之时做出不符合工作要求的行为。

（2）对策建议。要解决上述问题可以采取前馈控制、现场控制、反馈控制相结合。前馈控制是指公司应该制定相应的规章制度来约束员工上班期间的行为，如禁止员工上班时间上网聊天、玩游戏等此类与工作无关的行为，同时禁止在计算机上安装在线娱乐工具、炒股软件，限制那些与工作无关的网页的浏览。现场控制是指管理者在工作时间进行走动管理，随时监控员工的工作状况，这样员工出于惧怕心理就会减少分神的活动，同时还会在一定程度上提高工作效率。反馈控制是指一方面对那些违反规章的员工给予惩罚，以起到警示作用；另一方面做好教育工作及时告诫员工下不为例。只有将前馈控制、现场控制、反馈控制有效地搭配起来使用才会产生较好的效果。

第十章　创新

一、名词解释

1. 管理创新：是相对于维持活动的另一类管理活动，它是在探究人类创新活动规律的基础上，对管理活动进行改变的过程，是一种产生新的管理思想和新的管理行为的过程。

2. 渐进式创新：是对现有的管理理念和管理方法进行局部性改进而产生的一种新的管理活动。

3. 自发创新：是指系统内部与外部直接联系的各子系统接收到环境变化的信号以后，必然会在其工作内容、工作方式、工作目标等方面进行积极或消极的调整，以应对变化或适应变化的要求。

二、判断题

1. √　2. √　3. √　4. √　5. ×　6. ×

三、单选题

1. B　2. D　3. B　4. A　5. D　6. B

四、简答题

1. 简述管理工作中创新和维持间的关系。

作为管理的两个基本环节，维持与创新对系统的生存发展都是非常重要的，它们是相互联系、不可或缺的：

（1）创新是维持基础上的发展，而维持则是创新的逻辑延续；维持是实现创新的成果，而创新则为更高层次的维持提供依托和框架。

（2）任何管理工作都应围绕着系统运转的维持和创新而展开，只有创新没有维持，系统时时刻刻会呈现无所不变的无序的混乱状态，而只有维持没有创新，系统则缺乏活力，适应不了任何外界变化，最终会被环境淘汰。

（3）创新管理与维持管理在逻辑上表现为相互连接、互为延续的链条。组织的管理总是从创新到维持、再到创新和再到维持循环反复的过程。

总之，有效管理是实现维持与创新最优组合的管理。有效管理就是要根据组织的结构维度和关联维度来确定维持和创新的组合。

2. 简述管理创新的丰富内涵。

（1）管理活动由维持活动与创新活动构成。维持活动是对组织系统目标、结构和运行规则的设计、启动和监视；创新活动则是面对组织系统与环境不协调的情况，对组织系统调整与改变的过程。

（2）管理创新是一定管理思想和行动的结果。不管组织管理系统设计、启动和监视，还是组织管理调整与变化，它们都是一定管理思想和行动的结果。

（3）管理创新中的"管理"，既是名词，也是动词。作为名词的管理创新是指管理工作的创新活动，而作为动词的管理创新是指对于人类创新活动的积极管理过程。

五、案例分析题

结合案例，讨论在当今环境下，组织需要什么样的创新战略。

在当今环境下，组织的创新应符合下列要求：

（1）创新要符合消费者需求。创新要求企业根据市场需要和消费者偏好的转移，及时地调整企业的生产方向和生产结构，不断开发出用户欢迎的适销对路的产品。随着业余摄影迈向数码技术，胶卷不再被需要，照片冲印也变少了，然而柯达公司仍维持原有的胶卷相机业务，放弃数码相机业务，丧失了发展的良机。

（2）技术创新不是创新的全部。技术创新不能专注于对现有的各种产品进行改进和改造，而是要找出更加合理的产品结构，使其生产成本更低、性能更完善、使用更安全，从而更具市场竞争力。创新不仅是对现有产品的改进，还包括发明创造新产品。一些企业总是把经费用于研发更好、更快以及更便宜的产品而不是真正用于创新，没有抓住创造新产品的机遇。

（3）创新要符合时代发展方向。企业在创新活动中要根据市场需求，不能脱离时代发展轨道。业余摄影和不使用胶卷是摄影发展的大方向，柯达公司继续维持其核心业务显然与整个时代不相符合，最终错失良机。

第二部分　模拟试卷参考答案

模拟试卷一

一、单项选择题（本大题共 20 小题，每小题 2 分，共 40 分）

题号	1	2	3	4	5	6	7	8	9	10
答案	D	C	A	C	B	D	D	D	B	C
题号	11	12	13	14	15	16	17	18	19	20
答案	C	A	A	B	C	B	D	D	A	D

二、判断题（本大题共 20 小题，每小题 1 分，共 20 分）

题号	1	2	3	4	5	6	7	8	9	10
答案	×	×	×	×	√	√	×	√	√	√
题号	11	12	13	14	15	16	17	18	19	20
答案	×	√	√	×	√	√	×	√	√	×

三、名词解释（本大题共 5 小题，每小题 4 分，共 20 分）

1. 需求：在特定时间范围内，消费者针对某一商品在给定价格下的购买意愿与实际购买能力，即构成了该价格水平下的需求量，简称需求。

2. 效用：消费者拥有或消费商品对欲望的满足程度称为商品的效用。

3. 机会成本：使用一项资源或作出一项选择放弃掉的机会。

4. 计划：是关于组织未来的蓝图，是对组织在未来一段时间内的目标和实现目标途径的策划与安排。

5. 正强化：是指通过出现积极的、令人愉快的结果而使某种行为得到加强。

四、简答题（本大题共 5 小题，每小题 8 分，共 40 分）

1. 总产量、平均产量和边际产量之间的关系如何？

（1）总产量与边际产量的关系：当边际产量大于零时，总产量是递增的；当边际产量为零时，总产量达到最大；当边际产量为负时，总产量开始递减。

（2）边际产量与平均产量的关系：边际产量曲线和平均产量曲线相交于平均产量曲线的最高点。在相交前，边际产量大于平均产量，平均产量曲线是上升的；相交后，边际产量小于平均产量，平均产量曲线是下降的；相交时，边际产量等于平均产量。

（3）总产量与平均产量的关系：总产量曲线上任何一点与原点连线的斜率即是该点对应的平均产量值；总产量曲线的点与原点的连线和总产量曲线相切时，该点对应的平均产量最大。

（4）这些关系反映了生产过程中的一些基本规律,包括边际报酬递减规律,即在保持生产技术水平不变、其他生产要素不变的情况下,随着一种生产要素的增加,总产量、平均产量和边际产量都是先上升而后下降。

2. 简述消费者偏好的四个假设。

为了更好地运用偏好的排序功能说明消费者的选择,西方经济学通常对偏好的性质给出一些基本的假设。

（1）消费者对任意两个商品组合都能进行排序。即对于任意两个商品组合 A 和 B,消费者可以根据自身的偏好作出断定:A 至少与 B 一样好或者 B 至少与 A 一样好,二者之一必须成立。如果消费者认为上述两个判断均成立,就称 A 和 B 无差异。

（2）消费者偏好满足传递性。即对于任何三个商品组合 A、B 和 C,如果消费者对 A 的偏好不低于 B,对 B 的偏好又不低于 C,那么,该消费者对 A 的偏好一定不低于 C。

（3）在其他商品数量相同的条件下,消费者更偏好于数量大的商品组合。

（4）消费者偏好具有多样性的产品组合。

3. 简述决定市场结构类型划分的主要因素。

（1）市场上厂商的数目,即该产品是由一家厂商提供,还是由多家厂商提供。一般来说,厂商数目越多,竞争程度越高,反之,竞争程度越低。

（2）厂商所生产产品的差别程度,即产品是否具有同质性。如果产品之间存在差异,消费者在进行选择的时候就会有所偏好,从而引起企业之间的激烈竞争。

（3）单个厂商对市场价格的控制程度。如果控制程度较高,则会给其他厂商带来较大的进入障碍或生存压力,则该市场的垄断程度高。

（4）厂商进入或退出一个产业的难易程度,即市场壁垒的高低。如果进入或退出壁垒低,则该市场的竞争程度高,反之,该市场的垄断程度高。

4. 简述目标管理的过程。

（1）目标制订与展开。目标制订与展开是目标管理的第一阶段。这一阶段的中心任务是上下协调,制定好各级组织的目标,通过协商的方式让员工参与目标的制订。

（2）目标实施。目标确定之后,组织的各部门都会进入一个新的阶段:各自围绕自己的目标因地制宜、因时制宜采取措施,以保证目标顺利实现。管理者要提供必要的指导和支持,辅助下属实现目标。

（3）成果评价。这是目标管理的最后阶段,根据目标评价完成的成果,并进行奖惩。

5. 简述双因素理论的主要观点。

（1）满意和不满意并非单一的连续体,而是由保健因素和激励因素两个独立维度构成。因此引起人们对工作满意与不满意的因素不属于同一类别。

（2）使人们感到不满意的因素往往都是属于工作环境或外界因素方面的,被称为保健因素。典型的保健因素有企业政策、工资水平、工作环境、劳动保护、人际关系、安全等。

（3）使人们感到满意的因素往往都是属于工作本身或工作内容方面的,被称为激励因素。典型的激励因素有工作表现的机会、工作带来的愉悦感、工作上的成就。

（4）保健因素只能消除不满意,激励因素才是调动人们积极性的关键。

五、案例分析题(本大题共 2 小题,每个案例 15 分,共 30 分)

案例一

1. 从沟通角度看,为什么其他领导都对办法不知情?

其他领导班子成员都表示对该办法不知情的原因:

如果是真的不知情,那么马主任显然没有与其他领导成员进行事前沟通。就本次事情来看,马主任没有进行事前沟通有欠妥当。如果是推说不知情,那么马主任则存在沟通问题。从案例中我们能够看出马主任对办法的制定以及通过没有对外进行合适的商议,做法行为存在一定的强势性。由此可以判断马主任在本事件中,以及在平时工作中,与班子成员的沟通存在一定问题。这也是关键时刻班子成员并没有声援和力挺马主任的原因。

2. 如何解决马主任的沟通问题?

马主任应该要重视沟通:沟通包括领导班子成员之间的沟通、领导班子成员与部门负责人的沟通、班子成员与一般员工的沟通。沟通可以有多种方式,更需要一定的形式,让沟通双方产生仪式感,从而重视沟通,并尊重和认同沟通结果。比如,召开专门的交流会,听取员工代表意见等等。

案例二

1. 赵一为什么会离开?

导致赵一离开的原因:

(1) 从公平理论来看,赵一受到不公平待遇。

(2) 从需要层次理论来看,赵一基本的低层次需要没有得到满足。

(3) 从双因素理论来看,保健因素是指本组织的政策和管理、人际关系、工作条件、薪金、地位等。尽管保健因素不起激励作用,但却是人们有效工作的必要条件,当保健因素很好时,能防止职工产生不满情绪。该公司对赵一忽略了保健因素而导致赵一离开。

2. 该案例有什么启示?

从案例中得到的启示:

(1) 作为职工要懂得争取适合自己真实需要的福利和待遇。

(2) 作为管理者要懂得如何去激励员工,尤其是应用相应的需要层次理论、公平理论、期望理论等去对员工进行激励。同时在激励的过程中要重视物质激励和精神激励相统一的原则;坚持按劳分配;随机制宜,创造激励的条件;以身作则,发挥榜样的作用。

模拟试卷二

一、单项选择题(本大题共 20 小题,每小题 2 分,共 40 分)

题号	1	2	3	4	5	6	7	8	9	10
答案	C	B	B	D	A	A	B	D	A	A
题号	11	12	13	14	15	16	17	18	19	20
答案	A	C	C	C	D	D	B	B	B	A

二、判断题(本大题共 20 小题,每小题 1 分,共 20 分)

题号	1	2	3	4	5	6	7	8	9	10
答案	√	×	×	√	×	×	√	×	√	√
题号	11	12	13	14	15	16	17	18	19	20
答案	√	×	√	×	√	√	√	×	√	√

三、名词解释(本大题共 5 小题,每小题 4 分,共 20 分)

1. 供给:经济学中的供给是指在某一特定时期内,对应于某一给定的价格水平,生产者愿意并且能够提供的商品数量,也称为该价格下的供给量。

2. 效用:消费者拥有或消费商品对欲望的满足程度称为商品的效用。

3. 价格歧视:本质上是指同一成本的产品以差异化的价格进行销售。

4. 管理:为了有效地实现组织目标,由专门的管理人员利用专门的知识、技术和方法对组织活动进行决策、组织、领导、控制并不断创新的过程。

5. 决策:是指为实现一定的目标,在多个备选方案中选择一个方案的分析判断过程。

四、简答题(本大题共 5 小题,每小题 8 分,共 40 分)

1. 简述影响需求的其他因素。

(1) 消费者偏好的影响;

(2) 消费者收入水平的作用;

(3) 相关商品价格变动的效应;

(4) 消费者预期的影响机制;

(5) 政府政策对需求的调控作用。

2. 什么是边际替代率?边际替代率为什么呈现递减趋势?

(1) 一种商品对另外一种商品的边际替代率定义为在效用满足程度保持不变的条件下,消费者增加一单位 A 商品的消费可以代替的 B 商品的消费数量,简称为边际替代率。

(2) 商品的边际替代率递减规律是指在保持效用水平不变的条件下,随着一种商品消费数量的增加,消费者增加一单位该商品的消费而愿意放弃的另外一种商品的消费数量逐渐减少,即随着一种商品数量的增加,它对另外一种商品的边际替代率递减。

3. 简述边际效用与总效用的关系。

(1) 根据基数效用论,边际效用与总效用的关系是密切相关的。当边际效用大于零时,总效用上升。这意味着,随着消费量的增加,每一额外单位的消费所带来的满足感(即边际效用)如果是正的,那么总体的满足感(总效用)也会相应增加。

(2) 当边际效用等于零时,总效用达到最大。这表明,当消费者从消费某一商品或服务中获得的额外满足感不再增加时,他们的总满足感达到了一个峰值。

(3) 当边际效用小于零时,总效用下降。这表示,如果消费者继续消费某一商品或服务,但每增加一单位的消费所带来的满足感减少,那么他们的总满足感实际上会下降。

4. 简述 PEST 分析方法。

PEST 分析是指从政治与法律环境、经济环境、社会与文化环境、科学技术环境四个方面来探察、认识影响组织发展的重要因素。其主要内容包括：

（1）政策与法律环境，包括产业政策、规章制度等政策性和法律性要素。

（2）经济环境，包括通货膨胀率、利率等经济指标要素。

（3）社会与文化环境，包括价值观、生活态度等社会性要素。

（4）科学技术环境，包括基础研究、新兴技术等技术性要素。

5. 简述前馈控制及其优缺点。

（1）前馈控制又称预先控制，是指在企业生产经营活动开始之前进行的控制，是最理想的一种控制，控制的内容包括检查资源的筹备情况和预测其利用效果两个方面。

（2）其优点在于：① 由于在工作开始之前进行，避免了反馈控制对已经铸成的差错无能为力的弊端。② 它是在工作开始之前针对某项计划行动所依赖的条件进行控制，不是针对具体人员，因而不易造成面对面的冲突，易于被员工接收并付诸实施。

（3）缺点在于需要及时和准确的信息，并要求管理人员充分了解前馈控制因素与计划工作的关系，在实际工作中，这往往是很难做到的。

五、案例分析题（本大题共 2 小题，每个案例 15 分，共 30 分）

案例一

1. 为什么该公司推行目标管理但没有取得预期效果？

该电器公司推行目标管理没有取得预期效果的原因分析如下：案例中，电器公司聘请咨询顾问参与设定组织目标和制定绩效评估流程，但对于销售部和生产部两个部门员工的具体工作目标缺乏细化。再加上，公司领导班过于注重专业咨询公司和高层管理者对于目标管理的意见而忽视了员工意见，使得生产部和销售部相互埋怨；同时，两个部门之间缺乏必要的沟通和反馈，进而导致各部门工作目标难以实现，推行的目标管理也没有取得预期的效果。

2. 该电器公司应该如何推行目标管理？请根据你所学的管理学知识提供建议。

对该电器公司推行目标管理的建议如下：

（1）完善目标管理的流程。一是制订目标要相互配合、协调。个人目标服务于部门目标，部门目标服务于总体目标。二是制订具体的个人目标和部门目标，以确定目标所对应的责任归属，避免责任不明、互相推诿的现象发生。

（2）制定公平的奖惩制度。保持组织员工的工作热情和积极性需要公平合理的奖惩。

（3）定期进行成果评价。及时的工作反馈有利于员工切实衡量自己目标的实现程度，了解自己的工作对总目标实现的重要性，能够提高员工的工作积极性，增强责任意识。

案例二

1. 根据马斯洛的需要层次理论，那位地勤人员处于怎样的需要层次？如果主管对她进行严厉批评和惩罚，有可能出现什么样的情况？

马斯洛需要层次理论从低到高具体包括生理需要、安全需要、感情需要、尊重需要和自我实现需要。案例中，地勤人员在离婚官司中为争夺三岁儿子抚养权而背负诉讼费债务，由此看出，该名员工正处于感情和归属的需要这一层次，希望亲情需要得到满足。如果此时主管对其进行严厉批评和惩罚,并不会提高其工作效率,反而有可能对其工作积极性产生不良影响,导致其工作态度消极、工作追求降低,工作质量受到严重影响。

2.从激励的角度来看,该航空公司主管的做法对于有效激励员工有哪些启示?

在案例中,主管通过了解员工的真实需求,继而针对其需求采取相应的措施,进行了有效的激励。管理者可根据员工没有得到满足的需求设置目标,以起到激励作用。因此,管理者要了解员工希望从工作中得到什么,即要了解员工的需求,这样才能针对其需求确定合适的激励方式。

模拟试卷三

一、单项选择题(本大题共 20 小题,每小题 2 分,共 40 分)

题号	1	2	3	4	5	6	7	8	9	10
答案	A	B	A	B	C	D	D	A	D	A
题号	11	12	13	14	15	16	17	18	19	20
答案	C	D	D	C	B	D	B	D	D	D

二、判断题(本大题共 20 小题,每小题 1 分,共 20 分)

题号	1	2	3	4	5	6	7	8	9	10
答案	√	×	√	×	√	√	×	√	×	√
题号	11	12	13	14	15	16	17	18	19	20
答案	√	√	√	×	√	×	√	√	×	√

三、名词解释(本大题共 5 小题,每小题 4 分,共 20 分)

1. 偏好:消费者对商品或商品组合的喜好程度是消费者的偏好。

2. 需求:在特定时间范围内,针对某一商品在给定价格下的购买意愿与实际购买能力,即构成了该价格水平下的需求量,简称需求。

3. 弹性:经济学中的弹性概念是由英国近代经济学家、新古典学派创始人阿尔弗雷德·马歇尔提出的,它指的是一个变量相对于另一个变量发生的一定比例改变的属性,即一个变量对另一个变量变化的反应程度。

4. 目标管理:是一种鼓励组织成员积极参加工作目标的制订,并在工作中实行自我控制、自觉完成工作任务的管理方法或管理制度。该理论假设所有下属能够积极参加目标的制订,在实施中能够进行自我控制。

5. 控制:为了实现组织目标,根据组织的计划和事先规定的标准,通过监督各项活动及其结果,纠正各种重要偏差,以保证这些活动按计划进行的过程。

四、简答题(本大题共 5 小题,每小题 8 分,共 40 分)

1. 简述无差异曲线的特点。

(1)在同一坐标平面上可以有无数条无差异曲线。离原点越远的无差异曲线代表的效用水平越高,离原点越近的无差异曲线代表的效用水平越低。

（2）在同一坐标平面上的任意两条无差异曲线不会相交,否则,将违背有关消费者偏好的基本假定。

（3）无差异曲线是凸向原点的。

2.简述产生寡头垄断市场的主要原因。

（1）某些产品的生产必须在相当大的规模上进行才能达到最好的效益;

（2）行业中几家企业对生产所需的基本生产资源的供给的控制;

（3）政府的扶植和支持。

3.简述影响商品供给数量的因素。

（1）商品本身的价格;（2）生产者的目标;（3）生产技术水平;（4）生产成本;（5）生产者可生产的其他相关商品的价格;（6）生产者对未来的预期;（7）政府的政策。

4.什么是非正式组织?它对正式组织有什么影响?

（1）非正式组织是指未经正式筹划而由人们在交往中自发形成的一种个人关系和社会关系的网络。

（2）积极作用:促进信息沟通;增强组织成员的合作意愿和内聚力;满足人们多层次的需要;创造一种更加和谐、融洽的人际关系;

（3）消极作用:造成角色冲突,影响正式组织目标的实现;阻碍变革,带有明显的保守性;强迫要求一致,限制个人发展及自由;容易滋生谣言。

5.简述影响管理幅度的因素有哪些。

参考答案要点:（1）主管人员及下属的工作能力和素质;（2）管理者和下属的工作性质;（3）计划的完善程度;（4）助手的配备情况;（5）工作地点的相似性。

五、案例分析题(本大题共 2 小题,每小题 15 分,共 30 分)

1.请用SWOT矩阵分析阿东目前所处的状况,给出一个合理的选择建议。

根据SWOT矩阵分析,即从优势、劣势、机会和威胁四个方面来进行综合考虑,对阿东目前所处情况分析如下:

（1）选择维持原有"垃圾街"小吃店。① 优势:客源稳定,竞争压力相对较小,运营成本低。② 劣势:其他竞争者加入,监管严查。③ 机会:维持原有市场。④ 风险:学习压力,无法全身心投入,所需创业资金数额大,投资风险可能难以承受。

（2）选择接手学校超市小吃店。① 优势:原有客户基础和经营基础。② 劣势:经营品种单一,客户流量目前并不理想。③ 机会:可开拓新市场。④ 威胁:经营时间不自由,存在投资风险。

（3）综合考虑:① 综合优势和机会两方面,阿东可以利用转让垃圾街小吃店的收入承接学校里面的小吃店,校内小吃店客源稳定,竞争不会像垃圾街那样激烈,而且房租、水电等成本费用也比垃圾街便宜。② 综合劣势和机会两方面,接手校内小吃店,利用竞争少且成本较低的机遇能够吸引大批学生消费者。③ 综合威胁和优势两方面,由于经营时间缺乏自由,阿东可以提高产品特色或引入新产品,或与学校超市开展合作。④ 综合威胁和劣势两方面,阿东可以选择放弃承接学校里面的小吃店。

综上所述,阿东应利用转让垃圾街小吃店的收入承接学校里面的小吃店,提高产品质量或引入新产品,或与学校超市开展合作。

2. 如果阿东决定接手校内小吃店,对小吃店的经营应如何定位? 请至少拟定三种可行方案供阿东选择并指出各方案的优缺点。

小吃店经营的三种可行方案及其优缺点如下:

(1) 阿东可以改进现有产品质量并引入新产品。这有利于吸引学生消费,但新产品不一定与学生需求相符合。

(2) 与学校超市开展合作,采取买一赠一等促销活动。这能够增加利润,但不一定得到超市同意或与超市在利润分配上出现分歧。

(3) 可以通过办理会员卡、打折等方式。这能够吸引学生购买,但可能出现优惠活动结束后学生不再消费的情况。

参考文献

[1] 陈小明,周小虎.管理学原理[M].北京:机械工业出版社,2007.

[2] 《管理学》编写组.管理学[M].北京:高等教育出版社,2019.

[3] 柯清芳,黄美娇,陈静怡.管理学基础[M].3版.北京:清华大学出版社,2019.

[4] 《西方经济学》编写组.西方经济学(精要本)[M].3版.北京:高等教育出版社,2021.

[5] 唐树怜.经济学基础[M].4版.北京:高等教育出版社,2023.

[6] 波特.竞争战略[M].陈小悦,译.北京:华夏出版社,1997.